乐群教育论

THEORY OF THE GREGARIOUS EDUCATION

王瑞 著

社会科学文献出版社
SOCIAL SCIENCES ACADEMIC PRESS (CHINA)

人与群的和谐共生

——《乐群教育论》之序

　　人与群密不可分，人是群的重要构成，群是人的生存方式。人从一开始就是从属于一定群体、一定社会的人，离开了一定的群体和社会，人就根本无法生存和发展。荀子有一名言：人"力不若牛，走不若马，而牛马为用，何也？曰：人能群，彼不能群也。"① 人与动物相比的最大优势，就在于人能群而彼不能群，人能形成一定的社会群体、社会组织，开展一定的社会实践活动，用群体的智慧和力量弥补个体能力的不足，因而能够形成大于个体力量之和的群体合力，战胜个体能力和力量远强于个人的动物，成为自然界的主人。人的本质在其现实性上，是一切社会关系的总和。随着现代生产社会化程度的提高，特别是一些大工程、大科技、大教育等大规模协同劳动的出现，人的社会化水平和社会本质也不断发展，人的社会合力也不断增强，个人对群体、对社会的依存度日益提高，个人越来越离不开群体，个人成功的程度日益取决于其乐群、合群、惠群的能力。

　　"乐群"古已有之，最早出自《礼记·学记》所载"一年视离经辨志，三年视敬业乐群"。后世很多思想家、教育家对这一概念进行了解读和赋新。朱熹认为："乐群，是知得滋味，好与朋友切磋。"② 黄炎培提出，乐群是"具优美和乐之情操及共同协作之精神"。③ 毫无疑问，乐群作为中华传统美德，无论过去还是现在，都有永不褪色的价值。

---

① 《荀子·王制》。

② （宋）黎靖德：《朱子语类》第3卷，岳麓书社，1997，第2022页。

③ 北京师联教育科学研究所：《（现）黄炎培职业教育思想与教育论著选读》，中国环境科学出版社，2006，第41页。

2014 年 10 月，习近平总书记在文艺工作座谈会上就提出要传承和弘扬中华民族"敬业乐群"的传统美德。2017 年 1 月，中共中央办公厅、国务院办公厅印发的《关于实施中华优秀传统文化传承发展工程的意见》指出："传承发展中华优秀传统文化，就要大力弘扬自强不息、敬业乐群、扶危济困、见义勇为、孝老爱亲等中华传统美德。"① 2019 年 10 月，中共中央、国务院印发的《新时代公民道德建设实施纲要》再次强调"深入挖掘自强不息、敬业乐群、扶正扬善、扶危济困、见义勇为、孝老爱亲等传统美德，并结合新的时代条件和实践要求继承创新，充分彰显其时代价值和永恒魅力，使之与现代文化、现实生活相融相通，成为全体人民精神生活、道德实践的鲜明标识。"② 可见，乐群不仅是中华优秀传统文化的精华，更是当前培育和践行社会主义核心价值观、进行新时代公民道德建设的丰厚滋养。

乐群无论对于个体的成长成才，还是群体的发展壮大、社会的文明进步，都具有重要意义。从古至今，人们都把敬业和乐群相提并论，视为中华民族传统美德，并且重视新时代的发扬光大，这是有着深刻道理的。敬业离不开乐群，乐群有助于敬业。任何事业的发展都是由人们在一定的群体中共同从事和推进的，只有乐群，才能营造和谐的人际环境，打造优质的社会群体，形成大于个体力量之和的社会合力，有力推动社会事业的发展。人的本质是在一定社会关系中形成、发展和完善起来的，而现实的社会关系往往又表现为具体的群体关系。因此，人总是处于一定群体中，社会也是由各种各样的群体组成的，群体是个人与社会相联结的桥梁和纽带。人们只有正确认识个人与群体之间相互依存和共生共荣的关系，从而爱群、合群、惠群、善群，实现群己合一、群己互促，才能更好地选择、建构、丰富和发展自己的社会关系，进而塑造和丰富自己的社会本质，促进自我的全面发展；才能更好地提高群体的感召力、凝聚力、进取力、创造力和生命力，进而推动群体的发展壮大；才能更好地促进人与人、人与群体、人与社会的和谐共生，进而助益社会的文明进步。

随着人类交往的普遍发展，人与人之间的相互联系越来越紧密，相互

---

① 《关于实施中华优秀传统文化传承发展工程的意见》，《人民日报》2017 年 1 月 26 日。
② 《中共中央国务院印发新时代公民道德建设实施纲要》，《人民日报》2019 年 10 月 28 日。

依存度越来越高，人们越来越从属于纷繁复杂的社会群体，乐群的重要性也日益凸显。然而，在社会流动性的加剧、我国家庭结构的变迁、网络人际交往的复杂、思想文化的多元等背景下，人的个体性不断增强，群体性不断弱化，个体越来越疏离自我、疏离他人、疏离群体。尤其是网络化生存时代的到来，给人的乐群性的形成发展带来了巨大挑战。正如麻省理工学院社会学教授雪莉·特克尔所言："如今，我们一边沉迷于社交时代拥挤的时代广场，同时却又徜徉在彼此的瓦尔登湖畔；我们享受着无时无刻地与别人相连接、迫不及待地分享关于自己生活所有的琐碎细节，却又时时刻刻修饰自己在网络中的表象，精心地计算着彼此的社交距离。我们在一起喧闹，却又在一起寂寞。"① 面对现实社会日益增长的乐群需要与人们乐群不足之间的巨大张力，迫切需要我们积极开展乐群教育，培育人们乐群的意识和能力，增强人们乐群的动力，这是时代提出的重大课题。

正是基于此，在我的指导下，我的学生王瑞博士开始研究乐群教育。乐群是中华传统美德，乐群教育无疑也是思想政治教育的重要组成部分。从"乐群教育"这一新视角来探究思想政治教育，具有时代性、开拓性和前瞻性。

王瑞博士的《乐群教育论》一书，是在她的博士学位论文基础上修改完善而成的。本书从古今中外的时空跨度，从思想政治教育学、哲学、社会学、心理学、人际关系学等多学科视域，从个人与社会、理论与实践、历史与现实、应然与实然的多维视角，系统探究了乐群教育的基本内涵、客观依据、过程与规律、内容构成和具体路径等关键问题，形成了不少创新性的学术思想和独到的学术观点。首先，本书系统梳理了国内外关于乐群教育的思想资源，不仅追溯了"乐群"的出处、本意和后世注解，彰显了乐群教育研究深厚的历史文化底蕴，还考察了教育学中的群育理论、思想政治教育学中的集体主义教育理论、西方心理学中的合群理论和西方政治哲学中的社群主义理论，从而拓展了乐群教育研究的学科视野，增强了乐群教育研究的学术底色。其次，本书在深入把握"乐群"内涵的基础上，首次揭示了乐群教育的内涵和本质，并凸显了乐群教育在整个教育系统中的位置，界定了乐群教育研究的领域，分析了乐群教育的独特性，从

---

① 〔美〕雪莉·特克尔：《群体性孤独》，周逵、刘菁荆译，浙江人民出版社，2014，第 329 页。

而牢固确立了乐群教育研究的立论基础，为我们深入理解乐群教育提供了重要参考。最后，本书在考察现实的乐群实践的基础上，阐明了乐群教育的基本过程，分析了乐群教育的内容结构，强化了乐群教育理论的可操作性，为我们开展乐群教育实践提供了重要指导。

当然，由于乐群教育是个新话语、新课题，有一定研究难度，书中难免存在些许不足。比如，关于乐群教育规律、新时代背景下乐群教育的特殊价值等问题，还需要进一步思考和探索。希望王瑞博士在这一领域继续深入耕耘，取得更丰硕的成果。

骆郁廷

2019 年 12 月于珞珈山

前　言

　　2014年，习近平总书记在文艺工作座谈会上提出要传承和弘扬中华民族"敬业乐群"[①]的传统美德。乐群是个体健康成长和全面成才的必要条件，是群体发展壮大、社会和谐进步的重要基础。随着人类实践活动的深入发展，人与人之间的联系日益紧密，乐群的重要性也愈加凸显。然而，伴随全球化的深入发展、我国改革开放的纵深推进和科技的迅猛发展，人的流动性加剧、主体性增强、面对面交往减少，导致个体不断抽离群体，离群、厌群、不合群现象越来越普遍，社会的个体化趋势日益显现。在此背景下，倡导乐群显得更加迫切而必要。但是，乐群性的形成发展不能只靠自发影响，更重要的是自觉开展乐群教育，培育人们的乐群性。因此，乐群教育是时代提出的新任务。

　　同时，乐群教育也是适应思想政治教育的发展要求提出的，具有重要的理论意义和实践价值。首先，乐群教育高度关切人的本质，始终将人视为一定社会关系、一定社会群体中的具体的、现实的、社会的人，注重从个人与他人、个人与群体、个人与社会的关系出发，从事思想政治教育理论研究、开展思想政治教育实践活动，从而拓展了思想政治教育的研究视域，丰富了思想政治教育的内容和途径。其次，乐群教育遵循了人的思想政治品德在交往中形成发展的规律，让人们在生动的人际交往中、真实的群体生活中，感悟思想政治品德力量，践行思想政治品德要求，促进思想政治品德的社会化，从而有利于提高思想政治教育的实效性。最后，乐群教育的提出，也适应了生产社会化和社会组织化发展趋势对思想政治教育提出的新要求和新任务，通过增强人们的群体意识，涵养人们的群体精

[①]　《十八大以来重要文献选编》中，中央文献出版社，2016，第136页。

神，提高人们的交往能力，培养人们的乐群性，帮助人们将事实上的相互依赖变成有意识的乐群，从而增强思想政治教育发展的前瞻性、主动性和先进性。因此，乐群教育是思想政治教育的新课题。

本书从审视当代社会不断凸显的乐群需要，到梳理古今中外的乐群思想及其相关理论；从考察人类社会存在的乐群现象，到揭示乐群的本质；从分析人们乐群性的自发形成过程，到自觉对人们进行乐群教育的实践等多重维度展开思考，坚持理论与实践的紧密结合，循着"何为乐群教育、为何进行乐群教育、如何进行乐群教育"的研究主线，对乐群教育的深刻内涵、客观依据、过程与规律、内容构成和具体路径等核心问题进行了深入探讨。

研究乐群教育，前提是明确究竟什么是乐群教育，而要理解乐群教育，首先要清楚什么是乐群。因此，对"乐群"和"乐群教育"这两个核心概念的界定，是研究的起始。唯有如此，才能确立研究方向，划定论域，构建乐群教育的理论体系。通过对大量乐群现象的分析，对古今中外乐群思想的考察，以及对相关概念的辨析，乐群和乐群教育的内涵与外延得以清晰的呈现。乐群就是人们喜欢与人交往，结成群体，并乐于融入一定群体之中，与群体成员友好相处、团结合作，热爱群体、奉献群体的特质。乐群实质上要求协调好个人利益与他人利益、个人利益与群体利益的关系。而乐群教育，简单说就是培养人们乐群性的实践活动。具体而言，乐群教育是一定社会或群体旨在通过群体价值、群体精神、群体情感和群体行为等方面的教育，培养人们的乐群性，以促进个人与群体的和谐发展、共同发展、全面发展和持续发展的社会实践活动。乐群教育的本质在于，通过引导人们乐群，不断建构和丰富人的社会关系，促进人的社会化，实现并完善人的本质。

阐释乐群教育的客观依据，才能彰显乐群教育的存在意义和乐群教育研究的重大价值。乐群教育的提出是人与社会发展的必然要求。一方面，提高人的社会化水平、实现人的本质，促进人的交往、素质和能力的全面发展，适应生产社会化、科技社会化和社会组织化的发展趋势，促进人与人、人与群体和人与社会的和谐，发挥社会主义优越性、弘扬社会主义核心价值和实现社会主义共同理想，都迫切需要开展乐群教育，培养人的乐群性；另一方面，传统文化的惰性力、市场经济的负面影响、家庭结构的变迁、信息时代的风险等，又给人们乐群性的形成和发展带来了危机和挑战，亟须乐群教育的积极应对。乐群教育就在这一不断扩大的乐群需要与乐群性不足的巨大张力中应运而生。

在明确乐群教育内涵及其客观依据的基础上，还要探明乐群教育的过程和规律，以科学有效地推动乐群教育实践活动的开展，培养人们的乐群性，实现乐群教育目的。依据社会和群体对人的乐群性的要求与人的乐群性形成发展的过程和规律，乐群教育可分为识群、择群、爱群、合群四个先后有序、环环相扣、相互渗透、层层深入的环节。这一过程始于识群、择群，通过爱群，达于合群。乐群首先要认识和选择群体。识群就是接触、了解和把握群体，择群是在识群的基础上辨别、认同和选择群体。在识群、择群的基础上，还要进一步引导教育对象爱群，即喜爱群体、关心群体、爱护群体，形成对群体的深厚情感。乐群最终要体现在稳定的合群行为习惯上，合群即融入群体、凝聚群体、整合群体，也就是要合众、合心、合力，实现群己合一。乐群教育活动受到群己互动规律、内外转化规律与知行合一规律的支配和制约，开展乐群教育必须遵循这些基本规律，才能提高乐群教育的科学性和有效性。

乐群教育内容是教育者向教育对象施加教育影响的具体表现，也是实现乐群教育目标的重要保证。乐群教育内容以社会和群体发展的现实需要、乐群教育的目标任务以及教育对象的实际情况为择取依据，一般包括以群体对于个体的生存价值和发展价值为重点的群体价值教育，以群体进取精神、群体团结合作精神和群体奉献精神为重点的群体精神教育，以群体归属感、群体荣誉感和群体责任感为重点的群体情感教育，以群体交往行为、群体生产行为和群体生活行为为重点的群体行为教育。这四方面内容相互联系、相互渗透、交互作用，有机构成了乐群教育的内容系统。其中，群体价值教育是基础，群体精神教育是关键，群体情感教育是重点，群体行为教育是旨归。

乐群教育的实施必须要有切实可行的路径，才能保证乐群教育效果的显现和乐群教育目的的实现。乐群教育路径是根据人的乐群性形成发展规律和乐群教育规律、乐群教育对象的实际状况、乐群教育的内容和时代发展的特点与要求而制定和选择的，主要有理论教育、实践锻炼、社会交往、心理教育和自我修养几种路径。其中，尤其要注意在群体实践活动和社会交往中育人，通过交往实践，增进个体对群体的了解、认同和热爱，进而促进其乐群性的形成发展。

上述几个方面是乐群教育研究必须回应和解答的重大理论问题和现实问题，这些问题之间有着紧密的逻辑关系，共同构成了乐群教育研究的基本内容。

目　录

第一章 导论

乐群是个体健康成长和全面成才的必要条件，是群体发展壮大、社会和谐进步的重要基础。随着人类实践活动的深入发展，人与人之间的联系日益紧密，乐群的重要性也愈加凸显。然而，长久以来，乐群并没有引起人们的足够关注和重视，厌群、离群、不合群等现象屡见不鲜。完善的、高度的乐群性往往难以自发形成，而是需要对人们进行自觉的、系统的乐群教育和引导。而要卓有成效地开展乐群教育，前提是开展乐群教育的科学研究。

第一节 乐群教育研究的意义

思想政治教育学科自创立以来，已走过三十多个年头，取得了一系列卓越成绩。而今，思想政治教育正跨入一个纵深发展、创新突破的阶段。不仅如此，思想政治教育所处的国际、国内环境已然发生了巨大变化，需要我们及时做出回应，才能不断提高思想政治教育的科学性、有效性和创新性。站在新的历史起点上，思想政治教育有新的任务，必须做出新的突破。乐群教育正是适应思想政治教育发展的新阶段和时代发展的新要求而提出的，对于拓展思想政治教育的研究视域、提高思想政治教育的实效性、引领思想政治教育的发展潮流具有重要的理论意义和实践意义。

一 拓展思想政治教育的研究视域

思想政治教育是做人的思想工作的实践活动，以人为对象，思想政治教育的全部活动都围绕人这一中心展开。因此，对人的深入研究和全面把握,是科学有效地开展思想政治教育的前提和关键。马克思主义是思想政治教育的理论基础,马克思主义关于人的本质理论为正确认识和塑造思想政治教育的对象——人,提供了直接的理论依据和重要的理论指导。马克思主义认为,人是"一切动物中最爱群居的动物"①,人总是一定群体中的人、一定社会中的人,这正是人的本质体现。这就决定了思想政治教育必须始终将人视为具体的、现实的、群体的、社会的人,而非抽象的、虚无的、脱离群体和社会关系的人。思想政治教育一切研究的开展、一切方案的制订、一切活动的实施都必须以此为前提,才是科学有效的。

但实际上,一直以来,思想政治教育不够重视从个人与他人、个人与群体、个人与社会的关系出发,开展思想政治教育的理论研究和实践活动。这主要表现为:在教育对象上,注重个体的思想政治教育,不够注重群体的思想政治教育和社会的思想政治教育;在教育内容上,注重教育对象个体思想政治品德素质的修养和塑造,不够注重教育对象个体与他人和谐交往的技能和过好群体生活、社会生活的本领的培养和锤炼;在教育方法上,注重课堂上的理论灌输,不够注重在群体活动和社会交往中进行教育;等等。总之,思想政治教育需要更加关注和强调人的群体性、社会性,才能更好地提升人的思想政治品德素养,塑造、丰富和完善人的本质,促进人的自由而全面发展。

乐群教育的提出,正是对人的本质认识的积极复归和高度关注,也是对思想政治教育研究视域的拓展。

第一,乐群教育拓展了思想政治教育的内容。乐群本身就是一种思想政治品德素质。乐群首先是一种科学的世界观、人生观和价值观的反映,它使人认识到人与人、人与群体之间的相互依存性,认识到只有依靠群体的联合力量,才能克服个体的局限性,人才能成为人,才能求生存、求发展、求享受,才能更好地改造主观世界和客观世界,故而积极主动地寻求与人交往结群,成为群体中的人、社会中的人。同时,乐群也是一种高尚的道德品质,是一种群体美德,体现了个体对于群体的责任感和奉献精神。可见,乐群是一种重要的思想政治品德素质,有益于个体成长、群体发展和社会进步,是思想政治教育的重要内容,并会随着社会的发展而愈

---

① 《马克思恩格斯选集》第 3 卷,人民出版社,2012,第 991 页。

益凸显其价值。不仅如此，乐群还有利于良好思想政治品德素质的形成。人的思想政治品德素质从根本上说是在人际交往、群体生活和社会关系中形成发展起来的，乐群则能为良好思想政治品德素质的形成发展创造重要的前提条件。因此，作为培养人的乐群性的乐群教育，进一步充实、发展和完善了思想政治教育的内容结构。

第二，乐群教育拓展了思想政治教育的途径。乐群教育立足于人的本质，坚持从个人与他人、个人与群体、个人与社会的关系来审视人本身，着眼于群体中的人、社会中的人，力求通过社会交往和群体生活来培养人的乐群性，涵养人的思想政治品德素质。具体而言，乐群教育在深刻把握人的本质的基础上，积极促进人们交往结群，融入群体，使人们在与群体成员的相互交流切磋、砥砺督促中学习和践行一定群体和一定社会所要求的思想观念、政治观点和道德规范，培养和升华思想政治品德情感，养成和巩固良好的思想政治品德行为习惯，进而塑造反映一定社会关系的人的本质，培养适应一定群体和社会需要的合格成员。可见，与理论教育、实践锻炼、批评与自我批评和自我修养等传统的思想政治教育途径不同，乐群教育更强调让人们在社会交往和群体生活中形成良好的思想政治品德素质，从而拓展了思想政治教育途径。

二　提高思想政治教育的实效性

世界是有规律的，万物皆有规律可循。只有揭示出事物的规律，并依照规律行事，才能比较彻底地认识事物，顺利开展实践活动，高效完成特定任务，完满实现预期目标。因此，认识规律、遵循规律、运用规律，是提高人类实践活动实效性的根本所在。同样，科学有效地开展思想政治教育活动，必须首先揭示出人的思想政治品德形成发展规律。然而，对于这一规律，学界至今未能揭开其面纱，识得其真面目。正因如此，思想政治教育的实效性才会常常受到限制。

思想政治品德的形成发展规律是一个艰深的问题，需要我们不断探索和总结，才能找到答案。揭示规律既需要实践活动的探索，也需要科学理论的指引。马克思主义作为科学的世界观和方法论，为我们探寻思想政治品德的形成发展规律提供了重要指导和启示。马克思、恩格斯指出："思想、观念、意识的生产最初是直接与人们的物质活动，与人们的物质交往，与现实生活的语言交织在一起的。人们的想象、思维、精神交往在这里还是人们物质行动的直接产物。表现在某一民族的政治、法律、道德、宗教、形而上学等的语言中的精神生产也是这样。人们是自己的观念、思想等等的生产者，但这里所说的人们是现实的、从事活动的人们，他们受自己的生产力和与之相适应的交往的一定发展——直到交往的最遥远的形态——所制约。意识在任何时候都只能是被意识到了的存在，而人们的存在就是他们的现实生活过程。"① 可见，人的思想、观念、意识等根源于人们的物质交往，因为同他人进行交往的迫切需要才产生的。精神交往也是物质交往的直接产物，而人们的思想、观念、意识又在精神交往中得到进一步发展。总之，人们在发展生产的同时，也发展着相互之间的社会关系。人们在生产中交往，在交往中产生一定的思想观念，这些思想观念就是交往活动、社会关系的反映，这是一般思想观念的形成发展规律。人的思想政治品德的形成发展也遵循这一规律，也就是说，人的思想政治品德也是在交往中形成发展的。脱离交往、脱离群体、脱离社会，人的思想政治品德的形成和发展就是一句空话。同时，人的思想政治品德状况究竟如何，还要依靠现实的人际交往、群体生活和社会生活才能得以检验和反馈，从而为思想政治教育的调整和完善提供参考依据，为提高思想政治教育的实效性创造有利条件。不仅如此，因为有人际交往、群体生活、社会生活，人的思想政治品德才获得存在的意义，正如涂尔干所说："道德是随群体生活而生的，因为只有在群体中，无私和奉献才会有意义。"② 培养人们良好的思想政治品德素质，正是为了维护和保证群体生活、社会生活的和谐有序、良性运行。

然而，一直以来，人的思想政治品德在交往中形成发展的规律并没有得到高度重视。整体看来，思想政治教育更多的还是在单向的理论灌输中培养人的思想政治品德，而不够注重发挥人际交往、群体生活、社会生活对人的思想政治品德形成发展的作用和价值，使教育效果大打折扣。理论不等于现实，仅靠理论教育并不能真正使人们形成良好的思想政治品德素

---

① 《马克思恩格斯选集》第 1 卷，人民出版社，1995，第 72 页。
② 〔法〕涂尔干：《社会学与哲学》，梁栋译，上海人民出版社，2002，第 56 页。

质，关键是要让人们参与群体生活，使其在交往中感悟思想政治品德力量，践行思想政治品德要求，形成思想政治品德素质。没有人与人的交往，没有群体生活、社会生活，思想政治品德便失去了存在价值，既不会真正形成，也无法获得检验和发展。因此，对这一规律的忽视，常常造成思想政治教育实效性的不足。例如，很多人学了满脑子的伦理道德，可一到实际生活中、一到现实交往中，却会遇到重重道德困惑和障碍，不知该如何正确面对和解决。

乐群教育的提出，就是对人的思想政治品德在交往中形成发展规律的深刻洞悉和有效运用。乐群教育强调让人们在生动的人际交往中、真实的群体生活中，学会为人处世，学会共同生活。通过群体生活和社会实践的体验和锻炼，培养人的思想政治品德素质，促进思想政治品德的社会化，从而更有利于提高思想政治教育的实效性。

三 引领思想政治教育的发展潮流

思想政治教育作为人才培养的实践活动，是整个社会大系统的一部分，是社会性事业，必须始终适应社会对人们思想政治品德素质的现实要求。因此，要将思想政治教育置于整个社会发展、时代前进的大背景之中，才能永葆其先进性和科学性。思想政治教育的发展不仅要立足于当下，还要着眼于未来。要在把握时代发展动向的同时，看清思想政治教育的发展趋势，引领思想政治教育的发展潮流，增强思想政治教育发展的预测性、前瞻性和主动性，以适应社会的发展趋势，不断满足社会发展对人们思想政治品德素质的新要求。

人与人的交往是在生产中发展起来的，并且随着生产力的普遍发展，人们的普遍交往也会建立起来。[①] 生产越是发展，人与人之间的交往关系越是密切，相互间的依赖性越是增强，个人越是离不开他人、离不开群体、离不开社会。生产的社会化和社会的组织化程度日益加深，正是交往普遍发展和深度发展趋势的显现。而这一社会发展趋势就越发要求人们亲众乐群、友好相处、通力协作、共创共享。作为服务于社会发展的思想政

---

① 《马克思恩格斯选集》第 1 卷，人民出版社，2012，第 166 页。

治教育事业，必须根据这一趋势及时调整教育内容和策略，以培养社会所需要的人才。乐群教育的提出，正是适应社会发展对思想政治教育提出的这一新要求和新任务，增强人们的群体意识，涵养人们的群体精神，提高人们的交往能力，培养人们的乐群性，帮助人们"将事实上的相互依赖变成有意识的团结互助"①，引领思想政治教育的发展潮流。

乐群教育的提出不仅适应了时代的发展潮流，也适应了世界教育的发展潮流。国际 21 世纪教育委员会向联合国教科文组织提交的报告《教育——财富蕴藏其中》指出，"学会共同生活（learning to live together），培养在人类活动中的参与和合作精神"② 是教育的四大支柱之一。"学会共同生活"就是使人们学会与他人和乐、和平、和谐地相处，团结合作，互利共赢。而"学会共同生活"，正是乐群教育的题中之意。国际 21 世纪教育委员会成立的初衷是思考和研究 21 世纪的教育与学习，为各国的教育决策和实践提供建议和指导。《教育——财富蕴藏其中》这一报告就是在新的时代背景下提出的，从各国的实际情况出发，提出 21 世纪的教育面临的严峻挑战、发展要求和未来趋势，视野宏大，立论高远，为人类教育事业的发展提供了重要启示和指导。其中，"学会共同生活"作为教育的四大支柱之一，正是世界教育的发展趋势之一和人类对教育的必然要求之一，而乐群教育是使人们"学会共同生活"的重要途径。因此，乐群教育不仅是思想政治教育发展的新课题，也是世界各国教育都将面对的新课题。

然而，人类社会的这一发展趋势及其教育的发展潮流还未引起人们的高度关注。现实生活中出于传统文化的惰性力、市场经济的负面影响、家庭结构的变迁、信息时代交往方式的变革、应试教育的弊端等原因，而造成人们社交障碍、人际疏离、厌群离群、孤独焦虑、不善合作等问题屡见不鲜，无法适应社会发展对人才素质的要求。因此，一面是社会日益突出的对人们乐群性的要求，一面是人们乐群性的不足，更加凸显了乐群教育的重要性和紧迫性。所以，乐群教育作为思想政治教育的新课题，必将推动思想政治教育的实践深化，引领思想政治教育的发展潮流。

---

① 国际 21 世纪教育委员会：《教育——财富蕴藏其中》，联合国教科文组织总部中文科译，教育科学出版社，1996，第 34 页。

② 国际 21 世纪教育委员会：《教育——财富蕴藏其中》，联合国教科文组织总部中文科译，教育科学出版社，1996，第 2～3 页。

　　总之，乐群教育是顺应人类交往关系日益紧密的发展趋势而提出的，随着实践的深入发展，这一趋势会越来越明显，也会越来越被人们所关注。伴随这一社会发展趋势而来的，是社会对人们高度乐群性的素质要求。乐群是时代新人应当具备的素质，也是未来人才应当具备的素质，思想政治教育应当给予高度重视。乐群教育的提出，正是对这一社会发展趋势和社会对乐群素质要求的主动适应，是对思想政治教育这一新课题、新任务的适时回应，也是对思想政治教育发展潮流的积极引领。

第二节　乐群教育研究现状的述评

　　任何一项科学研究，都要了解以往研究的成绩和不足，才能继往开来，找到创新的突破口。同样，研究乐群教育，也要了解和把握乐群教育的研究现状。通过文献资料的多方检索和查阅发现，目前为止，尚无任何以"乐群教育"为书名或篇名的著作或文章。现有研究主要围绕"乐群"展开，与乐群教育直接而明确相关的研究则几乎没有。同时，对乐群的研究基本还停留在追古溯源、现象描述、略说经验的阶段，研究的视域和深度亟须拓展，尤其是对乐群与乐群教育的内涵和本质、乐群教育的客观必然性、乐群教育的过程和规律、乐群教育的内容和路径等基本问题、重大问题，需要进一步追问和解答。唯此才能将乐群教育的研究引向深入，彰显乐群教育研究的重大价值。

一　乐群教育研究的内容梳理

　　目前，学界对乐群教育的研究实际上并没有开始，而主要是围绕"乐群"进行探讨。此外，其他学科领域中的相关理论对乐群教育研究具有重要的启发和借鉴价值。

（一）乐群教育研究的现状

　　对于乐群教育的研究，目前集中于对乐群的研究，基本研究情况如下。

1. 乐群的内涵

　　"乐群"包含两个层面：一是何谓乐，二是所乐者为何群。围绕对

"乐"和"群"的不同理解,形成了不同的"乐群"之意。

第一,特定之群与扩大之群。"乐群"一语最早见于《礼记·学记》,书云:"古之教者,家有塾,党有庠,术有序,国有学。比年入学,中年考校。一年视离经辨志,三年视敬业乐群,五年视博习亲师,七年视论学取友,谓之小成。九年知类通达,强立而不反,谓之大成。夫然后足以化民易俗,近者说服而远者怀之,此大学之道也。"可见,在古代,"乐群"是学校对学生入学三年时的考评项目之一,大意为能与同学和乐相处、互相切磋。由何晏集解、邢昺所疏的《论语注疏》对《学记》中的"群"作了明确解答:"注'包曰:同门曰朋'。正义曰:郑玄注《大司徒》云:'同师曰朋,同志曰友。'然则同门者,同在师门以授学者也。朋即群党之谓。故子夏曰:'吾离群而索居。'郑玄注云:'群谓同门朋友也。'此言'有朋自远方来'者,即《学记》云:'三年视敬业乐群也。'同志谓同其心意所趣乡也。"① 显然,此处的"群"主要是指"同门朋友"。此后,唐代经学家孔颖达和宋代大儒朱熹等纷纷对《礼记》注疏,并对"乐群"作了进一步解读。孔颖达在《礼记正义》中认为:"'乐群',谓群居朋友善者,愿而乐之。"② 大意为,乐群就是愿意且喜欢与同学、朋友中善良、贤德之人相处。此处的"群"较之同学的范围更小,主要是指同学中善良、贤德之人。朱熹则认为:"乐群,是知得滋味,好与朋友切磋。"③ 也就是说,乐群就是喜欢与同学或朋友切磋学问。总之,乐群之"群"原义应为同学或朋友,是学校之中的特定群体。

到了现代,乐群之"群"不断扩大,"群"的内涵更加丰富。"群"既可以是亲朋好友、同学同事,也可以是社会、国家、民族。例如,郝跃南在《儒学人文小品》一书中指出,"所谓'乐群',就是日常与所交接的人相处很和乐,同时使人人乐与自己相处。"④ "从事学业时,多与老师、同学为群;从事职业时,多与领导、同事为群。"⑤ 可见,郝跃南将所乐之群扩大到个人在生活、学习、工作中所接触到的所有人和群体。余新华在

---

① (魏)何晏集解、(宋)邢昺疏:《论语注疏》,山东画报出版社,2004,第18页。
② (汉)郑玄注、(唐)孔颖达正义:《礼记正义》中册,上海古籍出版社,2008,第1427页。
③ (宋)黎靖德:《朱子语类》第3卷,岳麓书社,1997,第2022页。
④ 郝跃南:《儒学人文小品》,巴蜀书社,2008,第150页。
⑤ 郝跃南:《儒学人文小品》,巴蜀书社,2008,第149~150页。

《乐群·为公·爱国》一书中认为，"'乐群'是传统道德中处理群己关系的基本规范。'群'是指按一定的组织形式构成的社会，中国古代特指礼制社会，包括宗族群体；也指众人、公众，后引申为'群众'。群己关系就是社会与个人、众人与个人的关系。"[①] "从根本精神上说，乐群可以涵盖'为公'、'爱国'等内容"[②]。可见，余新华认为所乐之群包括群众、社会、国家。

第二，表层之乐与深层之乐。"乐"一般理解为喜欢、乐意。《中国成语大辞典》将乐群解释为："乐：喜爱。群：指同学或朋友。"[③] 乐群之"乐"并不是简单的愿意、喜欢、喜好，这只是表层之乐，更深层次的"乐"包括善于、热爱、合作、奉献、共生、共享等意蕴。也就是说，乐群，不只是喜群，更是善群、合群、爱群、利群等。教育家黄炎培认为，乐群是"具优美和乐之情操及共同协作之精神"[④]。俞水生在《汉字中的人文之美》一书中指出："'乐群'其实就是贵和，即在人际交往中崇尚和气、和睦、友善的道德境界和文化氛围。"[⑤] 实际上，黄炎培和俞水生的乐群观点中，都涉及与人相处之道，蕴含善群、合群之意。广西师范大学的校训是"尊师重道、敬业乐群"，王枬认为，其中，"'乐群'意为和谐共处、诚信宽容、团队合作、厚生益众"[⑥]。可见，这则校训中的"乐群"有合群、利群之意。余新华在《乐群·为公·爱国》一书中引用了明代庄元臣的观点："故君子之为君子也，一人死而万人寿，一人痛而万人愈，一人忧而万人乐，一人劳而万人逸。君子不惜身以殉天下，但欲天下有利于我之殉耳。"[⑦] 同时，由此得出"乐群本质上是一种利他主义精神"[⑧] 的结论，实际上这也是一种利群的表现。

以上所言之"乐"着重于个人对群体的态度和价值，反过来，群体的发展对于身处于群体之中的个人也有深远影响。乐群既能促进群体进步，

①　余新华：《乐群·为公·爱国》，中国青年出版社，1996，第 3 页。
②　余新华：《乐群·为公·爱国》，中国青年出版社，1996，第 5 页。
③　王涛：《中国成语大辞典》，上海辞书出版社，1996，第 294 页。
④　北京师联教育科学研究所：《（现）黄炎培职业教育思想与教育论著选读》，中国环境科学出版社，2006，第 41 页。
⑤　俞水生：《汉字中的人文之美》，文汇出版社，2013，第 191 页。
⑥　王枬：《广西师范大学：尊师重道 敬业乐群》，《中国教育报》2007 年 12 月 13 日。
⑦　（明）庄元臣：《叔苴子内外编》，中华书局，1985，第 65 页。
⑧　余新华：《乐群·为公·爱国》，中国青年出版社，1996，第 4 页。

又能促进个人发展。在这个意义上说，乐群也是共生、共建、共享、共发展，是人与群的统一。例如，朱熹在《仪礼经传通解正续编》中所说"乐群者，乐于取益以辅其仁也"①，朱熹认为，乐群就是乐于与同学或朋友相互切磋、取长补短、共同进步，"以辅其仁"是乐群的目的或功能，体现了以人促群、以群促人、人群共进的思想。黎红雷在《中国人的精神三十讲》中认为："'乐群'强调个人与社会的关系，一方面是个体人格的成长，另一方面提倡群体精神、社会关怀和造福人群。乐群是个体面对社会人群的一种高尚的价值取向，是超越历史、超越自我的道德升华。"② 这里表达了乐群以促进个人发展与社会进步为目的的观点。"厚德、博学、敬业、乐群"是北京邮电大学的校训，其中，乐群被理解为"在工作、学习和生活中，善于与人合作，取人之长，补己之短，具有团队精神，怀有强烈的集体荣誉感"③，蕴含合作、奉献、共赢之意。历史悠久的上海敬业中学，其校训就是"敬业乐群"，其中，对于"乐群"一语的解读彰显了时代精神，即"'乐群'，不仅是与同伴互助，……'乐群'者，共存也：与自然共存、与他人共存、与社会共存，培养学生'学会共存'的能力，促进学生的全面和谐发展。"④ 这里明确提出乐群的共存之意，以及乐群促进个人全面发展的目的。

综上所述，目前学界对"乐群"的内涵已有一定研究基础，但还存在界定不明的问题，界定范围要么过大，要么过窄。因此，对乐群还需进行全方位、深层次、时代化、明确性的解读。

2. 乐群的依据

关于乐群的依据，学界主要有以下几方面的思考。

第一，乐群是人类生存发展的必要条件。首先，乐群是人的力量之源。荀子曰：人"力不若牛，走不若马，而牛马为用，何也？曰：人能群，彼不能群也。人何以能群？曰：分。分何以能行？曰：义。故义以分则和，和则一，一则多力，多力则强，强则胜物，故宫室可得而居也。"

---

① （宋）朱熹：《仪礼经传通解正续编 影印宋刊元明选修本》第 1 册，北京大学出版社，2012，第 394 页。
② 黎红雷：《中国人的精神三十讲》下册，中山大学出版社，2004，第 15 页。
③ 参见《学苑教育》2009 年第 9 期。
④ 钱钰：《上海最老学校校训：敬业乐群》，《文汇报》2014 年 8 月 24 日。

荀子指出了"能群"是人与动物的根本区别，是人的本质的体现，也是人驾驭世界的力量源泉。不仅如此，荀子还分析了人之所以能群的原因，即以道义、规则来维持人与人之间的等级秩序、分工协作、责任义务等，从而保证人际关系的和谐，凝聚了整体力量，使人类获得改造世界的伟力。

蔡元培与梁启超则更加明确地指出，人类合群源于弥补个体能力的不足。蔡元培说："吾人之生活于世界也亦然。孤立而自营，则冻馁且或难免；合众人之力而营之，而幸福之生涯，文明之事业，始有可言。"① 也就是说，人类的幸福和文明的创造，仅凭一己之力是不能实现的，而需举群体之力。梁启超说："凡人之所以不得不群者，以一身之所需求所欲望，非独力所能给也，以一身之所苦痛所急难，非独力所能捍也。于是乎必相引相倚，然后可以自存。"② 可见，蔡元培与梁启超都认为，合群能弥补个体能力的不足，是人类生存发展的必要条件，故而合群。

从荀子、蔡元培和梁启超的观点可以看出，实际上，他们都认为乐群能够克服个体能力的局限性，实现个体力量的整合，生成一个大于单个人力量的群体力，从而成为人的力量之源。

乐群之所以是人的力量之源，具体而言，一方面是因为乐群有利于群体成员之间的相互学习、相互促进，从而有效提升个体的才能和群体的实力。梁启超说："道莫善于群，莫不善于独。独故塞，塞故愚，愚故弱；群故通，通故智，智故强。"③ 孤僻易使人闭塞狭隘，乐群才能使人智慧通达，因为与人交流切磋是个体成长进步的重要条件。储沅在《怎样读书与自修》一书中说："我们对于一问题，各有见解，各有心得，我们能互相讨论，以己之长，补人之短，以人之长，补己之短，理愈辩而愈精，疑愈析而愈明。所谓'集思可以广益'。"④ 一个群体之中，必有值得学习之人，乐群正是群体成员之间相互启发教育的过程。通过群体成员之间的相互学习和启发，能够促进人与群体的共同进步。另一方面，乐群有利于群体成员之间的相互鼓励、对照和监督，从而促进个体顺利成才和群体发展壮大。唐太宗道："夫以铜为镜，可以正衣冠；以古为镜，可以知兴替；以

---

① 《蔡元培美学文选》，北京大学出版社，1983，第 22 页。
② 《梁启超全集》第 2 册，北京出版社，1999，第 695 页。
③ 《梁启超全集》第 1 册，北京出版社，1999，第 26 页。
④ 储沅：《怎样读书与自修》，纵横社，1947，第 54 页。

人为镜，可以明得失。"身在群体之中，便是有无数面镜子帮助提醒个体的言行，纠正个体的错误。储沆说："个人的反省和自制，未必能始终不懈，常自警惕。为学的时候，不免有玩忽松弛之处。如果能组成集团，互相督促，互相鼓励，自然只许前进，不容反顾。所谓'益友'，所谓'畏友'就是这层意义。"① 储沆虽然从读书与自修的角度审视乐群的价值，但推而言之，对乐群价值研究同样具有重要借鉴意义。

总之，乐群是人的本质的体现，人凭群而生，从群中汲取力量，在相互学习、砥砺和监督中实现个体与群体力量的共同提升，进而逐渐将自己与动物区别开来，成为改造世界的主体。

其次，乐群是维持人的心理健康的重要条件。人类的生存发展离不开人们合力改造物质世界，也离不开精神上的相互抚慰。乐群是人的一种重要心理需求，是人类生存发展的必要条件。黄炎培提出，人之本在求生，而"孤生不能，生亦寡趣，乃求群。"②"寡趣"实际上就是心理需求没有得到满足的表现，而乐群正是解决"寡趣"之道。不仅如此，乐群还是一种健康的心理状态。卜延军、唐复全指出，乐群合众的个性是一种健康向上的心理状态，因为合群的人乐与人交往，能够敞开心扉，友善待人，既能接受别人，也易被别人接受③，融洽的人际关系自然有利于人的心情愉悦。相反，离群索居的人则容易陷入孤独、封闭的深渊。崔丽娟、丁沁南指出，人际交往对人的心理健康具有保健作用，相反，交往的剥夺对人的心理损害极其严重。例如，长期单独关押的犯人由于缺乏人际交往而精神失常的例子不在少数。④ 可见，人们只有乐群，才能促进良性的人际交往，才能更好地融入社会，维持身心健康。

第二，乐群是社会发展进步的现实要求。首先，乐群是分工协作对人的素质的必然要求。郑维铭、刘树谦认为，乐群是人类社会分工与协作的必然结果和必然要求。分工与协作密不可分。因为有分工，人们才能各守其职，各负其责，使社会井然有序；因为有协作，人们才能交流配合，形

---

① 储沆：《怎样读书与自修》，纵横社，1947，第54页。
② 中华职业教育社：《黄炎培教育文选》，上海教育出版社，1985，第269页。
③ 卜延军、唐复全：《人文社会科学十万个为什么》下册，文心出版社，2006，第1403页。
④ 崔丽娟、丁沁南：《老年心理学》，开明出版社，2012，第103页。

成合力，推动社会进步。① 人类社会从一开始就有分工，"分工起初只是性行为方面的分工，后来是由于天赋（例如体力）、需要、偶然性等等才自发地或'自然地'形成的分工。分工只是从物质劳动和精神劳动分离的时候起才真正成为分工。"② 随着生产力的发展，分工的广度和深度也随之扩展，而有分工就需要协作，有协作就必须结群、乐群，才能更好地维持整个社会大机器的良性运转。

其次，乐群是科学发展对人的素质的必然要求。与分工协作日益深化的趋势相适应，科学发展也日益走向高度分化与高度综合，常常需要跨领域、跨学科的联合攻关与协同创新，更加要求人们具备乐群性。因此，周立升、颜炳罡在《儒家文化与当代社会》一书中提到，在知识经济时代中，许多高精尖科研工作，不是单凭个人力量就能完成的，往往需要许多科研工作者的通力协作，并且要求每个工作者具备团队精神。③ 在现代社会，科学上的每一项重大突破，都是合作的产物。因此，随着科学技术的发展，蕴含团结合作精神的乐群素质越来越重要。

最后，乐群是独生子女时代对人的素质的必然要求。在现代社会，独生子女家庭越来越多，对人们乐群性的养成构成了挑战。范崇嬿在《让孩子坚定、自律、乐群》一文中认为："在独生子女家庭里，孩子没有竞争对手，没有帮助对象，加上家庭过分保护和溺爱，一切顺从孩子，一切替代孩子，渐渐地使孩子形成了怯懦依赖的心理和孤僻自私的个性。"④ 因此，在独生子女时代，更要培养孩子的乐群性。

综上所述，学界从个人和社会、理论和实践两个层面对乐群的依据进行了阐释，但仍需进行全面而深入的学理探究和对现实的深刻把握。

3. 乐群的途径

乐群并不是人们生而有之的素质，而是在后天的生产生活中养成的。关于如何培育和提高人们的乐群性，学界主要有以下观点。

第一，积极参加群体活动。参加群体活动是培养和提高人们乐群性的重要途径，因为群体活动有利于人们更好地认识自己、了解他人，学会与

---

① 郑维铭、刘树谦：《从教为师之道：师德读本》，广东高等教育出版社，1997，第 152 页。
② 《马克思恩格斯选集》第 1 卷，人民出版社，2012，第 162 页。
③ 周立升、颜炳罡：《儒家文化与当代社会》，山东大学出版社，2002，第 125 页。
④ 范崇嬿：《让孩子坚定、自律、乐群》，《父母必读》1988 年第 11 期。

人相处，增进与他人之间的情感交流，并在互动与合作中学会团结互助，增强集体意识、集体荣誉感和集体责任感。黄正平在《班集体问题诊断与建设方略》中指出，要提升学生的交往艺术和乐群性，就要多创造学生之间交往的机会。在交往中才能互相理解，才能改变自我中心主义倾向。因此，教师应积极组织学生开展班集体组织建设、游戏活动、课外实践活动等，使学生在观察、体验、交流中提高交往能力，培养乐群性。①

第二，提高人际交往的能力与技巧。一个人能否顺利与他人结为群体、融入一个群体，不仅需要主观上有乐群的良好愿望，更需要客观上有乐群的实际能力，这就要求人们学习和掌握人际交往的技巧与艺术。黄正平认为："人际交往不仅仅是一门学问而且是一种艺术，高超的交往技巧可以唤起他人友好相处的热情，密切双方关系，从而保证交往的顺利进行。"② 因此，教育者要加强对学生的理论教育和指导，教会学生掌握人际交往的基本知识和技能，包括人际交往需要遵循的原则、规范、礼仪、风俗、习惯等。③

第三，正确认识和处理个人与群体的关系。乐群的核心问题就是正确认识和处理个人与群体的关系问题，只有正确认识和解决这一问题，才有可能真正做到乐群。对此，蔡元培倡导"舍己为群""为群伦不为小己"，梁启超也说："合群之德者，以一身对于一群，常肯绌身而就群，以小群对于大群，常肯绌小群而就大群。"④ 可见，蔡元培与梁启超在群己关系问题上，都强调以群为重，舍己为群。张世欣、姜新茂则认为，培养人的乐群性，要把个人和集体融合在一起，将个人置于集体之中，才能最大限度地发挥个人才能，从而充分实现自身价值。相反，脱离集体的自我奋斗，会限制个人聪明才智的发挥。⑤ 这一观点更倾向于强调个人与群体的统一。

（二）乐群教育的相关理论

在科学研究领域，一项重大课题的开展，单靠一个学科的研究往往力

---

① 黄正平：《班集体问题诊断与建设方略》，教育科学出版社，2007，第175页。
② 黄正平：《班集体问题诊断与建设方略》，教育科学出版社，2007，第175页。
③ 黄正平：《班集体问题诊断与建设方略》，教育科学出版社，2007，第175~176页。
④ 《梁启超全集》第1册，北京出版社，1999，第429页。
⑤ 张世欣、姜新茂：《教师道德——社会文明的母体》，杭州大学出版社，1997，第150页。

有不逮，而是需要跨领域、跨学科、多思维、多视域研究，这在人文社会科学研究领域尤为突出。乐群教育也是如此，涉及哲学、教育学、思想政治教育学、社会学、心理学、人际关系学、文化学等众多领域。只有将乐群教育置于宏阔的视野中，才能卓有成效地开展研究，并取得良好的研究成果。

1. 群育理论

群育就是社会教育（Social Education），"指的是团体生活的教育目标，如道德的习惯和服从，公民的活动和协助，宗教理想的传习等等，凡道德、公民训练、宗教等都包括在内。"① 早在民国时期，国民政府就将群育作为初等教育目标。1944 年 2 月，时任国民政府教育部部长的陈立夫呈蒋介石的《教育部关于编订小学群育课程训练标准问题》（以下简称《问题》）中指出了群育的原因、地位、内容及其实施方法。对于群育的原因，《问题》指出："我国人民最大弊害在缺少组织与合群精神。小学课程标准即应针对此项缺点，另立群育一目，使特别注重。"② 对于群育的地位和内容，《问题》指出："查二十七年本党临时全国代表大会通过之'战时各级教育实施方案纲要'规定'三育并重'为九大方针之一，而以群育为德育之中心训练。本部三十一年修订小学课程标准，即遵照前项纲要，将小学课程分为三大训练，即（1）道德训练，（2）身体训练，（3）知能训练。而德育训练则不但注意个人德性之修养，更特别注重团体群育之发展。是以在课程总目标中，规定小学教育，应以'养成修己善群爱国之公民为目的'。而对于'社会组织'、'集团生活'、'合群精神'、'公众福利'等等，均甚注重，并每周规定'团体训练'、'集团活动'之时间。其在训育标准中，以守纪律、守秩序、守规则、守时刻、服从领袖指导、服从公众意见、参加团体活动、遵守团体决议、服务社会、爱护团体等等，分析编订为训练条目，以期儿童身体力行，养成其良好习惯，或则制成挂图、编成韵语，以资观感而助其记忆。"③ 对于群育的实施方法，《问题》指出：

---

① 《孟宪承教育论著选》，人民教育出版社，1997，第 2 页。
② 中国第二历史档案馆：《中华民国史档案资料汇编 第 5 辑 第 2 编 教育 1》，江苏古籍出版社，1997，第 499 页。
③ 中国第二历史档案馆：《中华民国史档案资料汇编 第 5 辑 第 2 编 教育 1》，江苏古籍出版社，1997，第 499 页。

"规定训育之实施程序，以指导儿童组织学级会及自治团体，演习民权初步为实施集团生活之训练，养成其适应群体生活之能力。其在初小常识科，初小须与常识科教材配合，高小须与社会等科教材配合，其内容亦应注重描写集体活动，提倡合群精神之故事，以及其他各科课程中，均视教材之性质、儿童之能力，学校之环境，注重组织训练与合群精神，儿童之课外活动，则有每周举行之朝会、夕会、周会与纪念日之各种集会。"① 《问题》提出了群育的一整套实施方案，对群育的重视可见一斑。

教育家罗辀重在《五育价值重估——为鹏程建校廿周年特刊作》一文中说："本来学校的重心，应该在群育——即处群的教育——其余实施的德、智、体、美四育，应都是为着处群而有。"② 可见，罗辀重将群育作为除德育、智育、体育、美育之外的"第五育"，并将其视为五育的核心。

综上可见，群育主要被理解为一种社会教育，与乐群教育的关系十分紧密，对乐群教育研究具有重要参考价值。同时，群育与乐群教育也有区别，群育比乐群教育的内涵和外延要广得多。

2. 集体主义教育理论

十月革命后，苏联产生了集体主义教育思想。列宁夫人、苏联教育家克鲁普斯卡雅把集体主义教育作为共产主义道德教育的主要内容，要求学校和少先队组织把培养儿童的集体主义精神作为最主要的任务，努力把儿童培养成为集体主义者。她说："资产阶级力图把自己的儿童培养成个人主义者，使他们把'我'置于一切之上，使他们跟群众对立起来。我们却努力把我国的儿童培养成全面发展、身体强壮、认识明确的人，他们不应是个人主义者，而应是集体主义者，他们不和集体对立，而能成为集体中的一部分力量，并能把集体的意义提到新的高度来认识。"③ 在以私有制为基础的社会中，人与人之间的利益关系是对抗性的，只有虚幻的集体，而无真实的集体，更何谈集体主义教育。只有在社会主义条件下，才能孕育真正的集体主义教育，培养具有集体主义精神的社会主义接班人是社会主义教育的重要任务。

---

① 中国第二历史档案馆：《中华民国史档案资料汇编 第5辑 第2编 教育1》，江苏古籍出版社，1997，第499页。
② 转引自佘国纲主编《罗辀重文集》，湖南教育出版社，1999，第241页。
③ 转引自单中惠《西方教育思想史》，教育科学出版社，2007，第499页。

苏联教育家马卡连柯和苏霍姆林斯基对集体主义教育进行了全面而深入的探索。对于集体主义的内涵，马卡连柯认为，集体主义与个人主义相对，是个人与社会的团结一致①，是个人跟别人的工作和利益、跟整个社会利益的真实结合。② 苏霍姆林斯基则说："集体主义是社会主义和共产主义社会关系的一个突出的特点，同时又是我们的一条主要的道德原则和全面发展的新人的一个最重要的特征。集体主义反映着劳动人民的同志情谊、思想上的团结一致以及利益和目的的共同性的最重要的实质。"③ 可见，马卡连柯和苏霍姆林斯基都将集体主义视为个人与集体的高度和谐、高度融合、高度统一。集体主义教育主要是培养人们集体主义精神的教育实践活动。对于集体主义教育的功能，苏霍姆林斯基认为，集体主义教育是促进学生个性全面和谐发展的重要途径，他说："学生的'个性是否丰富，即在智力、思想、道德、审美、创造性、情感、公民意识方面是否丰满，是由个人跟周围世界的交往与联系是否丰满决定的'。如果没有集体的完善组织，没有集体生活在思想、精神、智慧、情感、审美和创造等方面的内容，'个性全面和谐发展'是不可能的。"④ 对于集体主义教育的途径，马卡连柯强调要在集体中对人进行教育，"集体是个人的教师"⑤。苏霍姆林斯基主张通过学习、公益劳动、社会生产劳动、闲暇活动、学生互助等途径进行集体主义教育。

集体主义教育思想对我国教育影响深远，是思想政治教育的重要内容。中共中央国务院《关于进一步加强和改进大学生思想政治教育的意见》（中发〔2004〕16 号）中指出，对大学生进行公民道德教育要坚持"以集体主义为原则"，在进行素质教育的过程中，要"加强集体主义和团

---

① 〔苏〕安·谢·马卡连柯：《马卡连柯全集》第 4 卷，耿济安、高天浪等译，人民教育出版社，1957，第 437 页。
② 〔苏〕安·谢·马卡连柯：《马卡连柯全集》第 4 卷，耿济安、高天浪等译，人民教育出版社，1957，第 445 页。
③ 〔苏〕瓦·阿·苏霍姆林斯基：《关于全面发展教育的问题》，王家驹、张渭城等译，湖南教育出版社，1984，第 110 页。
④ 单中惠：《西方教育思想史》，教育科学出版社，2007，第 620 页。
⑤ 〔苏〕安·谢·马卡连柯：《论共产主义教育》，刘长松、杨慕之译，人民教育出版社，1981，第 56 页。

结合作精神教育"①。教育部《关于整体规划大中小学德育工作的意见》
（教社政〔2005〕11 号）中指出，中学教育阶段德育主要内容之一是开展
集体主义教育。②

集体本身就是群体的具体表现形式，是一种具有高度目的性、组织性
和纪律性的群体，而集体主义是乐群的高级阶段。所以，集体主义教育理
论为乐群教育研究提供了重要理论基础。当然，集体与群体、集体主义与
乐群、集体主义教育与乐群教育又有很大差别，不能等同视之。

3. 合群理论

心理学探讨了人的合群心理，从微观层面为乐群教育提供了重要研究
基础。在心理学中，合群是指人类寻求伙伴、与他人相处或集合在一起的
结群倾向。③

美国心理学家威廉·麦独孤认为，合群是人类的一种本能。他还揭示
了合群本能"与原始移情倾向（the primitive sympathetic tendency）合作、
从而使人们去寻求与尽可能多的同伴分享情绪的方式。"④ 并且，"合群本
能常常因为习惯而被强化。个体出生在某类群体中并在其中长大，与其他
个体生活在一起，做同样的事，这就渐渐成了深深扎根于这一本能中的习
惯。"⑤ 据此，麦独孤分析了许多动物、原始人类以及现代人，都有这种合
群本能的现象。

美国心理学家 J. L. 弗里德曼、D. O. 西尔斯等在麦独孤提出人类具有
合群本能观点的基础上，进一步分析了人类普遍具有合群倾向的原因以及
影响合群倾向的因素。他们在《社会心理学》一书中说："人们由于许多
原因产生合群行为。这种欲望可能是本能的；它肯定是人在幼年时人类依
靠他人的内在特性的结果。另外，因为童年时代强迫性的联合，我们知道
了合群倾向是满足需要的一种途径，它变成了延续到成年的一种习惯行

① 中共浙江省委教育工作委员会宣传教育处、浙江省教育厅宣传教育处：《高等学校思想政
治工作文件汇编》，2005，第 6 页。
② 中共浙江省委教育工作委员会宣传教育处、浙江省教育厅宣传教育处：《高等学校思想政
治工作文件汇编》，2005，第 136 页。
③ 费穗宇、张潘仕：《社会心理学辞典》，河北人民出版社，1988，第 121 页。
④ 〔美〕威廉·麦独孤：《社会心理学导论》，俞国良、雷雳等译，北京大学出版社，2010，
第 146 页。
⑤ 〔美〕威廉·麦独孤：《社会心理学导论》，俞国良、雷雳等译，北京大学出版社，2010，
第 42 页。

为。在人的一生中，他人是满足一定需要的惟一或基本工具，因此为了得到这种满足，我们就要合群。在这种基本结构中，有许多在特殊情境中增加和减小联合欲望的更具体的因素。恐惧、忧虑、不确定性、与他人的相似以及语言交往的可能性，都影响着合群行为量。依据减小恐惧和社会对比对这些作用所作的解释，为我们理解合群现象提供了更详细的内容。"①

在心理学领域，合群实际上就是人类求群、结群的心理和行为倾向。在这个意义上，合群本身就是乐群的一个重要表现，同时也是乐群的必然要求。因此，心理学对人们合群倾向的现象、原因及其影响因素的研究，可以说奠定了乐群教育研究的心理学基础，有利于将乐群教育研究推向深处。但需要指出的是，与乐群相比，合群的内涵要窄得多，乐群不仅蕴含求群、结群之意，还有爱群、利群等更丰富而深刻的内涵。不仅如此，乐群比合群具有更强烈的自觉性、积极性、能动性等主观倾向，合群则更多是人的一种不自觉的、动物式的本能反应。而研究乐群教育的意义正在于此，即在人类本能的合群倾向基础上，引导人们更加自觉、理性、科学地乐群。

此外，"合群"一词还有更为狭义的内涵，即能与他人合得来、相处融洽，能融入一定群体之中。"合群"的这一理解在人们日常生活中最常见，使用得也最多。本书在使用"合群"时，主要是采用这一层面上的理解，而不是心理学上意指求群、结群的"合群"之意。显然，能与他人合得来、相处融洽，能融入一定群体之中的"合群"之意，正是乐群的一个重要表现，是乐群教育研究的题中之意。

4. 社群主义理论

社群思想可以追溯到古希腊时期，亚里士多德关于城邦是为了达到某种共同的善的目的的团体思想，可以说是社群思想的雏形。直到20世纪80年代，社群主义形成较为系统的理论体系，成为西方政治哲学的两大主流之一，主要代表人物包括桑德尔、麦金太尔、沃尔泽和泰勒等。

"一般地说，社群主义者把社群看作是一个拥有某种共同的价值、规范和目标的实体，其中每个成员都把共同的目标当作其自己的目标。因

---

① 〔美〕J. L. 弗里德曼、D. O. 西尔斯：《社会心理学》，高地、高佳等译，黑龙江人民出版社，1997，第79～80页。

此，在社群主义的眼中，社群不仅仅是指一群人；它是一个整体，个人都是这个整体的成员，都拥有一种成员资格。社群主义者所说的社群有许多个基本的向度，如地理的、文化的和种族的。不同的向度分别构成了不同类型的社群。"① 社群主义是在批判以约翰·罗尔斯为代表的新自由主义的过程中发展起来的，因此，了解社群主义不能脱离新自由主义。在方法论上，"自由主义的出发点是自我和个人，个人成为分析和观察一切社会政治问题的基本视角。……自由主义的方法论是个人主义或'原子主义'（Atomism）。社群主义的出发点则是社群，各种各样的群体而不是个人成为分析和解释的核心范式，社群主义的方法论从根本上说是集体主义。"② 在价值观上，"自由主义强调个人的权利，最重要的是个人的自由权利，个人的自由选择以及保证这种自由选择在公正的环境中实现是自由主义的根本价值，它认为一旦个人能够充分自由地实现其个人的价值，那么个人所在的群体的价值和公共的利益也就随之而自动实现。社群主义则强调普遍的善和公共的利益，……个人权利既不能离开群体自发地实现，也不会自动导致公共利益的实现。反之，只有公共利益的实现才能使个人利益得到最充分的实现，所以，只有公共利益，而不是个人利益，才是人类最高的价值。"③ 社群主义正是在批判新自由主义的过程中逐渐确立了自己的哲学基础和理论体系，包括自我观、个人观、社群观、成员资格观、公民资格观、权利观、美德观、公益观、国家观等。

社群主义与个人主义相对，强调人总是一定社群的成员，要时刻从社群出发，以公共利益为重。社群主义与乐群都涉及个人与群体的关系问题，因此，社群主义理论对于乐群教育研究无疑具有重要借鉴意义。但另外，乐群不等于社群主义，乐群的反面并不是个人主义，而是离群、厌群。不乐群由许多原因构成，当然，个人主义也可能成为其中一个原因，但不能简单地说不乐群的人都有个人主义倾向。同时，实际上，新自由主义与社群主义争论和分歧的根本在于对人的本质认识的差异。新自由主义建立在唯心主义基础上，把人看作抽象的、虚无的、孤立的个体，忽视了人的现实性、具体性、社会性。社群主义却走向另一个极端，它建立在机

---

① 俞可平：《社群主义》，东方出版社，2015，第70页。
② 俞可平：《社群主义》，东方出版社，2015，第3页。
③ 俞可平：《社群主义》，东方出版社，2015，第3页。

械唯物主义基础上，认为个人是由其所在的社群决定的，"环境规定我们"，具有明显的"环境决定论"色彩，忽视了人的主观能动性。二者都割裂了人与群体、人与社会的对立统一关系，只强调对立，而忽视了统一，从而走向两极，各有局限。在这一点上，乐群也不同于社群主义，乐群不是片面强调群体，不见个人，而是以马克思主义哲学为基础，从人的社会性出发，从人与群体、人与社会的关系出发，促进人与群体、人与社会的高度和谐统一。此外，在性质上，乐群也不同于社群主义。社群主义者所说的"社群"更多时候是亚里士多德所说的，为了达到最大和最高的善而组成的人类团体或人类关系，即政治社群，也就是说，社群主义没有将"社群"与"政治社群"区分开来。① 社群主义实际上是一种政治哲学思潮，具有鲜明的政治色彩，被政治哲学家称为"公益政治学"。而乐群并不具有浓厚的政治倾向，它更多是一种个人的心理特点和思想倾向。因此，在乐群教育研究过程中，对社群主义的借鉴吸收要取舍有度、运用得当。

二 乐群教育研究的综合评价

通过文献梳理可见，目前对乐群教育的研究已有一些有益成果，尤其是教育学、心理学、社会学等领域与乐群教育相关的理论成果颇丰，对乐群教育的进一步研究大有裨益。然而，就乐群教育本身的研究情况而言，还存在诸多不足之处。

首先，论题集中于"乐群"，严格说来，几乎没有"乐群教育"研究的直接成果。"乐群"是乐群教育研究的核心概念之一，但远不是乐群教育的全部内容。然而，目前的理论成果囿于"乐群"研究范围之内，还没有上升到"乐群教育"的高度。从这个层面上而言，乐群教育可以说是一个崭新的课题，亟待开荒拓土。

其次，论域偏窄，缺乏跨学科意识、国际视野和时代观照。目前对"乐群"的研究基本局限于对中国古代和近代乐群思想的回顾，主要徘徊于哲学、文化学视野之内。但是，乐群教育显然是一个具有跨越时空特性的论题，古今中外莫不存在与乐群教育有关的思想资源和实际活动，并

---

① 俞可平：《社群主义》，东方出版社，2015，第80页。

且，哲学、教育学、社会学、心理学等很多学科都对乐群教育的相关理论进行了探索，这些均可为我所思、为我所用。尤其需要指出的是，一方面，人与社会对乐群教育的需要日益凸显，另一方面，乐群教育正遭遇诸多现代化的挑战。但学界对这一现实矛盾并未给予足够重视，已有研究缺乏现实感。

最后，研究的深度和系统性不足。通过对乐群教育及其相关理论研究的文献梳理发现，对"乐群"的研究虽不乏真知灼见，但总体而言，大多成果浮于现象描述和经验之谈，缺乏学理分析，既没有形成较为系统的理论体系，也没有凸显理论研究的高度和深度。

三　乐群教育研究的未来展望

现有研究的有益成果是进一步开展乐群教育研究的丰厚滋养，现有研究的不足则是乐群教育研究的巨大动力，也为乐群教育研究留下了广阔空间。综上所述，乐群教育研究还需在以下几方面进行拓展和深化。

首先，乐群教育研究要有系统性。乐群教育研究需要在始终立足实践的同时，以目前关于"乐群"研究的思想成果为基础，构建严密的乐群教育理论体系，以更全面地认识、更深刻地把握乐群教育。

其次，乐群教育研究要有大视野。尽管乐群教育的直接理论成果十分匮乏，但与乐群教育相关的理论已有一定研究基础，若能在马克思主义基本立场、观点和方法的指导下，对这些理论进行仔细甄别、科学取舍、有效吸收、融会贯通，定会大大拓展乐群教育的研究视野，提升乐群教育的研究高度，推进乐群教育的研究深度，增强乐群教育理论的创新性。

最后，乐群教育研究要有现实感。理论研究基于现实的需要，并归于回应和解答现实难题的目的。乐群教育研究不仅有重大理论价值，更具有鲜明的实践色彩。在当代社会，人与社会的发展更加需要人们具备乐群素质，但另外，人们却面临着传统文化糟粕、市场经济弊端、家庭结构变迁、信息时代风险等造成的厌群、离群等倾向。这一矛盾和张力的不断扩大，又使乐群教育遭遇着严峻的困难和挑战。对此，乐群教育要始终聚焦现实问题，并谋求回答和解决这些现实问题，以彰显理论的现实价值和生命力。

第三节　乐群教育研究的思路和方法

开展乐群教育研究，必须要有清晰的研究思路、系统的研究内容和科学的研究方法，才能构建起严密的乐群教育理论体系。

一　乐群教育研究的思路

本书的研究主要从审视当代社会不断凸显的乐群需要，到梳理古今中外的乐群思想及其相关理论；从考察人类社会存在的乐群现象，到揭示乐群的本质；从分析人们乐群性的自发形成过程，到自觉对人们进行乐群教育的实践等多重维度展开思考，坚持理论与实践的紧密结合，循着"何为乐群教育、为何进行乐群教育、如何进行乐群教育"的研究主线，对乐群教育的深刻内涵、客观依据、过程与规律、内容构成和具体路径等核心问题进行了深入探讨。

二　乐群教育研究的内容

根据上述研究思路，乐群教育的研究主要包括以下内容。

一是揭示乐群教育的内涵和本质。研究乐群教育，前提是明确究竟什么是乐群教育，而要理解乐群教育，首先要清楚什么是乐群。因此，对"乐群"和"乐群教育"这两个核心概念的界定，是研究的起始。唯有如此，才能确立研究方向，划定论域，构建乐群教育的理论体系。通过对大量乐群现象的分析，对古今中外乐群思想的考察，以及对相关概念的辨析，乐群和乐群教育的内涵与外延得以清晰地呈现出来。乐群就是人们喜欢与人交往，结成群体，并乐于融入一定群体之中，与群体成员友好相处、团结合作，热爱群体、奉献群体的特质。乐群实质上要求协调好个人利益与他人利益、个人利益与群体利益的关系。而乐群教育，简单说就是培养人们乐群性的实践活动。具体而言，乐群教育是一定社会或群体旨在通过群体价值、群体精神、群体情感和群体行为等方面的教育，培养人们的乐群性，以促进个人与群体的和谐发展、共同发展、全面发展和持续发展的社会实践活动。乐群教育的本质在于，通过引导人们乐群，不断建构和丰富人的社会关系，促进人的社会化，实现并完善人的本质。

二是分析乐群教育的客观依据。阐明乐群教育的客观依据，才能彰显乐群教育的存在意义和乐群教育研究的重大价值。乐群教育的提出是人与社会发展的必然要求。一方面，提高人的社会化水平、实现人的本质，促进人的交往、素质和能力的全面发展，适应生产社会化、科技社会化和社会组织化的发展趋势，促进人与人、人与群体和人与社会的和谐，发挥社会主义优越性、弘扬社会主义核心价值和实现社会主义共同理想，都迫切需要开展乐群教育，培养人的乐群性；另一方面，传统文化的惰性力、市场经济的负面影响、家庭结构的变迁、信息时代的风险等，又给人们乐群性的形成和发展带来了危机和挑战，亟须乐群教育的积极应对。乐群教育就在这一不断扩大的乐群需要与乐群性不足的巨大张力中应运而生。

三是探讨乐群教育的过程和规律。在明确乐群教育内涵及其客观依据的基础上，还要探明乐群教育的过程和规律，以科学有效地推动乐群教育实践活动的开展，培养人们的乐群性，实现乐群教育目的。依据社会和群体对人的乐群性的要求与人的乐群性形成发展的过程和规律，乐群教育可分为识群、择群、爱群、合群四个先后有序、环环相扣、相互渗透、层层深入的环节。这一过程始于识群、择群，通过爱群，达于合群。乐群首先要认识和选择群体。识群就是接触、了解和把握群体，择群是在识群的基础上辨别、认同和选择群体。在识群、择群的基础上，还要进一步引导教育对象爱群，即喜爱群体、关心群体、爱护群体，形成对群体的深厚情感。乐群最终要体现在稳定的合群行为习惯上，合群即融入群体、凝聚群体、整合群体，也就是要合众、合心、合力，实现群己合一。乐群教育活动受到群己互动规律、内外转化规律与知行合一规律的支配和制约，开展乐群教育必须遵循这些基本规律，才能提高乐群教育的科学性和有效性。

四是明确乐群教育的内容构成。乐群教育内容是教育者向教育对象施加教育影响的具体表现，也是实现乐群教育目标的重要保证。乐群教育内容以社会和群体发展的现实需要、乐群教育的目标任务以及教育对象的实际情况为择取依据，一般包括以群体对于个体的生存价值和发展价值为重点的群体价值教育，以群体进取精神、群体团结合作精神和群体奉献精神为重点的群体精神教育，以群体归属感、群体荣誉感和群体责任感为重点的群体情感教育，以群体交往行为、群体生产行为和群体生活行为为重点的群体行为教育。这四方面内容相互联系、相互渗透、交互作用，有机构成了乐群教育的内容系统。其中，群体价值教育是基础，群体精神教育是关键，群体情感教育是重点，群体行为教育是旨归。

五是阐明乐群教育的具体路径。乐群教育的实施必须要有切实可行的路径，才能保证乐群教育效果的显现和乐群教育目的的实现。乐群教育路径是根据人的乐群性形成发展规律和乐群教育规律、乐群教育对象的实际状况、乐群教育的内容和时代发展的特点与要求而制定和选择的，主要有理论教育、实践锻炼、社会交往、心理教育和自我修养几种路径。其中，尤其要注意在群体实践活动和社会交往中育人，通过交往实践，增进个体对群体的了解、认同和热爱，进而促进其乐群性的形成发展。

上述五个方面是乐群教育研究必须回应和解答的重大理论问题和现实问题，这些问题之间有着紧密的逻辑关系，共同构成了乐群教育研究的基本内容。其中，乐群教育的内涵、过程、规律和内容是研究的关键和难点。

三 乐群教育研究的方法

乐群教育研究主要采用以下研究方法。

（一）文献研究法

每个时代的人们所面临和思考的根本问题大抵相同，而许多尽管可能还是片面的深刻道理和思想，早已由先贤们发现、阐释和践行。尤其在人文社会科学领域，后人常有迟到之感，似乎每种创造都"古已有之"，很难开辟全新天地。但从另一层面讲，科学研究既要讲求创新，也要注重吸取前人的智慧，只有站在巨人的肩上，才能飞得更加高远。同样，尽管围绕"乐群"的研究成果还很匮乏，关于"乐群教育"的直接研究更是几无成果，但与乐群教育相关的理论十分丰富，如人的本质理论、人的全面发展理论、"人能群"理论、社会化理论、社群主义理论、集体主义理论、群育理论、合群性理论等，都为乐群教育研究提供了可资借鉴的宝贵资源。因此，全面考察和梳理古今中外有关乐群教育的文献资料，批判地吸收和借鉴其中的思想精华，并从中找出现有研究的缺陷和不足，是开展和深化乐群教育研究的前提。

（二）跨学科研究法

高度分化与高度综合是科学研究的大势所趋。一门学科之力毕竟有限，一个科研项目尤其是重大科研项目的开展，越来越需要多学科共举，实现优势互补与交叉创新。乐群教育的研究亦是如此。直接关涉乐群教育研究的资料虽不多，但哲学、教育学、社会学、心理学、人际关系学、文化学等众多学科都积累了大量与乐群教育相关的研究成果。因此，研究乐群教育，少不了跨学科研究法的运用。在跨学科的交叉研究中，力求打开视野，激活思维，充分吸收和借鉴相关学科的优秀研究成果，并实现相关成果的适当转换与适度融合，推动乐群教育的理论创新，并在学科综合中彰显理论特色。

（三）系统分析法

世界是有系统的存在，万事万物都运行于一定系统之中。因此，利用系统分析法审视特定研究对象的内在系统及其在其他不同系统中的运行，有助于我们更加全面、透彻地把握研究对象。首先，乐群教育本身就是一个系统，有其内在的构成要素及各要素之间的相互作用关系。本书从乐群教育的主体、客体、介体、环体四类构成要素出发，重点探讨了乐群教育的内涵、依据、过程、规律、内容和方法等。其次，将乐群教育作为整个思想政治教育系统的子系统置于其中，明确了乐群教育在整个思想政治教育系统中的定位，分析了乐群教育与思想政治教育的关系，使乐群教育的归属及其特殊性和价值性进一步明晰。最后，将乐群教育作为整个社会大系统的子系统置于其中，阐明乐群教育与个体的生存发展和社会的政治、经济、文化等因素的相互联系与作用，进一步彰显了乐群教育的重要性。总之，本书拟从以上三个系统层面来审视和探究乐群教育，以期呈现出一幅较为完整、立体、动态的乐群教育研究图景。

第二章　乐群教育的内涵解析

乐群教育是一个新话语、新课题，深入研究乐群教育，必须正确理解乐群教育的内涵，揭示乐群教育的本质，抓住乐群教育的特点，并找准乐群教育在整个教育系统中所处的位置。

第一节　乐群与乐群教育的内涵

概念是思维的起点，是判断、推理和论证的基础①，是理论研究的基石，核心概念更是关乎整个理论大厦的构建。因此，研究乐群教育，首先要科学把握乐群和乐群教育的内涵与外延。

一　乐群的内涵

在考察实践活动和吸收借鉴以往研究成果的基础上，本书认为，乐群就是人们喜欢与人交往，结成群体，并乐于融入一定群体之中，与群体成员友好相处、团结合作、热爱群体、奉献群体的特质。乐群包含两层含义：一是人们喜欢与人交往、共同活动并结成一定群体；二是人们喜欢并乐于融入一定群体之中，与群体成员友好相处、团结合作，热爱群体、奉献群体。乐群的核心问题是要处理好群己关系，包括人与人的关系、人与群体的关系。进一步讲，乐群实质要求协调好个人利益与他人利益、个人利益与群体利益的关系。对于乐群的这一界定，可以分别从以下两方面进行剖析：一是何谓乐，二是所乐者为何群。

---

① 金岳霖：《形式逻辑》，人民出版社，1979，第19页。

（一）乐群之群

为准确把握乐群中所乐之"群"，先要了解一般意义上的"群"。

《说文解字》曰："群，辈也。从羊，君声。"① 对此，宋代徐铉注曰："羊性好群，故从羊。"② 羊是最喜群聚的动物，故而群从羊，道出了"群"的聚集之意。清代段玉裁则注曰："若军发车百两为辈。此就字之从车言也。朋也、类也，此辈之通训也。《小雅》：谁谓尔无羊，三百维群。犬部曰：羊为群，犬为独。引申为凡类聚之称。"③ 可见，段玉裁对"群"的理解更进一步，认为"群"不是简单的群聚，而是聚集在一起的同类事物或人。因此，《周易·系辞传》说："方以类聚，物以群分"④，也正含此意。后世对"群"的理解基本袭用上述观点。如《辞海》就将"群"界定为"成群的同类事物"⑤。

可见，从词源学来看，"群"的本义就是同类事物或人的聚集。"群"可以是动物群、植物群、人群，也可以是建筑群，等等。显然，本书所涉主要是人群，并且是人群中的某些特定群体。"群体"或"社会群体"是社会学的基本概念，二者虽表述不同，但内涵是一致的。美国学者伊恩·罗伯逊认为："从最严格的意义上说，群体是由那些在对彼此行为有着共同期待的基础上有组织地在一起发生相互作用的人组成的集团。这一相互作用的结果是使群体成员有一种共同的'归属感'。"⑥ 罗伯逊对"群体"的界定包含四个层面的思考，一是群体有共同的目标和行为规范，二是群体是有组织的集团，三是群体成员之间具有相互作用，四是群体成员有共同的群体心理。戴维·波普诺认为："社会群体可定义为两个或两个以上，具有共同身份和某种团结感，并且具有共同的目标和期待的人。"⑦ 波普诺认为，社会群体在人数上包含两人及以上，具有共同的身份、目标和群体心理。也有学者对社会群体作了广义和狭义的区分。"广义上的社会群体，

---

① （汉）许慎：《说文解字》（上册），九州出版社，2001，第210页。
② （汉）许慎撰、（宋）徐铉校：《说文解字》，社会科学文献出版社，2005，第197页。
③ （汉）许慎撰、（清）段玉裁注：《说文解字注》，中州古籍出版社，2006，第146页。
④ （宋）朱熹：《周易本义》，中央编译出版社，2010，第179页。
⑤ 辞海编辑委员会：《辞海》，上海辞书出版社，1999，第5451页。
⑥ 〔美〕伊恩·罗伯逊：《社会学》上册，黄育馥译，商务印书馆，1990，第207页。
⑦ 〔美〕戴维·波普诺：《社会学》，李强等译，中国人民大学出版社，1999，第179页。

泛指一切通过持续的社会互动或社会关系结合起来进行共同活动，并有着共同利益的人类集合体；狭义上的社会群体，指由持续的直接的交往联系起来的具有共同利益的人群。"① 无论是广义还是狭义的社会群体，都具有共同的规定。一是群体成员之间有持续的交往或关系。二是群体成员具有共同利益。不同的是，群体成员之间的交往是否直接。然而，狭义的社会群体范围显然过于狭窄，尤其是随着人们交往范围的扩大、交往程度的加深，越来越多的大型社会群体出现。因此，广义的社会群体更符合现实和社会发展的趋势。

综合学界对群体的界定，群体可以理解为由三人及以上成员构成的，基于共同利益和目标而发生持续的社会互动或社会关系，具有一定内在结构和群体心理的人类集合体。

从群体的内涵来看，不是所有的人群都是群体，群体主要有以下特征。

一是群体在数量上至少由三个及以上的成员组成。《国语·周语上》云："兽三为群，人三为众"，群体至少由三人组成。有学者认为，群体由两个及以上的人组成，对此，"一些心理学家认为，两人不能算是一个群体，因为两人之间只构成个人之间的纯感情关系，如果发生意见分歧或冲突，不可能得到解决，必须有第三者进行仲裁"②。本书对群体的理解取其由三人及以上成员组成的观点。

二是群体成员有共同的利益和目标。有共同的利益和目标，人们才会结成群体，一致行动。这一共同目标或是相对明确的，如完成一场大型演出，或是相对模糊的，如休闲娱乐。

三是群体成员之间具有较为持续的社会互动或社会关系。为达成共同目标，群体成员之间必然要进行交往，如交流、竞争、合作等。这种交往可能是比较直接的、亲密的，也可能是间接的、疏远的，但一定都是较为持续和稳定的，而非临时的。

四是群体具有一定的内在结构和秩序。群体要实现特定目标，就要进行分工，形成一定的内在结构，有组织地开展活动，并依循共同的行为规

---

① 郑杭生：《社会学概论新修精编本》，中国人民大学出版社，2015，第 148 页。
② 刘学谦：《群体凝聚力理论研究与运用》，红旗出版社，2008，第 32 页。

范，以维持群体的正常秩序和良性运转。当然，有些群体的结构可能是严格而正式的，行为规范是由一定规章制度明确要求的，而另一些群体的结构则可能是模糊而灵活的，行为规范是约定俗成的。

五是群体成员具有一致的群体心理。"群体心理是指群体成员在群体的活动中共有的、有别于其他群体的价值、态度和行为方式的总和。"[①] 群体心理是在群体成员长期交往活动中形成和发展起来的，是区分不同群体的重要标志，也是群体生存发展的重要条件。

为了更好地把握群体的内涵与外延，还要注意区分与群体相关的一些概念，如集群、社会类属、组织、团队、集体等。

集群是一些因共同需要而短暂聚集在一起的人，如地铁上的乘客、影院的观众等，是一个偶发的、临时的、松散的集合体。一般而言，大多数成员之间无持续交往关系，可能随时解散，并不能称为群体。

社会类属是具有某些共同社会属性的人，比如同一性别、同一年龄段、同一职业的人等。他们可能未曾谋面，没有交往关系，也不一定有共同的利益、一定的结构和一致的心理。统计学上所称的"群体"多属于社会类属，如"女性群体""青年群体""教师群体""消费者群体"等，只是具有某种共同特征的一类人，满足一定的统计需要，不能称为群体。

组织是"精心设计的以达到某种特定目标的社会群体。俱乐部、学校、教堂、医院、监狱、公司和政府机构都是组织的范例"[②]。组织是群体的一种形式，但与很多目标模糊而笼统的群体不同，组织具有明确而具体的目标。不仅如此，组织还有较为严密的内部结构和劳动分工。

团队也是一种群体形式。被誉为"团队之父"的剑桥大学博士贝尔宾认为，团队（teams）与群体（groups）在成长方式和聚集原因方面存在根本区别。"群体是指由于相同的目标而聚集起来的一群人。在群体中，随着人数的增加，成员之间的差异变得模糊。人数越多，越有可能表现出群体特征和群体本能，例如从众行为。"而"团队人数是有限的，人员都是经过挑选并且组合到一起，为完成共同目标而承担不同的使命。团队的每个成员都会试图在团队中找到'个人定位'。"[③] 可见，与群体相比，团队

① 沙莲香：《社会心理学》，中国人民大学出版社，1987，第 274 页。
② 〔美〕戴维·波普诺：《社会学》，李强等译，中国人民大学出版社，1999，第 189~190 页。
③ 转引自〔美〕托马斯·库恩《团队教练》，无言译，中国水利水电出版社，2004，第 3 页。

的规模较小，团队的目的性、组织性、合作性更强，成员的个体性也更鲜明。

苏联教育家马卡连柯认为："集体是活生生的社会有机体，它所以是一个有机体，就因为它那里有机构、有权能、有责任、有各部分之间的相互关系和相互依赖，如果这样的因素一点也没有的话，也就没有集体了，所有的只是随随便便的一个人群罢了。"① 他还说："集体是以社会主义的结合原则为基础的人与人的互相接触的总体。在对个人的关系上，集体应确定整个集体的主权。因为确定个人有自愿加入集体的权利，只要个人在集体中一天，集体就要求他无条件地服从，这是由集体的主权得出来的结论。集体只有当它显然是用有益于社会的活动任务来团结人的时候，才可能成为集体。"② 马卡连柯对集体的理解强调四个层面，一是强调集体的组织性，二是强调集体的社会主义性，三是强调个人对集体的无条件服从性，四是强调集体目标利于社会发展的价值性。集体是为了达到社会所赞许的目的，按照社会主义原则建立的，集体成员具有相同的利益，人与人之间地位平等、关系民主、团结互助，同时，集体为每个人的自由而全面发展提供了有利条件。显然，与群体相比，集体有更为特殊的性质和严格的规定，具有高度的目的性、组织性和纪律性。就发展水平来说，集体是群体的最高阶段。

通过上述对群体及其相关概念的辨析可见，集群和社会类属不同于群体，而组织、团队、集体则是群体的不同表现样式，具有较强的目的性、组织性、纪律性。

根据不同标准，可将群体分为以下几种类型。

一是以群体性质为标准，可分为有益群体和不良群体。利于个人与社会发展的就是有益群体，如家庭、学校、企业等。反之，不利于个人与社会发展的就是不良群体，如贩毒团伙、传销组织、黑社会组织等。

二是以群体成员之间的交往程度为标准，可分为初级群体和次级群体，或首属群体和次属群体。美国社会学家库利最早提出"初级群体"

① 〔苏〕安·谢·马卡连柯：《论共产主义教育》，刘长松、杨慕之译，人民教育出版社，1981，第 404 页。
② 〔苏〕安·谢·马卡连柯：《论共产主义教育》，刘长松、杨慕之译，人民教育出版社，1981，第 119～120 页。

（Primary Groups）概念，也称"首属群体"。库利认为，"初级群体"就是"那些具有亲密的、面对面交往与合作特征的群体"①，其中最重要的包括家庭、儿童游戏群体、邻里或社区群体，并强调初级群体是人的社会化的重要基础。初级群体一般来说规模都比较小，因为只有在人数较少的情况下才能获得更多直接的、亲密的、频繁的互动条件，如家庭、朋友、邻居、同事等。初级群体对一个人的成长发展具有重要意义，可以说伴随人一生的成长历程，是人们进行思想交流、情感互动、汲取力量、获得支撑的重要群体。次级群体则是那些规模较大、成员间面对面交往有限、情感联系较少、主要以特殊角色联系在一起的群体，例如大型公司、高校等。

三是以群体的构成原则和方式为标准，可分为正式群体和非正式群体。正式群体是有既定的目标、严密的组织结构、严格的规章制度、成员有特定的角色地位、明确的权利义务关系的群体，如政府、政党、军队、公司等。非正式群体则是自发形成的，无正式结构、无严格的纪律规范、无明确规定的角色地位和权利义务关系的群体，以血缘、情感、兴趣爱好等为成员之间联结的纽带，以约定俗成的习俗规范调节群体关系，如家庭、邻里、伙伴、兴趣爱好小组等。非正式群体也是对人们的生产生活影响直接而深远的群体。

四是以群体形成的缘由为标准，分为血缘群体、地缘群体、学缘群体、业缘群体、趣缘群体和网缘群体。血缘群体是人们在血统关系基础上形成的群体，如家庭、家族、氏族、部落等，是人类社会最早出现的群体。地缘群体是人们在地理位置关系基础上形成的群体，如邻里、社区、村落、城市、国家等，成员生活在共同的区域内。学缘群体是人们在学业基础上形成的群体，包括各级、各类学生群体。业缘群体是人们在工作关系基础上形成的群体，如公司等各种职业组织，是社会分工的产物。趣缘群体是人们因共同的兴趣爱好结合而成的群体，如舞蹈社团、老年书画协会等，是人们满足精神需求、进行精神交往的产物。网缘群体则是人们基于网络交往而形成的群体，如虚拟社区。

五是以群体成员的交往空间为标准，分为现实群体和虚拟群体。现实

---

① Charles Horton Cooley, *Social Organization*, Beijing: Communication University of China Press, 2013, p. 18.

群体是成员在物理空间中进行现实交往的群体，虚拟群体则是在互联网空间进行虚拟交往的群体，如 QQ 群、微信群等。虚拟群体是信息化时代的产物，在现代社会中扮演着重要角色。

除上述类型外，群体还有其他多种类型。例如，根据群体规模大小，分为大群体、中群体、小群体，等等。需要指出的是，以上对群体类别的划分只是出于研究需要和对群体的深入理解，实际上，每种不同的群体之间有交叉渗透，并不是彼此割裂、完全孤立的。例如，有益群体中也可能包含不良群体，如结党营私的小团体；次级群体中可能包含初级群体；正式群体中可能包含非正式群体；业缘群体多属于正式群体，血缘群体多属于非正式群体；虚拟群体也可以转化为现实群体等。

经过对群体的内涵、特征、类型的把握及其相关概念辨析，群体的轮廓更加清晰地呈现出来。但本书乐群中所乐之"群"并非涵盖所有类型的群体，在群体性质上，主要是乐有益之群，离不良之群。同时，由于群体涉及的范围很广，为划定一个比较明确的研究论域和研究主题，而不至于使讨论的范围无限扩大、漫无边际，也不至于使讨论的主题游移不定、无法聚焦，更重要的是彰显研究主题的独立性和独特价值，本书重点探讨中小群体，国家、民族这样的大群体略有涉及，但非研究重点。此外，初级群体、非正式群体、血缘群体等对个人具有较为直接和深远的影响，虚拟群体则是信息化时代的特有群体，也是越来越值得关注和研究的群体，因此，研究乐群教育尤其需要对这些群体加以重视。

（二）乐群之乐

"乐"一般理解为喜欢、乐意[①]，但"乐群"之"乐"并不是简单的乐意、喜欢，这只是表层之乐，更深层次的"乐"包含善于、热爱、合作、奉献、共享等意蕴。因为真正的乐群不是仅仅停留于思想、情感和言语层面，而是把这种思想、情感、言语转化为现实的、具体的行动，实现思想、情感、言语与行动的统一。因此，总体而言，乐群包括识群、择群、爱群、合群等意蕴。识群就是要了解和认识自己周围或身处其中的群体，这是乐群的前提；择群，就是在认识和了解一定群体之后，对所向往

[①]　辞海编辑委员会：《辞海》，上海辞书出版社，1999，第 221 页。

的群体的选择和接纳；爱群就是对自己所在的群体有强烈的认同感、依存感、归属感、责任感和荣誉感，关心群体、热爱群体、建设群体、奉献群体；合群就是能与人和谐相处、互助合作，并能融入群体之中，自觉按照群体的规则办事。

总之，乐群就是人们喜欢与人交往，结成群体，并乐于融入一定群体之中，与群体成员友好相处、团结合作，热爱群体、奉献群体的特质。主要表现为，人们乐于和生活、学习、工作中所接触的人交往、结群；在认识和了解一定群体之后，选择和接纳其所向往的群体，择其所爱，爱其所选，能与群体成员融洽相处、团结协作、一致行动，促进人与群体的共同进步与发展。

此外，需要指出的是，乐群与曲意逢迎、拉帮结派、小团体主义等有本质区别。对此，孔子早有论述，并多次强调。如《论语·子路》："子曰：君子和而不同，小人同而不和。"对此，何晏解读为："君子心和，然其所见各异，故曰不同。小人所嗜好者同，然各争利，故曰不和。"① 朱熹则注曰："和者，无乖戾之心。同者，有阿比之意。尹氏曰：'君子尚义，故有不同。小人尚利，安得而和？'"② 实际上，何晏和朱熹不仅解读了"君子和而不同，小人同而不和"的内涵，更进一步揭示了其中原理，即根本在于君子尚义，小人尚利。孔子的这一观点大意为：君子虽各有所见，但能求同存异，和谐共处，而不盲从附和。相反，小人则只是一味地盲从附和，心中却另有所图，表里不一。而这种曲意逢迎显然不是乐群的应有之意，而是违背真心向群的倾向。

孔子在《论语·为政》中还强调："君子周而不比，小人比而不周。""忠信为周，阿党为比。"③ 也就是说，君子以忠信道义来团结人，而不因个人私利而相互勾结，小人则反其道而行之。君子以良好的品行处群，以大多数人的利益为重，而小人则以个人的利害得失为重，勾结少数与之利益一致、所趋相同之徒，做出损群利己的行径，为少数人的利益而牺牲大多数人的利益。此小人之行，非乐群之意。

孔子在《论语·卫灵公》中更明确地指出："君子矜而不争，群而不

---

① （魏）何晏集解，（宋）邢昺疏：《论语注疏》，山东画报出版社，2004，第170页。
② （宋）朱熹：《论语集注》，齐鲁书社，1992，第135页。
③ （魏）何晏集解，（宋）邢昺疏：《论语注疏》，山东画报出版社，2004，第33页。

党。"《论语注疏》曰：包曰："矜，矜庄也。"孔曰："党，助也。"此章言君子貌虽矜庄而不争斗，君子虽众而不私相党助，义之与比也。① 也就是说，君子矜庄而不争斗，合群而不闹派性。其旨也在于强调不能因谋少数人的小利而罔顾多数人的大利。

此外，小团体主义也不是乐群，而是只顾少数人的利益、局部的利益，而不顾绝大多数人的利益、全局的利益。

总之，盲从、勾结、派性、小团体主义等都不是真正的乐群，实质上是为一己私利的表现，是群己关系的对立，而不是群己关系的和谐，是与乐群背道而驰的。乐群讲究有矩可循、相处有道、群己和谐。

二　乐群教育的内涵及本质

在明确乐群内涵的基础上，乐群教育的内涵和本质就容易理解了。

（一）乐群教育的内涵

简单说，乐群教育就是培养人们乐群性的实践活动。具体而言，乐群教育，是一定社会或群体旨在通过群体价值、群体精神、群体情感和群体行为等方面的教育，培养人们的乐群性，以促进个人与群体的和谐发展、共同发展、全面发展和持续发展的社会实践活动。

对于这一界定，须从以下几方面把握。

一是乐群教育的主客体。从广义上讲，乐群教育的主体既可以是社会，也可以是一定群体，或者是个人。其中，学校是重点主体，能够进行更加集中、系统、科学的乐群教育。乐群教育的客体则可以是全体社会成员，每个年龄段的人都可以是教育客体，也就是说，乐群教育是全员、全程教育，每个人的一生都需要乐群教育。其中，学生是乐群教育的重点客体，学生阶段也是塑造和养成乐群性的重要时期。

二是乐群教育的内容。乐群教育的基本内容包括以群体对于个体的生存价值和发展价值为重点的群体价值教育，以群体进取精神、群体团结合作精神和群体奉献精神为重点的群体精神教育，以群体归属感、群体荣誉

---

① （魏）何晏集解，（宋）邢昺疏：《论语注疏》，山东画报出版社，2004，第221页。

感和群体责任感为重点的群体情感教育，以群体交往行为、群体生产行为和群体生活行为为重点的群体行为教育。

三是乐群教育的目的。乐群教育的直接目的是培养人们的乐群性，促进人的社会化，但从根本上说，乐群教育是为了促进个人与群体的和谐发展、共同发展、全面发展和持续发展。乐群既能促进个人进步，又能推动群体发展，是个人与群体的统一。黎红雷认为："'乐群'强调个人与社会的关系，一方面是个体人格的成长，另一方面提倡群体精神、社会关怀和造福人群。乐群是个体面对社会人群的一种高尚的价值取向，是超越历史、超越自我的道德升华。"[1] 这里表达了乐群以促进个人发展与社会进步为价值目标的观点，也体现了以人促群、以群促人、人群共进的思想。在这个意义上说，乐群也是共生、共建、共享、共发展。

（二）乐群教育的本质

事物的内涵是本质的体现。要深入理解乐群教育，不仅要把握乐群教育的内涵，还要进一步揭示乐群教育的本质。从纵向来看，乐群教育本质是相对于乐群教育现象来说的，是纷繁复杂的乐群教育现象的根据，也是乐群教育内在的相对稳定的方面；从横向来看，乐群教育本质确认了乐群教育与其他实践活动的根本区别。本书认为，乐群教育的本质是促进人的社会化。社会化是个体从自然人成长为社会人的过程，是个体不断参与社会实践、了解社会规范、建构社会关系，学习和改造社会的规则、价值观、文化知识和技能等，以逐步适应和革新社会生活，延续和丰富社会文化，维持和发展社会结构的过程，也是人们不断超越自身的个体性、狭隘性和局限性，塑造和完善自身个性，获得高度社会性和全面性的过程。说到底，社会化是人们不断建构和丰富社会关系，实现并完善社会性本质的过程。之所以说乐群教育的本质是促进人的社会化，主要缘于以下三个层面。

一是透过乐群教育的现象看乐群教育的本质。本质与现象是相对应的范畴，二者从不同层面表现事物。本质是事物的根本性质，是事物内在的、相对稳定的方面，现象则是事物的表面特征和外部联系，是事物外在

---

[1] 黎红雷：《中国人的精神三十讲》下册，中山大学出版社，2004，第15页。

的、相对易变的方面。本质总是通过各种现象表现出来，无论真象、假象，都以不同方式表现本质。因此，认识事物的本质，要从纷繁复杂的现象入手。揭示乐群教育的本质也是如此，要考察古今中外的乐群教育现象，从中找出各种现象的内部联系，进而揭示乐群教育的本质。通过对乐群教育现象的考察和深入分析发现，乐群教育的本质就是促进人的社会化。例如，家长带着孩子参加家庭或朋友聚会，学校指导和帮助学生组建各种各样的学生社团，企业鼓励员工团结协作等现象，都是乐群教育的不同表现方式。而这些现象的存在，都源于人是社会的人，生活在一定社会群体之中，处在一定社会关系之中，只有不断促进人的社会化，才能更好地实现社会性本质，更顺利地完成各项社会实践活动的任务。

二是追溯乐群教育的根源看乐群教育的本质。原因和结果是反映运动过程中前后相继的事物之间相互制约、依存关系的一对哲学范畴。因果联系是世界普遍联系的中介。[①] 每一事物的产生和发展，都是由很多原因决定的。其中，事物发展的主要原因蕴含着事物的主要矛盾，有助于揭示事物的本质。乐群教育的产生，也有其客观原因，抓住其中的主要原因，追溯乐群教育产生的根源，就能更好地认识乐群教育的本质。

那么，如何探寻乐群教育产生的根源呢？关键要从乐群教育的对象着眼，也就是着眼于人本身。现实的人、活生生的人，总是有一定需要的人。需要是人的内在规定，是人的实践活动的根本动力，"任何人如果不同时为了自己的某种需要和为了这种需要的器官而做事，他就什么也不能做"[②]。人的需要是多种多样、不断发展的，根据需要的内容，可分为物质需要和精神需要；根据需要的层次，可分为生存需要、发展需要、享受需要。为了满足需要，人们就必须开展一定的实践活动。然而，无论何种需要的满足，都离不开个人与他人的交往，人们只有在群体中、在社会中，才能实现需要的满足。原因在于，一方面，个体能力是有限的，只有在与他人的联合中、在群体中，才能弥补个体能力的不足，发挥整体优势，提高人们改造客观世界与主观世界的能力，更好地满足自身需要。另一方面，人还有思想交流、情感互动等精神交往的需要，而这种需要的满足只

---

① 高清海：《马克思主义哲学基础》上册，人民出版社，2012，第 192～193 页。
② 《马克思恩格斯全集》第 3 卷，人民出版社，1960，第 286 页。

能在交往中、在群体中才能实现。总之，"由于他们的需要即他们的本性，以及他们求得满足的方式，把他们联系起来（两性关系、交换、分工），所以他们必然要发生相互关系。"① 因此，人必须群体化、社会化。正如马克思所说："人是最名副其实的政治动物，不仅是一种合群的动物，而且是只有在社会中才能独立的动物。"② 然而，促进人的群体化、社会化，仅仅通过自发形成的方式往往并不能完满地实现，在一定程度上容易存在不足与局限，所以，不乐群的人比比皆是，即使有乐群之人，也可能存在乐群性与社会化的程度不高、根基不稳等问题。因此，自发方式不足以塑造人的乐群性，也不足以完善人的社会化，必须通过自觉地教育和影响，引导人们乐群，并进一步实现社会化，满足人们的现实需要。可见，乐群教育根源于人只有结成群体、形成社会才能更好地满足自身不断产生和发展的需要，而这些需要仅仅通过自发方式不能完全得到满足，必须进行自觉的教育活动。因此，从乐群教育的根源看，乐群教育的本质是自觉促进人的群体化、社会化。当然，促进群体化最终也是为了促进人的社会化。

三是分析乐群教育的特殊矛盾看乐群教育的本质。事物的本质由其特殊矛盾构成。毛泽东说："如果不研究矛盾的特殊性，就无从确定一事物不同于他事物的特殊的本质，就无从发现事物运动发展的特殊的原因，或特殊的根据，也就无从辨别事物，无从区分科学研究的领域。"③ 因此，揭示乐群教育本质，要抓住乐群教育的特殊矛盾。通过追溯乐群教育的根源可见，乐群教育的特殊矛盾在于人的需要丰富多样与人凭一己之力无法充分满足自身需要的矛盾。而要真正解决这一特殊矛盾，就需要自觉教育和引导人们交往结群，促进人的群体化、社会化，乐群教育便随之而生。因此，从乐群教育的特殊矛盾来看，乐群教育的本质在于促进人的社会化。

乐群教育的发生发展，根本上是由乐群教育的特殊矛盾推动的。由这对矛盾构成的是乐群教育的一般本质、共同本质，也就是促进人的社会化，贯穿于所有的人类乐群教育现象之中。不仅如此，乐群教育的矛盾在不同的历史发展过程中以及每一过程的不同发展阶段中都有其特殊性，这就是乐群教育本质的层次性，即古今中外一切乐群教育的共同本质、不同

---

① 《马克思恩格斯全集》第 3 卷，人民出版社，1960，第 514 页。
② 《马克思恩格斯选集》第 2 卷，人民出版社，2012，第 684 页。
③ 《毛泽东选集》第 1 卷，人民出版社，1991，第 309 页。

社会形态乐群教育的特殊本质、同一社会形态的不同国家及其发展的不同时期乐群教育的独特本质。因此，分析乐群教育本质，要具体问题具体分析，不仅要抓住乐群教育的共性，还要分析不同国家和地区每一时期、每一阶段的乐群教育个性，才能更加深刻地认识乐群教育。

三　相关概念辨析

为了更准确地把握乐群教育的内涵和外延，有必要对乐群教育的相关概念进行比较分析，以澄清模糊的认识，确定乐群教育的边界。

（一）团队精神教育与乐群教育

"团队"是个外来词，属管理学术语。群体是由三人及以上成员构成的，基于共同利益和目标而发生持续的社会互动或社会关系，具有一定内在结构和群体心理的人类集合体。团队则是一个成员通过积极地协同行动、履行个人与共同的职责、技能互补来实现明确的、共同的目标的群体。[①] 相较于群体，团队更强调共同的宗旨、责任和绩效目标，具有突出的目的性、组织性与协作性。因此，所有的团队都是群体，但不是所有的群体都是团队。

团队精神也不等同于乐群。"团队精神是团队成员为了团队利益和目标而相互协作、尽心尽力的意愿和作风，是将个体利益与整体利益相统一从而实现组织高效率运作的动力，是高绩效团队的灵魂，是成功团队最重要的特质"[②]，主要表现为团队的凝聚力、合作意识和高昂的士气。与团队是群体的特定形式相适应，团队精神也是乐群的重要表现，是乐群的题中之意。因此，团队精神教育，无疑也是乐群教育的重要内容。

概而言之，群体比团队的范围大得多，乐群比团队精神丰富得多，同样，乐群教育也远不止于团队精神教育，而是有更广泛的内容，团队精神教育只是乐群教育的一部分。

---

① Stephen P. Robbins, *Mary Coulter*: *Management*, Beijing: Tsinghua University Press, 2009, p. 439.

② 郝风茹：《职业精神》，北京大学出版社，2005，第119页。

（二）集体主义教育与乐群教育

前文已述，集体比群体有更为特殊的性质和严格的规定，具有高度的目的性、组织性和纪律性，是群体发展的最高阶段。集体是一种群体，但群体不一定是集体。

同理，集体主义也不等同于乐群。马卡连柯认为，集体主义与个人主义相对，是个人与社会的团结一致[①]，是个人跟别人的工作和利益、跟整个社会利益的真实结合。[②] 苏霍姆林斯基则从更宽广的视角审视集体主义，他说："集体主义是社会主义和共产主义社会关系的一个突出的特点，同时又是我们的一条主要的道德原则和全面发展的新人的一个最重要的特征。集体主义反映着劳动人民的同志情谊、思想上的团结一致以及利益和目的的共同性的最重要的实质。"[③] 同时，"集体主义不仅是教育的结果，而且是一个过程，是形成人的意识、观点、信念和行为的许多手段的总体。"[④] 从集体主义的内涵可见，集体主义实际上是个人与集体的高度和谐、高度融合、高度统一。集体主义与个人主义相对，是个人利益与集体利益的真正结合，既倡导将集体利益置于首位，又充分尊重和维护个人的正当利益，当个人利益与集体利益发生冲突时，个人利益要服从集体利益。实质上，集体主义是维护绝大多数人利益的道德原则，这与为绝大多数人谋福利的社会主义精神是一致的，而与那些为少数人利益而罔顾多数人利益的做法是根本对立的。相比之下，乐群的内涵更丰富，具有一定的层次性。乐群既可以表现为浅层次的喜欢交往结群，也可以表现为高层次的爱群利群。其中，浅层次的乐群，也就是喜欢交往结群，有利于集体主义的形成，是集体主义形成的重要条件。一个人要具备集体主义品质，往往先从喜欢与人交往开始，与人结成群体，乐于融入群体之中，学会与人

---

① 〔苏〕安·谢·马卡连柯：《马卡连柯全集》第 4 卷，耿济安、高天浪等译，人民教育出版社，1957，第 437 页。

② 〔苏〕安·谢·马卡连柯：《马卡连柯全集》第 4 卷，耿济安、高天浪等译，人民教育出版社，1957，第 445 页。

③ 〔苏〕瓦·阿·苏霍姆林斯基：《关于全面发展教育的问题》，王家驹、张渭城等译，湖南教育出版社，1984，第 110 页。

④ 〔苏〕瓦·阿·苏霍姆林斯基：《关于全面发展教育的问题》，王家驹、张渭城等译，湖南教育出版社，1984，第 110 页。

共同生活、学习、工作，才能在此基础上进一步关心群体、热爱群体、奉献群体，逐渐形成正确的群体认知、积极的群体精神、深厚的群体情感和稳定的群体行为，进而形成集体主义。相反，一个厌群、离群、不合群之人，很难想象其何以形成集体主义。同时，乐群也并非仅仅止于喜欢过群体生活而已，其高级阶段和目标都是形成集体主义，集体主义是乐群的内在要求。乐群所蕴含的爱群、利群等深刻内涵，实际上正是集体主义精神的体现。可见，乐群包含集体主义，而不等同于集体主义，乐群比集体主义的内涵更丰富，并有利于集体主义的形成。

同理，乐群教育与集体主义教育有一定程度上的交叉，但不等同于集体主义教育，二者在具体的教育目标、教育内容、教育重点、教育方法等方面都有很大差异。例如，集体主义教育侧重引导教育对象正确认识和处理个人利益与集体利益的关系，这也是乐群教育的核心内容，但乐群教育还强调与人相处之道的教育，包括人际交往的意愿、礼仪、原则和艺术等，使教育对象不仅喜群，还能善群，不仅有乐群的主观意愿，还有乐群的客观能力，等等，而这些内容则不在集体主义教育的范围之内。可见，乐群教育和集体主义教育并不等同，乐群教育的内涵和外延更广。同时，乐群教育有利于集体主义教育的实施及其目标的实现，乐群教育的提出，可以说是对集体主义教育的进一步补充、发展和推动。

（三）群育与乐群教育

"群育"是教育学概念，近代以来才出现。教育家王星拱认为，群育"是从德育分演出来的"，"群育与德育不同的地方，一是注重个人的修养，一是注重社会的生活，群，就是社会的意思，社会方面的共同生活多，旧的德育是注重私德，群育是注重公德，私德固然很重要，但是公德在新社会、新国家里面尤其重要，我们可以说德育是注重个人的修养，群育是注重社会的生活"[①]。在这一理解中，群育中的"群"，并不是具有特殊规定的社会群体，而是较为泛化的公众、人群、社会，群育主要是一种社会公德教育。教育家孟宪承认为，群育是社会教育（Social Education），"指的是团体生活的教育目标，如道德的习惯和服从，公民的活动和协助，宗教

---

① 吴骁、程斯辉：《武汉大学校长王星拱》，山东教育出版社，2012，第201页。

理想的传习等等，凡道德、公民训练、宗教等都包括在内。"① 孟宪承与王星拱对群育的理解较为一致，都倾向于认为群育是一种社会教育，只是王星拱更强调社会公德教育。《教育大辞典》不仅界定了群育的内涵，还进一步分析了群育的基本内容，认为"群育（mass education）亦称'群性教育'。为建立和谐的人群关系而培养群性的教育。旨在促进个人的群化或社会化过程，培养对己对人都有利的社会行为与特性，使受教育者正确处理人际关系，适应其所生存的社会环境，过和谐的社会生活。……群育的基本内容为：（1）人群关系、团体生活、群众福利、公共道德，公民义务和权利等社会群体意识。（2）良好的服务、助人、合作、团结友爱等品质和自治、自控能力。（3）开展有益活动，陶冶群性，形成正确的社交态度。（4）遵守群体纪律，服从群体要求，完成群体或他人给予的任务。（5）慎重选择利于群性发展的大众传播媒介，包括报纸、杂志、书籍、电影、电视、广播等。"② 《教育大辞典》将群育的"群"理解为群众、群体、社会，群育则主要是社会化教育。

可见，一方面，群育与乐群教育有很大区别。首先，群育之"群"有别于乐群教育之"群"。语言文字所蕴之意并不是固化僵死的，而是随着时代变迁而被人们不断赋予新的意蕴。在我国近代时期，"群"往往被理解为"社会"之意，把"群"与"社会"等同视之。如严复将斯宾塞的《社会学研究》译为《群学肄言》，也就是将"社会学"称为"群学"。同理，人们又将"社会化教育"称为"群育"。但从严格意义上讲，群并不等同于社会，而是各有独特内涵。尤其是随着社会学的深入研究和发展，社会学中的很多相似、相关概念的界限逐渐厘清，"群"与"社会"不再如以往那样混用，而是各有所指、各用其所。因此，对群育的理解，还是应当放到当时的时代背景之中，抓住其本意，而不是用现在流行的对"群"的理解，去套以往的"群"，此群已非彼群，今群已非古群。群育之"群"主要是指社会，涵盖内容较为宽泛，群体、人群、群众等都在其中。而乐群教育之"群"则是具有特定内涵的社会群体，有严格的规定。其次，群育具有鲜明的客观性，乐群教育则不仅具有客观性，更有主观色

---

① 《孟宪承教育论著选》，人民教育出版社，1997，第 2 页。

② 教育大辞典编纂委员会：《教育大辞典》第 1 卷，上海教育出版社，1990，第 127～128 页。

彩，是主客观的统一。乐群教育的主客观统一性是由乐群的主客观统一性决定的，群体是客观的存在，乐群也是一种客观存在的现象，而乐群表露着人们对群体的主观意愿与倾向。因此，乐群既有客观性，也有主观性。另一方面，群育与乐群教育又有一定联系，即二者都致力于促进人的社会化。群育实质上等同于社会化教育，是社会化教育的另一种表达。乐群教育本质上也是社会化教育，但乐群教育不等同于社会化教育，而是社会化教育的一个特殊部分，其内涵与外延较之社会化教育小得多，二者是种属关系。因此，乐群教育实际上也是群育的一部分，但不等于群育。

（四）爱国主义教育与乐群教育

就广义的群体而言，从规模上看，国家属于大群体，如严复所说："群有数等，社会者，有法之群也。社会，商工政学莫不有之，而最重之义，极于成国。"① 同时，国家又是由不同群体构成的。因此，从这个意义上说，爱国主义也是乐群的题中之意，更是乐群的最高表现。"爱国主义是人们千百年来形成的对祖国的深厚感情，是一个国家普遍坚持的重要的政治原则，是引导和制约公民行为的道德规范"②。乐群之人能较好地处理人与人的关系、人与群的关系、公与私的关系等，这都是培养人们爱国主义精神的重要基础。因此，从一定程度上可以说，一个具有乐群性的人，更容易养成爱国主义精神。并且，乐群的最终指向在于从乐群上升到爱社会、爱国家、爱民族、爱人类。因此，乐群教育本身就蕴含爱国主义教育之意，乐群也是爱国主义形成的基础，乐群教育的开展有利于爱国主义教育目标的实现。正如周恩来所说："聚多数团体而成者曰社会，合若干社会而立者曰国家。国无社会不名，社会无团体不生。……是故爱国者，必先及其社会，首必爱其群，斯为爱国之士焉。""无合群之思，鲜爱众之想"，因此，"欲爱国则必先合群"③。

但乐群教育又不等于爱国主义教育，二者的教育目标、内容、重点和方法等都不同。例如，爱国主义教育的重点在于培养人们正确的爱国观

① 〔英〕斯宾塞：《群学肄言》，严复译，商务印书馆，1981，第11页。
② 王照琨、郭崇岳：《爱国主义教育概论》，高等教育出版社，1993，第24页。
③ 《周恩来早期文集 1912.10—1924.6 上》，中央文献出版社、南开大学出版社，1996，第17页。

念、深厚的爱国情感、坚定的爱国信念和高尚的爱国行为①，而乐群教育的重点在于引导人们喜欢并积极融入与其日常生活、学习、工作直接相关、频繁互动的群体，并能与群体中的成员和谐相处、亲密合作。

第二节　乐群教育的特征

深入理解乐群教育，不仅要把握乐群教育的内涵，揭示乐群教育的本质，还要进一步概括乐群教育的特征。与其他教育活动相比，乐群教育主要有以下特征。

一　社会性

社会性是乐群教育的根本特征。乐群教育的社会性主要体现为以下几点。

一是乐群教育对象的社会性。首先，乐群教育是面向全体社会成员的，不同领域、不同年龄段的人，都需要乐群教育。其次，乐群教育的对象总是处在一定社会关系中的人，是一定社会的人，尤其是生活在一定群体中的人。乐群教育对象的社会性，要求乐群教育必须适应这一特点，从而具备社会性特征。乐群教育对象的社会性在根本上决定了乐群教育的社会性。

二是乐群教育者的社会性。乐群教育者与乐群教育对象相适应，乐群教育对象的社会性必然要求乐群教育者的社会性。乐群教育者并非仅限于教师，新闻媒体、各种社会群体的管理者和组织者、家长、自我等，都可以成为乐群教育者。

三是乐群教育内容的社会性。具有社会性的教育内容，才能培养具有社会性的人。乐群教育内容的社会性主要在于以下几点。首先，乐群教育的内容包括帮助人们认识群体对于个体的价值、塑造群体精神、培养群体情感、养成群体行为，通过这些方面的教育，使教育对象自觉认识、选择、建构和完善自己的社会关系，塑造社会本质，提高社会化程度，适应

---

① 王照琨、郭崇岳:《爱国主义教育概论》，高等教育出版社，1993，第1页。

现代社会生活。其次，乐群教育的内容源于生动的社会实践、丰富的社会生活和多变的社会形势，回应社会发展对人们乐群性带来的机遇和挑战，是乐群教育内容的重要组成部分。例如，生产的高度社会化和社会的高度组织化，越来越要求人们亲众乐群，乐群教育的重要性日益凸显；发达的信息技术大大拓展了人们虚拟交往的空间，却减少了人们面对面交流的机会，对人们乐群性的形成造成危机，等等。总之，社会发展过程中不断产生的影响人们乐群性的新事物、新问题、新情况，是丰富和发展乐群教育内容的源头活水。而及时回应和解决这些影响人们乐群性的新事物、新问题、新情况，则是凸显乐群教育的社会性、时代性、实效性的重要方面。

四是乐群教育途径的社会性。与其他教育活动相比，乐群教育更注重在社会群体中育人、在社会交往中育人、在社会实践中育人，而这些教育途径都具有突出的社会性。

五是乐群教育环境的社会性。乐群教育环境的社会性，主要在于乐群教育始终运行于开放的社会环境，时刻受到社会环境的影响。

六是乐群教育领域的社会性。乐群教育面向社会生活的各个领域，因为每个社会领域都存在一定的社会群体，而每个社会群体中的人都需要乐群教育。因此，乐群教育与社会生活的其他领域联系十分紧密，渗透其中，对社会的发展进步具有重要意义。

二　交往性

交往性是乐群教育的突出特征。教育是一种交往过程，是"人类交往的一种特殊形式，'交往'与'教育'之间的关系，是一般与特殊的关系。"[①] 而乐群教育的交往性尤为鲜明，具体表现为以下几点。

一是乐群教育者与乐群教育对象之间的交往。乐群教育的过程，首先是乐群教育者与乐群教育对象之间的交流互动、相互作用过程。在这一过程中，乐群教育者认识和了解教育对象，把握教育对象的特点和需要，在此基础上，通过各种渠道、方式、载体向教育对象传递一定的乐群教育信息。乐群教育对象则对乐群教育信息进行接收、理解、选择、吸收、建构

---

① 叶澜：《教育概论》，人民教育出版社，1991，第 41 页。

和内化，并进一步通过语言、行动等方式外化乐群教育信息，反馈给乐群教育者，而乐群教育者再对乐群教育对象的反馈信息进行分析和处理，继而重新调整乐群教育内容或教育方法，开始新一轮的乐群教育过程。上述乐群教育过程中教育者与教育对象的互动过程，生动呈现了乐群教育者与乐群教育对象的一般交往图景。

二是乐群教育对象之间的交往。人的乐群性不是仅靠理论灌输就能形成发展的，关键在于与人交往、处群之中。就像一个学游泳的人，游泳的知识和技巧学得再多，可是没有一次下水亲身体验、学以致用的过程，就永远不会游泳。同样，培养人的乐群性，却没有与人接触、在群体中交往的过程，也是不可想象的。因此，乐群教育不仅有教育者与教育对象之间的交往，更重要的是促进教育对象之间的交往，使教育对象在交往中结群，在交往中乐群。乐群教育者引导教育对象之间进行交往、结群的过程，也是乐群教育过程本身的重要一环。这一过程既是践行乐群教育理论的过程，也是教育对象在交往中、在群体中接受隐性乐群教育的过程，更是教育对象之间相互启发教育的过程和教育对象在群体中进行自我教育的过程。因此，在交往中进行乐群教育，在交往中培养人的乐群性，是乐群教育的突出特征。例如，班级活动就是乐群教育者与乐群教育对象尤其是教育对象之间的交往过程，是一种重要的乐群教育形式。而这一活动既可以是一次检验学生乐群性形成发展情况的过程，也是一次生动的乐群教育过程。

三 共生性

乐群教育的共生性主要源于乐群教育对象即人的群体共生性，具体表现为以下几点。

一是乐群教育基于对人的群体共生性的承认。"共生"最早源于生物学研究，德国医生、植物学家、微生物学家、真菌学家德巴里（de Bary）说："'共生是不同生物密切生活在一起'（Living together）"①。后来这一

---

① 转引自洪黎民《共生概念发展的历史、现状及展望》，《中国微生态学杂志》1996 年第 4 期。

术语被引进社会科学研究领域，认为在人类社会也存在普遍的共生现象，即人与自然之间、人与人之间存在相互需要、相互依存、相互作用、共生共荣的关系。复旦大学教授胡守钧提出了"社会共生"理论，认为"社会共生是人的基本存在方式，任何人都生活在人与人、人与自然的共生系统之中。共生关系不只是存在于社会某个方面，而是遍布人类社会的经济、政治、文化、社区、社群、家庭等所有领域，其表现更是形形色色，千姿百态。没有共生，也就没有人的存在。就此而言，社会共生论是一种关于人如何存在的哲学。"① 实质上，共生体现的是事物之间的相互联系。世界本身就是一个巨大的共生系统，万物相生相克、相依相制。不仅如此，世界这个巨大共生系统又是由其他各种各样、大大小小的共生系统组成的。其中，群体就是一个重要的共生系统。人是社会的人，更是一定群体中的人。在一定群体里，群体成员就处于共生关系之中。因此，人不仅在社会中共生，更直接在群体中共生，或者说以群体的形式共生，这种群体共生是人类存在的具体形式。乐群教育正是因为认识到了人的这种存在方式，才在此基础上引导人们了解自身的这种存在方式，并能自觉维护和优化这种存在方式。同时，乐群本身也是一种共生现象，并且是自觉地共生、积极地共生。乐群教育则是自觉地、系统地、科学地培养人们乐群性的教育活动，也是促进人们自觉共生、积极共生的教育活动。

二是乐群教育是对人的群体共生性的优化。发现并承认人的群体共生性，是乐群教育的前提，而维护和优化人的群体共生性则是乐群教育的重点任务。群体共生这种人的存在状态不仅是客观存在的，而且是可以选择、塑造和优化的。共生说到底是一种相互联系，群体共生是一定群体成员之间的相互作用关系。因此，对群体共生性的选择、塑造和优化，实际上就是对一定群体关系的选择、塑造和优化。乐群教育正是要引导人们认识一定群体、选择一定群体，在此基础上，融入群体，与群体成员友好交往，努力形成和谐、团结、合作、分享、共赢的群体关系，而这种群体关系就是一种健康向上的共生关系。从这个意义上说，乐群教育是对人的群体共生性的优化。

① 胡守钧：《社会共生论》，复旦大学出版社，2012，第9页。

四 悦纳性

乐群不仅具有客观性，也有主观倾向。因此，培养人们乐群性的乐群教育也具有一定主观色彩或态度倾向，主要表现为促进人与群体的双向喜爱与悦纳。

一是乐群教育促进个人悦纳群体。悦纳有正确认识和愉快接受之意。乐群教育在培养人们乐群性的过程中，首先是使教育对象悦纳群体、悦纳群体中的人，也就是正确认识、评价和接受一定群体及群体中的人，包括群体及群体成员的优点与不足。悦纳群体、悦纳群体中的人，是乐群的必要前提。乐群必先认同和接受一定群体，才能在此基础上，进一步融入群体、建设群体、奉献群体，促进个人与群体的共同成长和进步。

二是乐群教育促进群体悦纳个人。乐群教育不仅要使个人悦纳群体，同时，也要促进群体悦纳个人。仅有个人悦纳群体，并不一定就能使个人顺利融入群体之中，还需要群体愿意接纳个人，吸收个人进入群体，成为群体中的一员，帮助个人在群体中成长，并将其凝结为群体整体力量的一部分。唯有如此，才能真正促进个人与群体的高度统一，促进个人的发展和进步、群体的团结和壮大。

第三节 乐群教育的定位

乐群教育是一个新课题，找准乐群教育在整个教育系统中的位置，廓清乐群教育的独特性，是确立乐群教育并开展进一步研究的基础。因此，深入理解乐群教育，还要对其进行准确定位。乐群教育并不是自立于德育、智育、体育、美育之外的又一门教育，总体而言，它是德育的一部分。德育的核心是要引导人们正确认识和处理个人与他人、群体、社会、民族、国家、人类之间的关系，乐群教育的重点则是要引导人们正确认识和处理人与人、人与群体之间的关系。因此，乐群教育从根本上来说仍属德育的范围，其本质在于促进人的社会化，核心是促进人的思想政治品德的社会化。一方面，乐群本身就是良好思想政治品德素质的彰显，尤其是乐群所蕴含的个体对于群体的荣誉感和责任感，群体进取精神、团结合作精神和奉献精神，以及合群行为等内在要求，不仅是一种个人之德，也是一种群体之德。另一方面，乐群也有利于良好思想政治品德素质的形成。人的思想政治品德本就是在人际交往中、在群体生活中和社会关系中形成发展起来的，只有在现实的群体生活和人际互动中，人们才能感悟思想政治品德力量，践行思想政治品德要求，形成良好的思想政治品德素质。相反，脱离交往、脱离群体、脱离社会，良好的思想政治品德素质不仅不会真正形成，也无法获得检验和发展，更会失去存在的意义。因此，乐群教育是德育的重要构成，只是一直以来没有得到应有的重视。同时，乐群教育又有自身的独特性和教育使命，具体而言，乐群教育是一种社会化教育、生成性教育、和谐性教育。

一 乐群教育是社会化教育

从根本上说，乐群教育是一种社会化教育，本质在于促进人的社会化。社会化是个体从自然人成长为社会人的过程，是个体不断参与社会实践、了解社会规范、建构社会关系，学习和改造社会的规则、价值观、文化知识和技能等，以逐步适应和革新社会生活，延续和丰富社会文化，维持和发展社会结构的过程，也是人们不断超越自身的个体性、狭隘性和局限性，塑造和完善自身个性，获得高度社会性和全面性的过程。说到底，社会化是人们不断建构和丰富社会关系，实现并完善社会性本质的过程。社会化贯穿于人的整个生命历程，每一个人生阶段都需要持续进行社会化，主要包括政治社会化、道德社会化和角色社会化等内容。人具有主观能动性，环境塑造人，人也改变环境。因此，社会化的过程并不是个人单纯地适应社会的过程，同时也是个体改造社会的过程。也就是说，人的社会化是在个体生物遗传基础上，通过社会文化的教育影响和个体自主建构的交互作用下实现的。其中，家庭、学校、工作单位、同辈群体等，是个体实现社会化的重要影响因素。这就意味着与人交往、处群之中是人的社会化的必然要求，而乐群无疑更有利于人的社会化，乐群教育是实现人的社会化的重要途径。从这个意义上可以说，乐群教育是一种社会化教育。具体而言，之所以说乐群教育是一种社会化教育，主要从以下两个角度考虑。

社会并不是由孤立的个人简单机械构成的，人们往往联结为一定群体。人常常是一定群体中的人，社会就是由各种各样的群体构成的。因此，人的社会化，首先表现为人的群体化，反过来，人的群体化又是实现人的社会化的必要途径。而乐群教育的核心正是要引导人们正确认识和处理好群己关系问题，使人们始终将自己视为一定群体中的一员，认识到作为群体中的人，离开他人、离开群体、离开社会，个人将无法生存和发展。因此，人们要乐于与人交往，积极结成群体、参与群体、融入群体、建设群体，考虑问题不是只从个人出发、从自我出发，而是始终坚持从个人与他人、个人与群体、个人与社会的关系出发，并自觉了解、接受、内化、遵循一定群体的规范，按照群体的规则办事，在此基础上，不断由群体化走向社会化。因此，从这一层面讲，乐群教育是一种社会化教育。

人总是处于一定群体、一定社会之中，实际上就是处于一定社会关系之中。社会化要求人们内化和遵从一定社会的规范和价值观等，实际上，一定社会规范和价值观等就是一定社会关系的反映。因此，人的社会化归根到底是人的社会关系化，人在不断建构、丰富和发展自身关系的过程中，全面占有自己的本质，并成为适应一定社会需要的人。"人的本质不是单个人所固有的抽象物，在其现实性上，它是一切社会关系的总和。"①社会化就是要让人们认识社会关系、选择社会关系、形成社会关系、丰富社会关系、适应社会关系、改造社会关系，成为社会关系中的人，塑造和完善自身的本质。社会关系是多种多样的，选择和拥有什么样的社会关系，决定人们形成什么样的社会本质，成为什么样的人。其中，生产关系是最基本的社会关系，是决定其他一切关系的关系。在生产关系的基础上，人与人之间又发展出伦理关系、政治关系、法律关系等，形成一个纵横交错的社会关系网，不同的社会关系塑造了不同的人，形成了不同的人的本质。其中，生产关系，尤其是生产关系中的所有制关系，对人的本质的形成具有决定性作用。总之，促进人的社会化，就是促进人的社会本质的实现，也就是使人成为体现一定社会关系本质、适应一定社会关系需要的、一定社会的人。而要认识、选择、融入、建构、丰富和发展自身的社会关系，前提是要与人交往，融入一定的群体之中，在群体中结成社会关

---

① 《马克思恩格斯选集》第 1 卷，人民出版社，1995，第 56 页。

系。乐群教育正是要使人们认识到自身的社会本质，积极与人交往，结成群体，自觉选择和融入一定群体之中，建构和发展自身的社会关系，丰富自身的社会本质，促进自身的全面发展。因此，从这一层面讲，乐群教育也是一种社会化教育。

二　乐群教育是生成性教育

乐群教育也是一种生成性教育。这种生成性在于，一方面，人在群体中生成和发展，乐群更有利于人们顺利地、健康地成长成才。另一方面，人的乐群性的生成和发展并非一朝一夕，而是伴随人的一生。这两方面决定了乐群教育的生成性。

首先，乐群教育的生成性在于其昭显并顺应了人的生存发展之道，即人在群体中生成和发展的规律。一个人从小到大的过程，就是一个不断成长、生成、发展的过程。但这一过程并不是个体孤立成长的过程，而是在与人交往、身在一定社会关系之中、处在一定群体之中的成长过程。也就是说，人总是在群体中生成和发展，人的生成发展过程，就是人在群体中生成发展的过程。原因在于以下几点。

人只有在群体中才能顺利成长成才。人是社会的人，人只有在群体当中，在个人与他人、个人与群体、个人与社会的交往互动中才能不断学习、成长、蜕变，逐渐增强自身的社会性，成为社会人。一方面，人出生之时，没有价值观念、知识文化和社会技能，是一个只具有生物本能的"自然人"。而要适应社会生活、参与社会生活、融入社会生活，成为真正意义上的人，成为具有社会属性的人，成为社会所需要的人，就必须与人接触、交往、结群，并在这一过程中学习社会规范、文化知识和社会技能等，逐步提高自身的社会化程度。否则，人便难以成为人，更难以在社会中生存和发展。例如，明惠帝朱允炆之子朱文圭的遭遇便证明了这一点。《明史·卷一百一十八·列传第六》载："惠帝二子。俱马后生。太子文奎。建文元年立为皇太子。燕师入，七岁矣，莫知所终。少子文圭年二岁。成祖入，幽之中都广安宫，号为建庶人。英宗复辟，怜庶人无罪久系，欲释之，左右或以为不可。帝曰：'有天命者，任自为之。'大学士李贤赞曰：'此尧舜之心也。'遂请于太后，命内臣牛玉往出之。听居凤阳，婚娶出入使自便。与阉者二十人婢妾十余人给使令。文圭孩提被幽，至是年五十七矣。"①《明通鉴》又载："文圭初出，见牛马亦不识，未几卒。"②明惠帝朱允炆的二子朱文圭在两岁时就被明成祖朱棣囚禁，至明英宗朱祁镇复位时才重获自由。然而，由于长期与外界隔绝，朱文圭被释时竟不识牛马，智力水平基本仍停留于被囚时的状态，且没多久便去世了。此外，世界各地发现的诸如"狼孩""猪孩"等"兽孩"，都说明人只有生活在群体中，生活在社会中，接受社会文化的教育和影响，接受他人的帮助和支持，才能脱离动物状态，成为社会人，并适应社会生活、融入社会生活。

另一方面，社会生活并非静止不动，而是时刻变动不居。人们要始终适应社会生活，成为社会所需要的人，就必须紧跟时代步伐，适应社会的发展变化，不断在与人交往、处群之中学习和进步，实现继续社会化。尤其在社会变革时期，社会急速变迁，各种新事物、新问题、新情况、新思想不停涌现，人们常有应接不暇、措手不及、落于人后之感。这时，人们亟须快速调整状态，重新认识和接纳新的社会环境和条件，适应并融入其中。也就是说，人的社会化并不是一劳永逸的，而是一个持续的过程，伴随人的整个生命历程。人们必须始终在交往中、在群体中接触新事物和新思想，学会应对新问题和新情况，从而不断适应社会发展提出的新要求。

人只有在群体中才能健康成长成才。人们不仅只有在群体中才能顺利成长成才，也只有在群体中才能健康成长成才。在群体中，人们不仅能获得物质帮助，更能获得精神支持。人既有物质需要，也有精神需要。随着物质生活质量的不断提高，物质需要不断得以更好地满足，人们的精神需要必定不断高涨。人的精神需要包括理想信念、求知、情感、道德、审美、休闲娱乐等需要，而这些需要的满足都要求与人交往，在群体中实现，尤其是情感需要、道德需要的满足，离开人、离开群体是不可想象的。人的精神需要得不到满足，就容易产生心理问题甚至精神疾病。特别是在当代社会，随着生活节奏的加快，人们普遍产生孤独、焦虑、抑郁等心理问题，更加需要精神交流与精神慰藉，而这一需要只能在交往中寻

① 包遵彭：《明史》第 2 册，国防研究院，1962，第 1523 页。
② 沈志华：《明通鉴》，改革出版社，1994，第 903 页。

求、在群体中满足。因此，结群、合群、乐群必将越来越被人们所需要和重视。此外，交往障碍、离群孤僻、不合群等本身就容易使人产生心理问题和思想负担。不但不能健康成长成才，还可能自我封闭、自毁前程。因此，只有喜欢群体、融入群体，具有高度乐群性的人，才能更健康地成长为社会所需要的、有用的人。

总之，乐群教育告诉人们：人在群体中生成和发展，只有在群体中才能顺利成长发展、健康成长成才。乐群教育就是在揭示人的这一成长发展规律的基础上，遵循这一规律，引导人们亲众乐群，在群体中成长发展，更好地实现个体价值与社会价值。简单说，乐群教育不仅告诉人们如何顺利地、健康地成长成才，而且帮助人们实现顺利地、健康地成长成才，并伴随人们成长发展的各个阶段。从这一层面上说，乐群教育是一种生成性教育。

其次，乐群教育的生成性在于人的乐群性的形成是一个生成发展过程。乐群是人们成长成才的重要条件，然而，人的乐群性的生成和发展具有长期性、渐进性和反复性，这就决定了乐群教育的生成性，乐群教育是一种生成性教育。

一是人的乐群性的生成发展具有长期性。人的乐群性的生成发展并不是一蹴而就的，而是需要不断地教育和影响、巩固和发展，是一个长期的过程，伴随人的生命始终。因为人从出生到离开人世，整个生命历程都离不开他人的帮助，都在一定的群体中生活、学习和工作，因此，乐群必然是人一生要面对的课题。人的乐群性的生成发展不仅具有长期性，在这一长期性中又有阶段性。每个人的一生分为不同的人生阶段，乐群性生成发展的长期性具体表现为阶段性，也就是说，每一个人生阶段都需要乐群，并且不同人生阶段人的乐群性的具体内容和功能不同。例如，儿童的乐群性主要是一种游戏玩伴式的，成年人的乐群性主要是一种合作共享式的，老年人的乐群性则主要是一种陪伴慰藉式的。总之，人的一生都需要乐群，都需要乐群教育在不同人生阶段给人以不同的指导和帮助，教育和影响处于不同人生阶段的教育对象。从这一角度看，乐群教育具有生成性。

二是人的乐群性的生成发展具有渐进性。人的乐群性主要由群体认知、群体精神、群体情感和群体行为等几个方面构成，乐群性的生成发展主要是这几个构成要素的发展，并且这一发展过程是循序渐进的、由高到低的。首先是乐群性个别构成要素的提升。人们的群体认知、群体精神、群体情感和群体行为不可能生而有之，或者在瞬间达到很高的层次，而是都有一个从无到有、从低到高的发展过程。比方说，人们对于群体之于个体的生存发展价值的认知，是伴随人们丰富的群体交往实践而不断加深的。但是，乐群性各个构成要素的生成发展具有不平衡性，也就是说，不同构成要素并不是同等速度、同样程度地同步发展，而是有的构成要素发展快一些，有的发展慢一些；有的发展程度高一些，有的发展程度低一些。比如说，有的人对群体的价值认知很高，清楚地知道个人在群体中生存、发展、享受，个人离不开群体。然而，出于缺乏交往技巧等原因，而难以融入群体，不被群体所接纳，最终可能造成其群体精神、群体情感、群体行为的弱化。其次是乐群性各构成要素的整体性升华。尽管乐群性的不同构成要素的发展是不均衡的，但无论如何，从总体上看，乐群性的各构成要素都有逐渐提升的趋势，从而实现乐群性的整体升华。一般说来，相较于未成年人，成年人在群体认知、群体精神、群体情感、群体行为方面发展得都更为完善。由于人的乐群性生成发展的渐进性，乐群教育就要循序渐进，分阶段、分步骤、分层次地开展教育活动，促进人的乐群性从低到高的发展。从这一角度看，乐群教育具有生成性。

三是人的乐群性的生成发展具有反复性。人的乐群性是在各种主客观因素的综合作用下生成和发展的，这一生成发展过程可能并不是一帆风顺的，而是有前进、有后退，在曲折反复中前行。例如，一个人本来经过长期的教育影响，已经具有乐群性，但由于生活遭遇重大挫折而造成其性格内向孤僻，不愿与人交流，脱离群体。也可能因为在群体中长期受到不公正待遇，而感到失望怨愤，从而致其厌群、离群。这时就需要乐群教育针对教育对象乐群性面临的暂时反弹回落予以正确引导，使教育对象克服困难、调整状态，重新接纳他人、融入群体。从这一角度看，乐群教育也具有生成性。

总之，人的乐群性是一个长期、渐进、反复的生成发展过程，这就决定了乐群教育也要在这一过程中生成发展。从这一层面说，乐群教育是一种生成性教育。

三　乐群教育是和谐性教育

乐群教育还是一种和谐性教育，乐群教育就是促进个人与他人、个人与群体、个人与社会、个人与自身的和谐。

一是乐群教育促进个人与他人的和谐。首先，乐群始于个人与他人的交往，乐于与人交往、友好相处是乐群的基础和前提。有个人与他人的和谐，才有进一步乐群的可能，个人才容易被他人所喜爱和接纳，进而被群体接纳，并顺利融入群体之中，成为群体的一员。其次，处群之中，也要坚持与群体成员和谐相处，才能始终与群体融为一体，也才能真正实现乐群。因此，乐群教育在培养人们乐群性时，首先从促进个人与他人的和谐交往开始，不仅引导教育对象认识个人与他人和谐相处的目的和价值，还向教育对象传授与人交往、融洽相处的方法和技巧，不仅"授人以鱼"，还"授人以渔"，以此促进个人与他人的和谐。

二是乐群教育促进个人与群体的和谐。个人与群体的和谐是乐群的根本表现，促进个人与群体和谐是乐群教育的核心任务。个人与群体的和谐，实质是实现群己合一、群己互促。因此，乐群教育主要从两方面促进个人与群体的和谐。一方面，乐群教育促进个人对群体的悦纳。个人与群体的和谐，首先在于个人对群体的悦纳，包括个人亲近群体、关心群体、喜爱群体、融入群体、参与群体、建设群体、奉献集体等，始终将自己视为一定群体中的一员，将群体视为自己生存、发展、享受的依托和支撑，实现群己统一。另一方面，乐群教育促进群体对个人的悦纳。个人与群体和谐的实现，仅靠个人对群体的悦纳还不够，还需要群体对个人的悦纳，包括群体对个人的了解、接纳、鼓励、帮助、支持等，给予群体成员成长发展的资源、空间、机会和条件，促进群体成员的发展进步，就是促进群体的发展进步。总之，乐群教育就是在促进个人与群体相互悦纳的过程中，实现群己合一、群己互促、群己和谐。

三是乐群教育促进个人与社会的和谐。首先，乐群教育对个人与他人和谐、个人与群体和谐的促进，有利于个人与社会和谐的实现。社会是由个人构成的，个人并不是孤立的存在，而是相互联系、交往互动的存在，并在联系和交往中结为群体。因此，个人总是群体中的人，从这一层面可以说，社会是由群体构成的。如若每个人都能与他人和谐相处、与群体和谐相处，整个社会也就容易走向和谐，也就有了个人与社会的和谐。其次，乐群教育不仅止于促进个人与他人的和谐、个人与群体的和谐，还要在此基础上，自觉促进个人与社会的和谐，引导人们正确认识和处理个人与社会的关系，增强个人的社会责任感。不仅如此，从更长远的角度、更高的境界来看，乐群教育还要引导个人从乐群上升到爱社会、爱国家、爱民族、爱人类。

四是乐群教育促进个人与自身的和谐。个人与自身的和谐实际上是个体内在的身心和谐，拥有健康的身心状态。乐群教育对个体内在身心和谐的作用，主要表现为以下几点。首先，乐群教育能够促进个人在群体中学习、成长、成才，发挥个人的潜力和才能，实现自我价值和群体价值。在这一过程中，个体被认可、被尊重、被悦纳、被赏识、被需要，获得了成就感，增强了自信心，进而促进个体的自我悦纳、身心愉悦、身心和谐。其次，乐群教育能够促进个体在群体当中获得情感慰藉、增进精神交流，克服孤独感、失落感，从而促进个体的身心健康、身心和谐。

综上所述，乐群教育根本上是一种社会化教育，并进一步表现为纵向角度的生成性教育、横向角度的和谐性教育，生成性教育、和谐性教育都是社会化教育的具体内容和表现，而乐群教育就在这一立体坐标中确立了自己的位置。

第三章　乐群教育的客观依据

教育的发生发展源于人与社会的现实需要。同样，乐群教育的提出也是人与社会发展的必然要求。这一现实包含两个相关的方面，一方面是人的社会化的实现、人的全面发展、生产的社会化、社会主义和谐社会的构建和社会主义社会本质的实现等对人们乐群性的迫切需要，而另一方面是人们乐群性的广泛缺乏和社会对乐群教育的忽视。乐群教育就在这一不断扩大的乐群需要与乐群性不足的巨大张力中应运而生。

第一节　乐群教育是人的社会化的必然要求

纵观人类历史会发现，人的生存和发展始终与一定的社会群体紧密相连，人总是在一定社会群体中才能成长和进步，不断实现社会化，进而逐渐塑造和完善自身的本质。因此，具备乐群性，积极与人结群、融入群体、合群爱群，更有利于人的健康成长、顺利成才和人的社会本质的实现。然而，人的乐群性的形成发展仅靠自发影响是远远不够的，更重要的是自觉开展乐群教育，培养人们的乐群性，积极促进人的社会化。因此，乐群教育是人的社会化的必然要求。

一　乐群是人类生存发展的重要条件

世界是一个多维交织的网，万物皆在网中，与他物相互关联，呈现一个普遍联系的大千世界。在这个普遍联系的世界中，有一种引人注目的现象，就是无论植物、动物或人，多有结群而处、喜群而生的倾向。高大却根浅的加州红杉依靠成片生长、集结成林、根脉连绕的方式联合抵御暴风骤雨的侵袭；天上翱翔的大雁、水里畅游的鲱鱼、地上奔跑的羚羊总是成群结队，相伴而行；儿童们常常喜欢和同龄伙伴一起嬉闹玩耍，成人们则会在闲暇之余约上三五朋友聚会畅谈……可见，乐群是一种普遍的生命现象，因为结成群体才能共生共存，尤其是人类，离开群体，人就无法界定自我、认识自我，更难以生存发展。正如严复所言："能群者存，不群者灭；善群者存，不善群者灭。"① 因此，乐群是人类生存发展的重要条件。

（一）乐群是人的力量之源

之所以说乐群是人类生存发展的重要条件，首先是因为乐群是人的力量之源，具体说来，主要表现为以下几方面。

1. 乐群能形成群体合力

人类为了生存，就要创造维持生存的条件，最基本的便是生产活动，包括人自身的生产和生活资料的生产。另一个必要的生存条件，就是保证自身的安全，包括抵御自然灾害、野兽袭击、他人侵犯等。然而，在进行生产和维护安全的过程中，人们会无奈地发现，人的一己之力如此有限，"飞不如禽，走不如兽"②，"爪牙不足以自守卫，肌肤不足以扞寒暑，筋骨不足以从利辟害，勇敢不足以却猛禁悍。"总之，人若以一身孑然于世，则身不具百技，力不敌外侮，既不能生产，也无法保安全。然而，存活的意念让人们不得不去寻找解决问题的办法，他们逐渐发现，人与人之间是相互需要的，"只有以一定的方式共同活动和互相交换其活动，才能进行生产"③，只有以联合的方式才能抵御各种外来侵害。因此，人们便在生产活动和保卫安全的过程中发生一定联系，并在相互联系中结成一定群体。正如梁启超所说："凡人之所以不得不群者，以一身之所需求所欲望，非独力所能给也，以一身之所苦痛所急难，非独力所能捍也。于是乎必相引相倚，然后可以自存。"④ 可见，因个人难以独活于世，故而寻求群体的联合力量来弥补个体能力的不足。

人的生存离不开群体，人的发展同样无法脱离群体。无论是自然界还

---

① 〔英〕托马斯·亨利·赫胥黎：《天演论》，严复译，北京时代华文书局，2014，第39页。
② 《梁启超全集》第2册，北京出版社，1999，第663页。
③ 《马克思恩格斯选集》第1卷，人民出版社，2012，第340页。
④ 《梁启超全集》第2册，北京出版社，1999，第695页。

是人类社会，都在用无数事实证明一个道理：真正的王者并不是孤胆英雄，而是依靠群体联合制胜。"独柯不成树，独树不成林。"① 一身不能兼具百技，一人不能成就万事。一个人的智慧、精力和能力总是有限的，唯有与人结成群体，互帮互助、优势互补，方能成大事。要想成就伟业，若无众人相助，仅凭个人之力，纵有尧舜之才，也犹如天方夜谭。刘邦之所以能打败项羽取得天下，正如刘邦自己总结道："夫运筹策帷帐之中，决胜于千里之外，吾不如子房。镇国家，抚百姓，给馈饷，不绝粮道，吾不如萧何。连百万之军，战必胜，攻必取，吾不如韩信。此三者，皆人杰也，吾能用之，此吾所以取天下也。"② 可见，成大事者，必是以群体的力量取得。

总之，乐群则多力，离群则力薄。因此，荀子曰：人"力不若牛，走不若马，而牛马为用，何也？曰：人能群，彼不能群也。人何以能群？曰：分。分何以能行？曰：义。故义以分则和，和则一，一则多力，多力则强，强则胜物，故宫室可得而居也。"③ 荀子指出了"能群"是人与动物的根本区别，也是人驾驭世界的力量源泉。不仅如此，荀子还分析了人之所以能群的原因，即以道义、规则来维持人与人之间的等级秩序、分工协作、责任义务等，从而保证人际关系的和谐，凝聚了整体力量，使人类获得改造世界的伟力。总之，人凭群而生，从群中汲取力量，逐渐将自己与动物区别开来，并成为改造主观世界与客观世界的主体。乐群能使个人更好地融入群体之中，使分散的力量聚合，使分歧的力量整合，实现力量的强化和优势互补，从而增强群体合力。只有在增强群体合力的过程中，个人才能汲取力量，壮大力量，放大自己，存活于世，成长进步。

2. 乐群能激发群体活力

人的力量是有张力的，可弱可强。每个人的力量都像一座火山，有时处于休眠期，有时则处于迸发期。而人的潜力一旦被唤醒和激发，会释放出意想不到的力量。唤醒和激发人类内在潜藏力量的因素有很多，比如理想、竞争、突发事件等。其中，竞争是激发人类力量的重要动因，也是激发人类精神活力的重要因子。斯特拉说："一种动物如果没有对手，就会

---

① 北朝乐府民歌《紫骝马歌》。

② 《史记·高祖本纪》。

③ 《荀子·王制》。

变得死气沉沉。一个人如果没有对手，那就会甘于平庸。"① "鲶鱼效应"
就是一个竞争激发潜能和活力的经典案例。从前，渔民从深海捕捞的沙丁
鱼还没到岸就已经死去了，自然卖不出好价钱。为此，渔民们想了很多办
法延长沙丁鱼的寿命，但都归于失败。然而，有一条渔船却总能载着活鱼
上岸，后来人们终于发现其中的秘密。原来，他们在沙丁鱼容器中放进了
几条鲶鱼，鲶鱼食肉，见到眼前的沙丁鱼自然会欣然追逐，而沙丁鱼为了
活命，不得不拼命游动，从而激发了其内在活力，保持了旺盛的生命力，
得以存活下来。② 同理，独自一人时，人容易产生惰性，潜在的力量也容
易沉睡。而一旦感到外在有竞争和压力时，就容易充满斗志和活力。因
此，适当的竞争是激发个体内在潜能和精神活力的重要手段。

　　竞争不是一个人的事，必然涉及与人接触，尤其在一个群体之内，竞
争愈加激烈和复杂。乐群能够使人置身于群体之中，增加与人接触的机
会，而与人接触就会有比较和竞争。因此，马克思说："在大多数生产劳
动中，单是社会接触就会引起竞争心和特有的精力振奋，从而提高每个人
的个人工作效率。"③ 乐群能使群体成员在相互比较和竞争中激发斗志、振
奋情绪、焕发精神活力，从而激发个体的进取力和创造力，并使群体充满
活力。乐群能增强人的精神活力，而精神活力首要的是进取力。竞争是一
个优胜劣汰的过程，迫使人不得不拼搏奋斗、开拓进取，从而不断取得进
步和成绩。精神活力的核心是创造力。一个人的精神世界容易封闭僵化，
只有在与他人的交流、竞争中，才能不断碰撞出思想的火花，激发出无穷
的创造力，从而获得竞争优势。同时，只有不断打破常规、突破创新，才
能使人们在激烈的竞争中取胜。因此，精神活力对于个体的生存发展具有
重要价值。群体精神活力同样重要，一方面，群体精神活力形成的竞争文
化会涵养置于其中的群体成员，另一方面，群体活力能增加群体的整体实
力，进而增强群体中个人的力量。总之，乐群能激发个体精神活力和群体
精神活力，从而开掘人的无限潜能，提高人们认识世界和改造世界的

① 转引自〔英〕诺斯古德·帕金森《不可不知的管理定律》，苏伟伦、苏建军编译，中国
　　商业出版社，2004，第 87 页。
② 〔英〕诺斯古德·帕金森：《不可不知的管理定律》，苏伟伦、苏建军编译，中国商业出
　　版社，2004，第 88 页。
③ 《马克思恩格斯全集》第 44 卷，人民出版社，2001，第 379 页。

能力。

3. 乐群能促进共同进步

世界上没有两片完全相同的叶子，也没有完全相同的两个人。每个人的生理基础、成长环境、人生际遇等不同，造就了一个个独特的个体。每个人都有各自的特点，各自的长处和不足。因此，个人的成长和发展离不开向他人的学习与借鉴，如孔子所言："三人行，必有我师焉。择其善者而从之，其不善者而改之。"① 学习他人的前提是要正确认识自己与他人，而"一个人只有在社会关系中，在与其他人的参照关系中，才能真正发现和界定自我。"② 乐群使人们成为群体的一员，通过群体成员之间的相互对比和观照，以人为镜，能更好地认识他人和自己的优缺点，一方面促进自身反思，进而相互学习交流，学习他人的长处，扬长避短、取长补短，不断完善自己，从而促进群体成员的整体成长和进步。梁启超说："道莫善于群，莫不善于独。独故塞，塞故愚，愚故弱；群故通，通故智，智故强。"③ 孤僻易使人闭塞狭隘，乐群才能使人智慧通达。与人交流切磋是个体成长进步的重要条件，正所谓"独学而无友，则孤陋而寡闻。"④ 储沅说："我们对于一问题，各有见解，各有心得，我们能互相讨论，以己之长，补人之短，以人之长，补己之短，理愈辩而愈精，疑愈析而愈明。所谓'集思可以广益'。"⑤ 一个群体之中，必有值得学习之人，乐群正是一个群体成员之间相互启发、相互教育的过程。

另外，乐群还能加强群体成员之间的相互鼓励和监督。唐太宗道："夫以铜为镜，可以正衣冠；以古为镜，可以知兴替；以人为镜，可以明得失。"⑥ 身在群体之中，便是有无数面镜子帮助提醒个体的言行，促使人们"见贤思齐焉，见不贤而内自省也"⑦。储沅说："个人的反省和自制，未必能始终不懈，常自警惕。为学的时候，不免有玩忽松弛之处。如果能组成集团，互相督促，互相鼓励，自然只许前进，不容反顾。所谓'益

---

① 《论语·述而》。
② 俞可平：《社群主义》，东方出版社，2015，第 62 页。
③ 《梁启超全集》第 1 册，北京出版社，1999，第 26 页。
④ 《礼记·学记》。
⑤ 储沅：《怎样读书与自修》，纵横社，1947，第 54 页。
⑥ 《旧唐书·魏征传》。
⑦ 《论语·里仁》。

友'，所谓'畏友'就是这层意义。"① 无论是生活、学习、工作，个人的成长和发展都要依靠群体成员的鼓励和监督，才能更好地完善自我。

总之，乐群能使人们借助群体合力来壮大自己的力量，能通过群体成员之间的竞争来激发个体的精神活力，能通过群体成员之间的相互学习切磋促进共同成长和进步。因此，乐群是人类生存发展的重要条件，是发挥个体才能、实现个体价值的重要依托。

（二）乐群是人的心灵所归

之所以说乐群是人类生存发展的重要条件，不仅因为乐群是人的力量之源，还因为乐群是人的心灵所归，具体表现为以下几点。

1. 乐群是人的重要心理需求

人类生而有群。人类社会从一开始，就在人与人之间的相互交往中形成了各种各样的社会群体，人们的生产、生活、学习等大部分生命活动都是在一定群体中、在与他人的共同行动中进行的。这一事实的发生，不仅源于人们在物质生产生活方面的相互依赖，还源于人们心理和精神上的相互需要。人们普遍有自我认同、情感归属、道德情操、被尊重等精神需要，而这些需要的满足离开群体就不会发生，也没有作用对象。因此，从这一层面可以说，乐群是人的重要心理需求，以至于麦独孤得出合群是人类本能的结论。达尔文也说："谁都会承认人是一个社会性的生物。不说别的，单说他不喜欢过孤独的生活，而喜欢生活在比他自己的家庭更大的群体之中，就使我们看到了这一点。"②

人若远离群体，首先人生将索然无趣。正如黄炎培所说，人之本在求生，而"孤生不能，生亦寡趣，乃求群。"③ "寡趣"实际上就是心理需求没有得到满足的表现。不仅如此，通常来说，离群更是对一个人精神的折磨和摧毁，直至危及人的生命。因此，从古至今，放逐和单独禁闭都是对人的严厉惩罚。历史上最早一部完整保存下来的成文法典，即古巴比伦王国的《汉谟拉比法典》（第一五四、一五八条），就有将犯人逐出家庭或公

---

① 储沆：《怎样读书与自修》，纵横社，1947，第54页。
② 〔英〕达尔文：《人类的由来》，潘光旦、胡寿文译，商务印书馆，1983，第163页。
③ 中华职业教育社：《黄炎培教育文选》，上海教育出版社，1985，第269页。

社的规定;① 俄国古老的法律汇编《罗斯法典》也记录有流放的刑罚（第七条）;② 流放之刑在我国也很早就出现了，上古就有"流宥五刑"③的说法④，西周刑书《九刑》记录了墨、劓，刖、宫、大辟和流、赎、鞭、扑九种刑罚⑤，流刑便居其一，这种刑罚一直沿袭下来，包括《秦律》直到《大清律例》都有流放之刑。流刑就是将罪犯押解到边远荒僻之地的一种刑罚，流放地多是人烟稀少、环境艰苦之处。因此，流刑不仅是对罪犯肉体上的惩罚，更是对罪犯精神上的折磨，流放之人多为孤独所吞噬。这种刑罚便是剥夺人的乐群性，使犯人承受肉体和精神上的双重折磨，以达到惩罚的目的。

同样，长期单独监禁的犯人也容易陷入孤独、焦虑、不安、恐惧、抑郁的深渊，甚至精神崩溃、心理失常。研究证明："单独关押对于囚犯而言，是非常有害的，普遍的特征就是丧失记忆、产生幻觉、感官功能丧失，最后就是精神错乱。"⑥

可见，放逐和单独囚禁会给人带来巨大的心理创伤和精神折磨。正如恩格斯在论及英国严酷的刑法时所说："英国的刑法还有两种特别野蛮的刑罚：一种是流放，即通过群居使人兽化，一种是单独监禁，即通过孤独生活使人兽化。这两种刑罚经常不断地从肉体上、精神上、道德上摧残法律的牺牲者，逼得他们处于野兽不如的状态，很难找出比这更残酷和更卑劣的刑罚了。被流放的犯人陷入道德败坏、令人厌恶的兽性的深渊，哪怕是禀性最好的人在那里呆上六个月也一定会沉沦的。谁有兴致阅读一下目击者关于新南威尔士或诺福克岛的报告，那么当我声称上述种种远非实际情况的时候，他一定会认为我有权这样说。单独监禁会把人逼疯"。⑦ 这两种刑罚之所以从古延续至今，正是因为法律制定者认识到了人有求群的心理需求，人际隔绝则会使人的身心备受煎熬，从而达到惩罚的目的。这也从反面证明了，乐群是人的重要心理需求。

---

① 朱寰、王建吉:《世界上古中世纪史教学参考手册》，北京大学出版社，1990，第179页。
② 王钺:《〈罗斯法典〉译注》，兰州大学出版社，1987，第51页。
③ 《尚书·尧典》。
④ 栗劲:《秦律通论》，山东人民出版社，1985，第283页。
⑤ 胡留元、冯卓慧:《西周法制史》，陕西人民出版社，1988，第33页。
⑥ 转引自周振杰《单独监禁问题介评》，《人民检察》2007年第3期。
⑦ 《马克思恩格斯全集》第3卷，人民出版社，2002，第581页。

2. 乐群是维护人的健康心理的重要条件

乐群是人的一种心理需求，因此，满足人的乐群需求，有利于维护人的健康心理状态。美国著名心理学家卡特尔将"乐群性"作为人的 16 种人格因素中的一种，并进一步分析道：乐群性高的人大多表现为外向、热情、乐群等特质，相反，乐群性低的人，则多表现为缄默、孤独、冷漠等特质。[①] 具有乐群合众个性的人，往往能敞开心扉，接纳别人，与他人建立融洽的人际关系，并在良好的人际关系中获得归属、认同、情感、尊重等精神需求，促进人的精神愉悦，改善人的性格缺陷，如改善人们在交往中存在的紧张、羞怯、孤僻问题等，甚至对人的心理问题也有一定治疗作用，例如，亲人、挚友的关心和抚慰就是治疗人们抑郁、忧伤、自闭等问题的一剂良药。[②] 总之，乐群有利于人的心理需求的满足和良好人际关系的建立，从而维持人的健康心理。

相反，具有缄默、孤独、冷漠特质的人，在与人交往过程中必定障碍重重，使人的归属需要、爱的需要等不能得到充分满足，进而容易产生焦虑、抑郁之感。心理学认为，每个人都会有偶尔的孤独感，即使乐群之人也会如此，但这种暂时性的孤独感并不会过多影响人际交往和身心健康。长期的孤独感则不同，"它是个体经常感到缺乏满意的人际关系或存在社交缺陷的情绪状态，可被看作是特质性孤独"[③]，具有一定的稳定性。孤独之人一般会有空虚无助、焦虑难安、消极悲观等情绪体验，更容易遭受抑郁症的困扰，甚至危及人的生理健康。因此，乐群是维护人的健康心理的重要条件。

正因如此，2009 年 6 月 24 日，教育部、中宣部、中央文明办、人力资源和社会保障部、共青团、全国妇联联合下发了《关于加强和改进中等职业学校学生思想道德教育的意见》（教职成〔2009〕11 号），指出加强和改进中职学生思想道德教育的主要任务之一就是"进行心理健康教育。以培养良好的心理品质为重点，开展心理健康基本知识和方法教育，开展职业心理素质教育，指导中职学生正确认识和处理遇到的心理行为问题，

---

① 转引自丁茂生《管理心理学》，中国科学技术大学出版社，2004，第 425 页。
② 彭贤、李海青：《人际关系心理学》，清华大学出版社、北京交通大学出版社，2013，第 9～11 页。
③ 郭永玉：《人格心理学导论》，武汉大学出版社，2007，第 194 页。

引导中职学生养成自尊、自信、自强、乐群的心理品质，提高心理健康水平和职业心理素质。"① 该意见将培养学生的乐群心理品质作为中职学生心理健康教育的重要目标之一，尽管意见主要是针对中职学生的，但实际上对于所有类别的学生都具有适用性。

综上所述，乐群之所以是人类生存发展的必要条件，根本在于人与人之间是相互需要的，不仅有物质上的相互需要，也有精神上的相互需要。因此，人的健康成长、顺利成才，都要求人们具备乐群性。

二 乐群是人的社会性的重要表现

人类生存发展的重要条件在一定程度上实际表征和确证了人的本质。因此，乐群不仅是人们生存发展的重要条件，也是人的社会性本质的重要表现。人与动物都存在乐群现象，但人的乐群性与动物的乐群性具有本质区别。动物的乐群性是本能的、无意识的、表层的，人的乐群性则是自觉的、有目的的、深层的，是人的社会性本质的一个重要体现。

（一）人与动物乐群性的根本区别

乐群性并非人类所独有，动物界也普遍存在乐群现象，如大雁、丹顶鹤、海鸥等鸟类，马、牛、羊、狼等兽类，猩猩、猿、猴等灵长类，蜜蜂、蚂蚁等昆虫类，鲫鱼、金枪鱼等鱼类，都是喜群动物，过着群居生活。这些群居动物一旦失群、离群，多会变得恐惧惊慌、焦躁不安，四处寻觅同伴，当重新回归群体时，则变得欣喜若狂。但是，动物的乐群性与人的乐群性有本质区别，是对动物乐群性的超越，也是人脱离动物界的重要标识。

首先，从乐群的性质看，动物的乐群性是本能的、遗传的、被动的，人的乐群性则不仅出自本能和遗传，更是社会的、自觉的、主动的产物。人与动物皆是"孤生不能，生亦寡趣，乃求群。"② 然而，动物是在被动适应自然环境的情况下不得不群居以求生存，并养成一种群体习惯。因此，

---

① 中华人民共和国教育部：《开创中等职业学校德育工作新局面——全国中等职业学校德育工作会议文件汇编》，高等教育出版社，2009，第5页。
② 中华职业教育社：《黄炎培教育文选》，上海教育出版社，1985，第269页。

达尔文说:"群居的欢乐,这种感觉大概是亲子之间这一方面的情爱的一个引申,或一个扩充,因为,凡是在幼年时代里,亲子不相离的关系维持得更长久些的那些动物,在社会性的一些本能上也是更发达一些,而这种引申或扩充,部分虽可以归功于习惯,主要的原因还是自然选择。在因群居而受惠的各种动物之中,那些最能以群居为可乐的个体便最能躲开种种的危害,而那些对同类的祸福利害最漠不关心而过着离群索居的生活的个体则不免于大量死亡。"①

人类虽然也受自然环境和自身条件的限制,也有乐群的本能和习惯,但人类的乐群性从根本上来说是社会性的,是劳动的结果。马克思、恩格斯说:"可以根据意识、宗教或随便别的什么来区别人和动物。一当人开始生产自己的生活资料,即迈出由他们的肉体组织所决定的这一步的时候,人本身就开始把自己和动物区别开来。"②"个人怎样表现自己的生命,他们自己就是怎样。因此,他们是什么样的,这同他们的生产是一致的——既和他们生产什么一致,又和他们怎样生产一致。"③"而生产本身又是以个人彼此之间的交往为前提的"④。也就是说,生产促进人的交往互动和群体生活,并将人从动物界抽离出来。因此,恩格斯说,人是"一切动物中最爱群居的动物"⑤。这一结论既道出了人与动物的统一性,又点破了人与动物的根本区别。人之所以最爱群居,主要是因为人的生产生活使人与人之间的联系更加紧密,难以剥离,并且人的群居是自觉的、能动的,人的群居意识正是在交往中形成的。"凡是有某种关系存在的地方,这种关系都是为我而存在的;动物不对什么东西发生'关系',而且根本没有'关系';对于动物来说,它对他物的关系不是作为关系存在的。因而,意识一开始就是社会的产物,而且只要人们存在着,它就仍然是这种产物。当然,意识起初只是对直接的可感知的环境的一种意识,是对处于开始意识到自身的个人之外的其他人和其他物的狭隘联系的一种意识。同时,它也是对自然界的一种意识,自然界起初是作为一种完全异己的、有无限威力

① 〔英〕达尔文:《人类的由来》,潘光旦、胡寿文译,商务印书馆,1983,第 159~160 页。
② 《马克思恩格斯选集》第 1 卷,人民出版社,2012,第 147 页。
③ 《马克思恩格斯选集》第 1 卷,人民出版社,2012,第 147 页。
④ 《马克思恩格斯全集》第 3 卷,人民出版社,1960,第 24 页。
⑤ 《马克思恩格斯选集》第 3 卷,人民出版社,2012,第 991 页。

的和不可制服的力量与人们对立的，人们同自然界的关系完全像动物同自然界的关系一样，人们就像牲畜一样慑服于自然界，因而，这是对自然界的一种纯粹动物式的意识（自然宗教）；但是，另一方面，意识到必须和周围的个人来往，也就是开始意识到人总是生活在社会中的。这个开始，同这一阶段的社会生活本身一样，带有动物的性质；这是纯粹的畜群意识，这里，人和绵羊不同的地方只是在于：他的意识代替了他的本能，或者说他的本能是被意识到了的本能。由于生产效率的提高，需要的增长以及作为二者基础的人口的增多，这种绵羊意识或部落意识获得了进一步的发展和提高。"[1] 可见，人与动物的乐群性最初都是一种本能的畜群意识，而随着人的社会交往与生产活动的发展，人类本能的畜群意识发展为自觉的群体意识、社会意识、国家意识、民族意识，甚至人类意识，从本能的乐群发展为自觉的乐群，从而将自身与动物区分开来。

其次，从乐群的方式和层次看，动物的乐群性是随意的、松散的、表层的，人的乐群性则是有规则的、守秩序的、深层的。在乐群的方式上，动物的乐群性比较随意松散，人的乐群性则是有规则、有秩序的。人与动物乐群的性质不同，决定了二者乐群的方式和层次也不同。动物的乐群性因缘自本能，乐群方式多是利己的，随意松散，没有过多的规则和特定的价值倾向，并且这种乐群方式主要靠先天遗传。人类的乐群方式则不然，人们自觉地组建群体，有特定的群体目标和价值倾向，制定一套适用的群体规则和行为规范，依靠教育和影响，以规约每一个群体成员的言行规范，维护群体的良性秩序，促进群体的健康发展。因此，荀子说，人之所以能主宰万物，因人能群，"人何以能群？曰：分。分何以能行？曰：义。故义以分则和，和则一，一则多力，多力则强，强则胜物，故宫室可得而居也。……故人生不能无群，群而无分则争，争则乱，乱则离，离则弱，弱则不能胜物，故宫室不可得而居也——不可少顷舍礼义之谓也。"[2] "故先王案为之制礼义以分之，使有贵贱之等，长幼之差，知愚、能不能之分，皆使人载其事而各得其宜，然后使悫禄多少厚薄之称，是夫群居和一之道也。"[3] 也就是说，人群因有协调人际关系的礼义规范而和谐统一，多

[1] 《马克思恩格斯选集》第 1 卷，人民出版社，2012，第 161～162 页。

[2] 《荀子·王制》。

[3] 《荀子·荣辱》。

力而胜物。

在乐群的层次上，动物的乐群性是表层的，人的乐群性则是深层的。动物的乐群性是纯粹本能式的、利己式的、单一式的，而人的乐群性则是社会性的，具有丰富的内涵。动物的乐群性，基本只有简单的喜群倾向，人的乐群性则不仅包含喜群之意，更有善群、合群、爱群、利群等意蕴。同时，与动物的乐群性相比，人的乐群性不仅蕴含利己的内涵，更具有突出的利他性、利群性。唯有将利己与利他、利群相统一，人类群体才能超越动物群体，不断发展壮大，成为改造世界的主体力量。因此，梁启超说："群之道，群形质为下，群心智为上。群形质者，蝗虫蜂蚁之群，非人道之群也；群之不已，必蠹天下，而卒为群心智之人所制。"① 动物乐"群之形"，人类乐"群之要"，从而成为万物的主宰。

最后，从乐群的结果来看，动物乐群的结果只是缓慢进化、顺应自然，人类乐群的结果则是完善自己、改造世界。动物乐群的方式和内容十分简单，导致动物群体的发展和进化异常缓慢，甚至从古至今都没有明显变化。候鸟和绵羊的喜群习性和群体生活，古代如此，现代也如此。一般来说，动物乐群的结果只是保证动物群体的基本生存、种群保存和缓慢进化。建立在生产生活基础上的人类乐群的方式和内容则要丰富得多，群体生活也更加多姿多彩，并且随着时代变迁，人类的群体生活也瞬息万变，古代的家庭生活、政治生活、经济生活、文化生活等，早已今非昔比。② 人类乐群的结果不只是维持了自身生存，更促进了人类的发展和进步。

另外，动物乐群的结果只是顺应自然，人类乐群的结果则是改造世界。一般说来，很多动物依靠群体顺应自然，得以存活。当然，我们必须承认，"动物通过它们的活动同样也改变外部自然界，虽然在程度上不如人。……但是，如果说动物对周围环境发生持久的影响，那么，这是无意的，而且对于这些动物本身来说是某种偶然的事情。而人离开动物越远，他们对自然界的影响就越带有经过事先思考的、有计划的、以事先知道的一定目标为取向的行为的特征。"③ "我们并不想否认，动物是有能力采取有计划的、经过事先考虑的行动方式的。……但是一切动物的一切有计划

---

① 《梁启超全集》第 1 册，北京出版社，1999，第 27 页。
② 周运清：《社会学》，武汉大学出版社，1988，第 156 页。
③ 《马克思恩格斯选集》第 3 卷，人民出版社，2012，第 996 页。

的行动，都不能在地球上打下自己的意志的印记。这一点只有人才能做到。"① "一句话，动物仅仅利用外部自然界，简单地通过自身的存在在自然界中引起变化；而人则通过他所作出的改变来使自然界为自己的目的服务，来支配自然界。这便是人同其他动物的最终的本质的差别"②。也就是说，动物群体并不在根本上改变自然，即使偶有改变也不会是持续的、自觉的，大多数情况下，动物群体只是被动地顺应自然。相反，人类自觉地乐群，并依靠群体获得改造主观世界和客观世界的伟力，在遵循自然规律的同时，不断创造着一个新的世界。牛羊只能逐水草而居，人类却能育草调水；蜜蜂只能筑近尺蜂房，人类却能建万丈高楼；狼群只能集体捕食，人类却能畜禽种粮……总之，乐群的力量，只有人类才能真正认识到，并将其发挥到极致。

（二）乐群是人的社会性本质的体现

人的乐群性与动物的乐群性具有本质区别，这种区别根本在于人之乐群具有社会性，是人的社会性本质的重要体现。

人类自诞生以来，始终在追寻一个原初性的问题——人是什么？围绕这一问题，古往今来的智者圣贤纷纷从不同角度和层面给予了回答。其中，人具有社会性，得到了先贤们的普遍关注。亚里士多德说："人天生是一种政治动物。"③ 费尔巴哈则明确提出："只有社会的人才是人。"④ 马克思、恩格斯在前人研究的基础上，对人的本质作出了更加立体深入、系统科学的界定。

马克思、恩格斯指出："我们首先应当确定一切人类生存的第一个前提，也就是一切历史的第一个前提，这个前提是：人们为了能够'创造历史'，必须能够生活。但是为了生活，首先就需要吃喝住穿以及其他一些东西。因此第一个历史活动就是生产满足这些需要的资料，即生产物质生活本身"。⑤ "第二个事实是，已经得到满足的第一个需要本身、满足需要

---

① 《马克思恩格斯选集》第 3 卷，人民出版社，2012，第 997 页。
② 《马克思恩格斯选集》第 3 卷，人民出版社，2012，第 997~998 页。
③ 颜一：《亚里士多德选集·政治学卷》，中国人民大学出版社，1999，第 6 页。
④ 〔德〕路德维希·费尔巴哈：《费尔巴哈哲学著作选集》上卷，荣震华、李金山等译，商务印书馆，1984，第 571 页。
⑤ 《马克思恩格斯选集》第 1 卷，人民出版社，2012，第 158 页。

的活动和已经获得的为满足需要而用的工具又引起新的需要"①。新的需要的产生，必须进行新的物质生产。也就是说，人类的第一个历史活动就是为了满足生存需要的物质资料的生产和再生产。"一开始就进入历史发展过程的第三种关系是：每日都在重新生产自己生命的人们开始生产另外一些人，即繁殖。这就是夫妻之间的关系，父母和子女之间的关系，也就是家庭。"② 这是人类生存的另一种基本活动，即人的生产。而这三个方面、两种生产从历史的最初时期起，从第一批人出现时，就同时存在。③ "这样，生命的生产，无论是通过劳动而生产自己的生命，还是通过生育而生产他人的生命，就立即表现为双重关系：一方面是自然关系，另一方面是社会关系"④。由此可见，马克思、恩格斯在创立唯物史观的基础上，实际上也回答了"人是什么"的问题。简单讲，人有生存的基本需要，而为了满足需要，必须进行生产活动，包括生活资料和人自身的生产、再生产。然而，无论是哪种生产，单靠一人之力都是无法完成的，人类总是结成一定的社会关系进行生产。因此，人的本质可以理解为：人是通过结为一定社会关系开展实践活动以满足特定需要的存在物。可见，一开始人与人之间就存在一定的社会关系，人就是社会的人。因此，马克思说："人的本质不是单个人所固有的抽象物，在其现实性上，它是一切社会关系的总和。"⑤ 在人的所有社会关系中，生产关系是最基本的社会关系，是决定其他一切社会关系的关系，人们在生产关系基础上才形成了道德关系、政治关系、法律关系等其他社会关系。人们就是所有这些特定的、具体的社会关系的产物，社会性是人的本质特征。

社会是由具有内在联系的个人组成的，而这种内在联系的一个具体形式就是人总是结为一定群体，每个人都生活在特定群体中，社会生活直接表现为一定的群体生活，人的社会关系直接表现为一定的群体关系。例如，生产关系可以表现为具体的工作关系，如工厂同事的合作关系；人的道德关系可以表现为具体的家庭关系，如父母与子女的抚养、赡养关系

① 《马克思恩格斯选集》第 1 卷，人民出版社，2012，第 159 页。
② 《马克思恩格斯选集》第 1 卷，人民出版社，2012，第 159 页。
③ 《马克思恩格斯选集》第 1 卷，人民出版社，2012，第 160 页。
④ 《马克思恩格斯选集》第 1 卷，人民出版社，2012，第 160 页。
⑤ 《马克思恩格斯选集》第 1 卷，人民出版社，2012，第 135 页。

等。正如费尔巴哈所说："孤立的，个别的人，不管是作为道德实体或作为思维实体，都未具备人的本质。人的本质只是包含在团体之中，包含在人与人的统一之中"①。因此，可以说，群体是个人与社会的桥梁和中介，而乐群是人的社会性本质的具体内容和重要表现。因为人只有乐群，乐于与人交往结群，能够融入一定群体之中，才能更好地建立自己的社会关系，完善自己的社会本质。乐群实质上就是人的本质实现的过程，是人的本质现实化的过程，也是人类自我解放的过程。

三　乐群教育是人的社会化的重要途径

乐群不仅是人的社会本质的重要表现，更是人的社会本质实现的重要途径。人的社会本质体现在人与人的交往结群中，人们又在群体交往中不断创造和发展社会关系，塑造和完善自身的社会本质，正如马克思所说："因为人的本质是人的真正的社会联系，所以人在积极实现自己本质的过程中创造、生产人的社会联系、社会本质"②。人的本质的塑造与完善，又是一个不断社会化的过程。社会化的实质就是人的本质的塑造与完善。因此，乐群有利于人的社会化的实现和社会本质的塑造。然而，高度的、深层的乐群性和社会化往往不是自发形成发展的，而是自觉教育和影响的产物。乐群教育的提出，正是要教育引导人们形成高度自觉的乐群性，正确认识自己在群体中的角色、地位和作用，妥善处理群己关系，进而促进人的社会化的实现和社会本质的形成，乐群教育是人的社会化的重要途径。

（一）乐群教育促进人的社会化的特点

促进人的社会化有很多种途径和方式，比如家庭教育、学校教育、同辈群体影响、社会传媒影响、风俗习惯濡化等，乐群教育也是其中一种，这种社会化途径有以下几种特点。

首先，乐群教育是人的社会化的自觉途径。与社会传媒影响、风俗习惯濡化等社会化途径不同，乐群教育具有高度自觉性，是积极、主动的社

---

① 〔德〕路德维希·费尔巴哈：《费尔巴哈哲学著作选集》上卷，荣震华、李金山等译，商务印书馆，1984，第185页。
② 《马克思恩格斯全集》第42卷，人民出版社，1979，第24页。

会化方式。人的意识和行为有自发和自觉之分。自发是当人们尚未主动认识、掌握和运用客观规律，而被动、本能、盲目地思想、行事的状态。相反，自觉则是一种有目的、有意识地认识、掌握并运用客观规律主动、科学、有效地认识和改造主观世界与客观世界的精神状态和行为状态，是对自发的超越①，也是人类主体性的彰显。无论是人的乐群性的形成，还是人的社会化的实现，既可以是自发的，也可以是自觉的。自发的乐群性和社会化都容易受到各种限制，存在许多局限，如层次不高，甚至性质消极。例如，一些本就性格内向、缺乏人际交往技巧的人，若是任凭其自由发展，日后很可能成为孤僻、不合群的人。相反，若能教育和引导其正确认识与人交往、乐群亲众的积极作用，掌握人际交往的规则和艺术，则更有利于提高其乐群的自觉性，建构自己的社会关系，逐步社会化，实现自身本质。乐群教育的核心任务正是要减少人们乐群性形成发展的被动性、盲目性，增强人们乐群性形成发展的自觉性、科学性和有效性，教育引导人们形成高度自觉的乐群性，进而促进人的社会化的实现和社会本质的形成。因此，乐群教育是人的社会化的自觉途径。

其次，乐群教育是人的社会化的科学途径。实践是主观见之于客观的活动，人们的实践活动总是受到一定意识、思想的指导和支配，并且只有以自觉的意识、正确的思想、科学的理论做指导，人们的实践活动才更容易顺利开展，实践活动的目标也更容易达成。科学是什么呢？科学就是"在社会实践基础上历史地形成的和不断发展着的关于自然界、社会和思维及其客观发展规律的知识体系"②。世间万事万物皆有规律可循，都按照各自特定的逻辑运转，不可违逆、不可罔顾。同理，人的乐群性的形成发展、乐群教育活动的开展、人的社会化的实现等都有规律可循，人们只有正确揭示这些规律，形成科学的理论体系，并用以自觉指导实践，才能形成高度的乐群性、科学的乐群教育和充分的社会化。乐群教育就是一种科学的教育活动，能认识和揭示乐群与乐群教育的规律、乐群促进社会化的规律等，并遵循规律、运用规律培养人们的乐群性，促进人的社会化。比如，人的群体化有利于促进人的社会化的规律，这也是乐群教育促进人的

① 骆郁廷：《自发与自觉：思想政治教育的重要范畴》，《思想教育研究》2007 年第 5 期。
② 〔苏〕拉奇科夫：《科学学》，韩秉成译，北京科学出版社，1984，第 33 页。

社会化的基本依据。人们普遍认为，家庭、社区、同辈群体、学校、工作单位是人的社会化的重要主体，而这些主体恰恰是由关系比较密切的人组成的特定群体，足见群体在人的社会化过程中至关重要的作用。因此，乐群教育是人的社会化的科学途径。

最后，乐群教育是人的社会化的有效途径。乐群教育既然是人的社会化的自觉途径、科学途径，自觉遵循真理的尺度促进人的社会化，自然会减少人的社会化的自发性、盲目性、局限性，从而提高人的社会化的针对性、科学性和有效性，更好地实现人的社会化。因此，乐群教育也是人的社会化的有效途径。人的社会化，就是人的社会关系化。人时刻处在一定社会关系之中，而这种社会关系很多时候都表现在个人生活、学习、工作的具体群体当中。一定的群体体现了一定的社会关系，一定的社会关系往往使人们结合为一定群体。因此，人要社会化，必须社会关系化，积极建构、丰富和发展自己的社会关系，首先要乐于与人交往，结成群体，乐于融入一定群体之中，在群体中成长发展，塑造和丰富自身的社会本质。乐群之人通过与群体成员的交往，包括与群体成员的情感互动、资源共享、相互学习等，更有利于个体社会角色的确认与扮演，和对一定社会的知识技能、思想观念、政治观点、道德规范、风俗习惯的掌握与践行，从而更好地促进个体社会化。相反，孤僻离群之人因为缺乏人际交往而容易受到视野、思想、资源等种种限制，而成为片面的人，制约了个体社会化发展的水平。这就需要乐群教育对人们的自觉引导，培养人们的乐群性，促进人的社会化。总之，乐群有利于促进人与人的和谐交往，人与群体的良性互动，人与社会的联结融合，乐群教育是人的社会化的有效途径。

（二）乐群教育促进人的社会化的内容

乐群教育作为人的社会化的重要途径，主要从以下几方面促进人的社会化。

首先，乐群教育有利于人的角色社会化。"社会角色是指与人们的某种社会地位、身份相一致的一整套权利、义务的规范与行为模式。它是人们对具有特定身份的人的行为期望，它构成社会群体或组织的基础。"[1] 社会像个大舞台，每个人都扮演其中一个或多个特定角色，只有大家演绎好

---

[1] 郑杭生：《社会学概论新修》，中国人民大学出版社，2015，第 112 页。

各自的角色，承担起与各自角色相适应的职责，才能呈现一场精彩的演出。而人们总是在一定群体中获得自我认同和身份确证，因此，"泰勒、沃尔泽和麦金太尔都一致认为，自我认同首先是通过个人的成员资格而发现的。每个人都毫无例外地生活在各种各样的社群之中，这些社群的价值、利益、目标必然地对其成员打上了不可磨灭的烙印。"① 泰勒又强调："一个人只有在社会关系中，在与其他人的参照关系中，才能真正发现和界定自我。"② 自我认同实际上就是对自己在一定社会关系、一定社会群体中的角色确认。比如，在家庭中，人们可能扮演着父母的角色、子女的角色、配偶的角色、兄弟姐妹的角色，等等；在学校中，人们可能扮演着教师的角色、学生的角色、同学的角色、朋友的角色，等等；在工作中，人们可能扮演着领导的角色、下属的角色、同事的角色，等等。总之，人们总是在一定群体中获得角色身份，并且很多时候可能是多种角色的集合，在不同群体中扮演不同角色。同时，每个角色都有与之相应的权利、义务和行为规范要求，当人们在群体中获得并确证自身角色的同时，也会在与群体成员的交往关系中了解到他人、群体对于自身角色的期待，和这一角色被赋予和表征的权利、义务与行为规范。因此，乐群教育有利于人的角色社会化。

其次，乐群教育有利于人的道德社会化。这里的道德涵盖文化价值观和道德规范，是规约社会成员言行的准则。费尔巴哈说："事实上，被思考为自身独立存在的个人的道德是毫无内容的虚构。在我之外没有任何你，亦即没有其他人的地方，是谈不上什么道德的。"③ 也就是说，道德涉及两个人及以上，一个人的世界不存在道德问题，也没有道德存在的意义，这是道德的社会性。道德是调节人际关系的重要手段，哪怕只有两个人的时候，都会涉及道德问题，需要道德的调剂。一个社会的良性运行与和谐有序，更离不开人们对社会道德规范的自觉遵守。这就要求人们道德的社会化，也就是要学会并践行社会要求的道德规范。而无论是道德的产生、道德价值的彰显、道德标准的确立、道德评价的开展等，都离不开一

---

① 转引自俞可平《社群主义》，东方出版社，2015，第68页。
② 转引自俞可平《社群主义》，东方出版社，2015，第62页。
③ 〔德〕路德维希·费尔巴哈：《费尔巴哈哲学著作选集》上卷，荣震华、李金山等译，商务印书馆，1984，第571页。

定群体。正所谓"家有家规，国有国法"，群体生活是道德孕育的土壤。社群主义者就强调："善和美德并不是抽象的，而是植根于人们生活于其内的社群，善和美德只能在社群集体生活和集体经验中才能形成；善和美德的意义和标准，只有通过特定的社群才能得以界定。"① "社群给个人以美德，诸如爱国、奉献、牺牲、利他、团结、互助、友睦、博爱、诚实、正直、宽容、忠信等美德，都是通过社群形成的。"② 因此，乐群教育有利于人的道德社会化。

最后，乐群教育有利于人的政治社会化。孙中山说："政治究竟是做些什么事呢？就政治两个字讲，政者众人之事也，治者管理众人之事也。管理众人的事，就是政治。换而言之，管理众人的事，就是管理国家的事。"③ 但政治并不只是少数政治家、官员、政客的专属事务，而是众人的事，是全体国民的事。管理众人之事、国家之事，仅靠少数政治家是远远不够的，更多是靠民众的自觉自治、自我管理和政治监督，尤其在我国这样一个人民当家作主的国家，人民有更多空间、更大权力治理国家和有效地自我管理。因此，一方面，乐群能使人们在群体生活中学习一定社会的政治知识、培养政治情感、端正政治态度、坚定政治信仰，或者直接参与政治锻炼和政治实践；另一方面，乐群还能在群体生活中培养人们的集体意识、政治觉悟和自治能力，为提高人们的政治水平奠定基础。因此，乐群教育有利于人的政治社会化。

总之，乐群是人类生存发展的重要条件，也是人的社会性本质的重要表现。塑造和发展人的本质，促进人的社会化，提高人的社会化水平，需要积极开展乐群教育，自觉培养人的乐群性。

第二节　乐群教育是人的全面发展的必然要求

人的全面发展是从古至今关于人类发展的理想状态，我国古代就有"礼、乐、射、御、书、数""六艺"之教，古希腊时期也有智育、德育、体育的教育理念，马克思主义更是蕴含着丰富的人的全面发展思想，认为

---

① 转引自俞可平《社群主义》，东方出版社，2015，第87页。
② 转引自俞可平《社群主义》，东方出版社，2015，第82页。
③ 《孙中山全集》下，三民公司，1927，第502页。

人的全面发展是每个人的需要、社会关系、素质和能力等方面的普遍发展、充分发展与协调发展。促进人的全面发展是社会主义的本质要求，也是我国教育的根本任务。人的全面发展离不开人与人之间的交往实践及其在此过程中形成的普遍的社会关系，也离不开一定的社会群体。乐群教育在促进人的全面发展方面具有重要作用。

一　人的交往全面发展呼唤乐群教育

马克思主义认为，社会关系的全面发展是人的全面发展的重要方面。然而，社会关系的产生与发展有赖于交往活动的进行，社会关系正是在人与人之间的交往互动中形成的相互关系，交往是社会关系形成的前提。只有全面的交往，才能形成全面的社会关系。因此，人的交往全面发展是人的全面发展的重要组成部分。同时，人的交往全面发展也是人的需要、素质、能力和社会关系全面发展的基础和前提。马克思、恩格斯常常使用"交往"一词，既有人们在物质方面的往来、流通之意，也有人们在思想、情感等方面的交流、互动之意。总体而言，交往是个人、社会团体以及国家之间往来互动、相互联系、交互作用的实践活动，主要包括物质交往和精神交往。交往是人的存在方式，人们在交往中相互影响、相互塑造。交往的广度和深度决定人的发展程度，在全面的交往中才能获得全面的发展。乐群教育就是要促进人与人之间的交往，使人们形成并融入一定群体之中，扩大人的交往广度，拓展人的交往深度，丰富人的社会关系，塑造人的社会本质，促进人的全面发展。因此，人的交往全面发展呼唤乐群教育。

（一）人的社会关系全面发展呼唤乐群教育

人是在实践基础上形成的一定社会关系和生活条件的产物，因此，"社会关系实际上决定着一个人能够发展到什么程度"[①]。全面发展的社会关系，才能塑造全面发展的人。正如马克思所说："个人的全面性不是想

[①]　《马克思恩格斯全集》第 3 卷，人民出版社，1960，第 295 页。

象的或设想的全面性，而是他的现实关系和观念关系的全面性。"① 而社会关系对人的发展的影响，更进一步说，是人对与之相关的人的影响。因此，马克思和恩格斯说："一个人的发展取决于和他直接或间接进行交往的其他一切人的发展；彼此发生关系的个人的世世代代是相互联系的，后代的肉体的存在是由他们的前代决定的，后代继承着前代积累起来的生产力和交往形式，这就决定了他们这一代的相互关系。总之，我们可以看到，发展不断地进行着，单个人的历史决不能脱离他以前的或同时代的个人的历史，而是由这种历史决定的。"② 从纵向上看，人的发展取决于与之发生间接关系的世世代代人的发展；从横向上看，人的发展则取决于与之发生直接关系的同一时代人的发展。一言以蔽之，人与人之间是相互影响、相互作用、相互创造的。

在原始社会，因生产力发展水平低下，人与人之间的社会关系十分简单贫乏、封闭片面，基本囿于婚姻家庭关系、血缘关系。这一时期，人类刚刚脱离动物界未几，在体力、智力等方面发展水平相当有限，人类只能发明一些简单粗陋的生产生活工具，如石器、木质工具和容器等。随着生产力的发展，尤其是分工的出现，人的社会关系日益纷繁复杂、开放多变，婚姻家庭关系从主要的社会关系，变为从属的社会关系，并在婚姻家庭关系基础上，发展出宗族关系、民族关系、国家关系等；在血缘关系基础上，发展出地缘关系、业缘关系等；在经济关系基础上，发展出政治关系、文化关系等。而与发达的社会关系相适应的，则是人的发展水平、发展层次的不断提升。因此，马克思依据人的发展进程和规律，将人类历史分为三大形态。"人的依赖关系（起初完全是自然发生的），是最初的社会形态，在这种形态下，人的生产能力只是在狭窄的范围内和孤立的地点上发展着。以物的依赖性为基础的人的独立性，是第二大形态，在这种形态下，才形成普遍的社会物质变换，全面的关系，多方面的需求以及全面的能力的体系。建立在个人全面发展和他们共同的社会生产能力成为他们的社会财富这一基础上的自由个性，是第三个阶段。"③ 从人类发展的历史进程和规律可见，人的发展始终离不开社会关系的发展，随着社会关系的全

---

① 《马克思恩格斯全集》第 46 卷下，人民出版社，1980，第 36 页。
② 《马克思恩格斯全集》第 3 卷，人民出版社，1960，第 515 页。
③ 《马克思恩格斯全集》第 46 卷上，人民出版社，1979，第 104 页。

面丰富，人的全面发展才有实现的可能。人类在世代发展的过程中，不断改变自己的本性，为自己的全面发展开辟道路、创造条件。

人的社会关系的全面发展也离不开乐群教育。人的社会关系总是凝结为一定的社会群体，人们只有乐群，才能积极拓展人与人、人与群体、群体与群体的相互关系，从而扩大和丰富人的社会关系，塑造人的全面性。

人们的社会关系是在交往中形成的，社会关系的全面发展势必要求交往的全面发展，而交往的全面发展也离不开乐群教育。

（二）人的物质交往发展呼唤乐群教育

物质交往是最基本的交往实践活动，也是其他一切交往的前提。交往常常与生产交织在一起，物质交往也与物质生产交织在一起。物质生产是人类历史的第一个活动，也是基本活动，而物质生产须臾离不开人与人之间的物质交往。正如马克思所说："人们在生产中不仅仅影响自然界，而且也互相影响。他们只有以一定的方式共同活动和互相交换其活动，才能进行生产。为了进行生产，人们相互之间便发生一定的联系和关系；只有在这些社会联系和社会关系的范围内，才会有他们对自然界的影响，才会有生产。"① 也就是说，人类的生产以人与人之间的交往为前提，在交往中结成一定的社会关系进行生产。可见，物质生产具有社会性质，是在人与人的交往中进行的。物质生产本身就是一种交往实践活动，物质交往是物质生产的内在构成，物质交往与物质生产相互关联，不可分离。只有开展人与人之间的物质、资源、信息等方面的相互交换、流通，达成互助与协作，实现力量的互补、强化与提升，才能进行物质生产，并获得更丰硕的劳动成果。

同时，人们在物质交往、物质生产中结成一定的社会关系，而这种社会关系往往表现为具体的社会群体。例如，人们在农业生产中结成互助组、合作社等。总之，物质生产必然要求人与人结成特定的社会群体，进行物质交往。因此，马克思说："我们越往前追溯历史，个人，从而也是进行生产的个人，就越表现为不独立，从属于一个较大的整体；最初还是十分自然地在家庭和扩大成为氏族的家庭中；后来是在由氏族间的冲突和

---

① 《马克思恩格斯选集》第 1 卷，人民出版社，2012，第 340 页。

融合而产生的各种形式的公社中。只有到 18 世纪，在'市民社会'中，社会联系的各种形式，对个人说来，才表现为只是达到他私人目的的手段，才表现为外在的必然性。但是，产生这种孤立个人的观点的时代，正是具有迄今为止最发达的社会关系（从这种观点看来是一般关系）的时代。人是最名副其实的政治动物，不仅是一种合群的动物，而且是只有在社会中才能独立的动物。孤立的个人在社会之外进行生产——这是罕见的事，在已经内在地具有社会力量的文明人偶然落到荒野时，可能会发生这种事情"①。

可见，人们总是结成一定社会群体进行物质交往，开展物质生产活动。而发达的物质生产需要人们深入地交往、紧密地结群，只有这样，才能以联合的力量，获得改造世界的强大力量，创造出更加丰富的物质财富，为人的全面发展奠定坚实的物质基础。因此，物质交往的全面深入发展，必然要求人们广泛而紧密地结成一定社会群体，这就要求乐群教育的广泛开展，促进人们乐群性的养成。离群索居的人不可能有广泛而深入的物质交往和物质生产，也不会获得全面发展的物质条件和精神条件。

（三）人的精神交往发展呼唤乐群教育

在物质生产过程中，不仅有物质交往，也有精神生产和精神交往。并且，精神生产和精神交往本身就是物质生产和物质交往的直接产物。因此，马克思、恩格斯说："思想、观念、意识的生产最初是直接与人们的物质活动，与人们的物质交往，与现实生活的语言交织在一起的。人们的想象、思维、精神交往在这里还是人们物质行动的直接产物。表现在某一民族的政治、法律、道德、宗教、形而上学等的语言中的精神生产也是这样。"② 同时，精神生产和精神交往又具有相对独立性，有其特殊规律。精神生产的发展既离不开物质生产和物质交往，也离不开人与人之间的精神交往，精神生产与精神交往常常交织在一起。

与物质生产和物质交往相同，精神生产和精神交往也需要人们乐群。只有在群体中才能有深入的精神交往，才能进行精神生产。比如，人与人

---

① 《马克思恩格斯选集》第 2 卷，人民出版社，2012，第 684 页。
② 《马克思恩格斯选集》第 1 卷，人民出版社，2012，第 151～152 页。

之间的思想碰撞、信息交换、情感沟通、精神抚慰等精神生产和精神交往过程，都需要人们乐群。人们只有在群体中，才能激发精神活力，提升精神创造力，提高精神生产力。恩格斯在分析费尔巴哈哲学思想的局限性时提到，缺乏交往、单调孤寂、孤陋寡闻的乡下生活状态是费哈巴哈不彻底的唯物主义产生的重要原因之一。首先，这种与世隔离的生活使费尔巴哈不甚了解外部世界的重大变化，从而造成精神生产的原材料的匮乏，也限制了精神视域的拓展。因此，即使费尔巴哈在世时就看到了19世纪自然科学领域的三大发现——细胞学说、能量守恒与转化定律、达尔文进化论，但是这位在乡间过着孤寂生活的哲学家并不能对此予以充分关注和评价。其次，这种与世隔离的生活迫使这位比其他任何哲学家都更爱好社交的哲学家从他的孤寂的头脑中，而不是从同与他才智相当的人们的友好或敌对的接触中产生出自己的思想①，这就抑制了他的精神活力和精神创造力。费尔巴哈自己也说："孤独性就是有限性和限制性，集体性则是自由和无限性。"② 可见，精神交往的全面发展是促进人的全面发展的必要条件，而乐群则是精神交往全面深入发展的基本前提。

总之，无论是物质生产和精神生产的发展、物质交往和精神交往的发展，还是人的社会关系的全面发展，都需要人们具备乐群性。只有乐群，才能不断突破人们交往的局限性，促进物质交往和精神交往的发展，促进人的全面交往，从而形成全面的社会关系，为人们创造全面发展的条件，塑造人的全面性。

二　人的素质全面发展呼唤乐群教育

国民素质从根本上关乎一个国家的前途命运，也关乎人的全面发展的实现。素质是人们在先天的生理基础上，在后天的环境和教育影响下，通过社会实践活动形成的较为稳定的生理和心理品质。人的素质主要包括生理素质、思想政治品德素质、科学文化素质和心理健康素质等内容。人的素质的形成发展离不开人们的交往实践，离不开特定群体。苏霍姆林斯基

---

① 《马克思恩格斯选集》第4卷，人民出版社，2012，第236~237页。
② 〔德〕路德维希·费尔巴哈：《费尔巴哈哲学著作选集》上卷，荣震华、李金山等译，商务印书馆，1984，第185页。

说："个性是否丰满，即在智力、思想、道德、审美、创造性、情感、公民意识方面是否丰满，是由个人跟周围世界的交往与联系是否丰满决定的；而周围世界，首先是指人们及人们之间的交往与联系。"① 这里的"个性丰满"，实际上说的就是人的素质的全面发展。人的素质的全面发展是群体交往的产物，人的交往全面发展促进人的全面发展，主要是促进人的素质和能力的全面发展。乐群教育对于人的思想政治品德素质、科学文化素质和心理健康素质的发展具有重要作用。

（一）人的思想政治品德素质发展呼唤乐群教育

教育以育人为本、德育为先，而提高人的思想政治品德素质是德育的中心任务。可见，思想政治品德素质是人的素质的核心，是一个人的灵魂。因此，江泽民说："要说素质，思想政治素质是最重要的素质。"② 思想政治品德素质是人们在社会实践基础上，在外界环境和教育影响下形成的内在的、较为稳定的思想境界、政治素养和道德品质。

人们之所以需要思想政治品德素质，在于人是一定社会关系、一定社会群体中的人。只要存在两个及其以上的人，就需要人们达成一定的交往规则和言行规范。因此，只要存在一定社会关系和社会群体，就必然存在一定的思想政治品德要求，并要求人们将其内化为自身的思想政治品德素质，用以协调人际关系，维持一定群体和社会的正常秩序。可见，人的思想政治品德素质是在人与人之间的交往互动和相互影响中形成发展的。人们只有乐于与人交往结群，在群体中了解一定群体和社会的思想政治品德要求，学习一定的思想政治品德知识，感悟思想政治品德力量，践行思想政治品德要求，在交往互动中学习成长、反观自身，才能不断提高人们的思想政治品德素质。离开与他人的交往，离开一定群体，思想政治品德的形成就如无源之水，无本之木。因此，人的思想政治品德素质的形成发展，有赖于乐群教育对人们乐群性的培养，促进人们交往结群，在群体中成长发展，修炼自我。拿人的思想素质的形成发展来说，交往的局限性会极大地限制人的思维方式和思想视域。在封建社会，生产的孤立、分散、

---

① 〔苏〕瓦·阿·苏霍姆林斯基：《关于全面发展教育的问题》，王家驹、张渭城等译，湖南教育出版社，1984，第110页。
② 《江泽民文选》第2卷，人民出版社，2006，第332页。

封闭状态，导致人们大多过着"老死不相往来"的生活。这种生活境遇制约着人们的思想活力和创造活力，容易造就人们自利、涣散、保守、封闭、僵化、单一的思想倾向，从而使人成为孤立、片面、狭隘、单向度的人。可见，交往的局限性会在一定程度上阻碍人的思想政治品德素质的形成发展。

当然，良好的思想政治品德素质的形成发展，需要人们乐贤达之人、入先进之群。人是一定社会环境和文化的产物，周围人的思想政治品德素质直接影响一个人的思想政治品德层次。因此，孔子说："不知其子，视其父；不知其人，视其友；不知其君，视其所使；不知其地，视其草木。故曰：与善人居，如入芝兰之室，久而不闻其香，即与之化矣。与不善人居，如入鲍鱼之肆，久而不闻其臭，亦与之化矣。丹之所藏者赤，漆之所藏者黑，是以君子必慎其所与处者焉。"① 因此，结交贤达方能成君子。

（二）人的科学文化素质发展呼唤乐群教育

科学文化素质是人们在认识和改造世界过程中所具备的知识水平和精神状态，主要包括科学知识、科学思想、科学精神、科学方法和文化修养等内容。其中，科学精神是核心，而科学精神就是要求求真务实、开拓创新，科学精神的根本在于创新精神。正如江泽民所说："创新是一个民族进步的灵魂，是一个国家兴旺发达的不竭动力。科学的本质就是创新，要不断有所发现、有所发明。"② 人们科学文化素质的发展，也离不开与他人的交往活动，离不开一定群体，离不开乐群教育。

一方面，人的科学知识、科学思想、科学方法等方面的学习和掌握少不了与人的交流切磋。"闻道有先后，术业有专攻。"③ 每个人都有值得学习的优点和长处，只有善于向他人学习，才能不断提高自身的科学文化水平。"独学而无友，则孤陋而寡闻。"④ 与人疏离、孤立封闭容易使人的科学文化素质的形成发展受到限制。同时，一个科学文化素质水平高的群体，会在潜移默化中濡化涵养群体成员的科学文化素质。另一方面，最重

---

① （三国）王肃注：《孔子家语》，上海古籍出版社，1990，第43页。
② 《江泽民文选》第3卷，人民出版社，2006，第36页。
③ 《师说》。
④ 《礼记·学记》。

要的在于，人们往往在与他人的思想交流和碰撞中，受到启发和激励，从而激发人的创新精神，激活人的创新思维，培养人的科学精神，提高人的科学文化素质。因此，乐群教育有利于人们科学文化素质的形成发展。

（三）人的心理健康素质发展呼唤乐群教育

心理健康素质是人的素质的重要组成部分，也是其他素质的基础。心理出现问题，其他各项素质也难以提升。心理健康素质是人们在先天遗传素质的基础上，在社会环境和教育的作用下，在实践活动中形成的内在的、相对稳定的、积极的心理品质，直接关乎人的心理健康。心理健康主要表现为悦纳自我、接纳他人、适应社会、情绪稳定、心态良好、人格完整等。

人的心理健康素质的发展也需要乐群教育，原因在于人有精神交流、情感互动、寻求归属和被尊重等心理需要，这些心理需要只有获得满足，才能维持健康的心理状态，需求不满则容易造成一定的心理问题。而这些需要的满足，都必须进行人际交往，建立和谐的人际关系。因此，心理健康的一个重要特征也是必要条件，就是能够悦纳他人，与他人积极友好地互动，建立和谐的人际关系。而乐群意味着个体乐于与人交往，能融入一定群体之中，建立融洽的人际关系。因此，乐群本身就是心理健康的表现。相反，不愿与人交往，孤僻、自闭、冷漠，人际关系紧张，则是心理不健康的表征。[1] 同时，人际关系紧张还容易诱发孤独、焦虑、抑郁、精神失常甚至自杀倾向等严重的心理问题。在现代社会，受社会环境和个体自身条件等因素影响，人际疏离、交往障碍等原因造成的心理健康问题不容小觑。一项通过全国抽样调查得出的《中国青少年心理健康报告》显示，我国青少年主要存在情绪波动较大、人际交往不足、学业适应不良等心理健康问题。其中，情绪波动较大的重要表现之一就是普遍存在焦虑情绪，而造成焦虑的主要原因是人际交往障碍，"有 43.5% 的青少年在人际交往中有轻度及以上的焦虑，在人多的场合感到不安。"同时，青少年在人际交往方面也存在很多问题，表现为交往被动和普遍孤独。调查显示，36% 的青少年"很少主动联络朋友"，34.8% 的青少年"与别人交往时难

---

[1]　张大均：《大学生心理健康教育》，科学出版社，2010，第 8~9 页。

以敞开心扉"。可见，很大一部分青少年在人际交往方面消极被动，不善于表达情绪，难以深入交流。而这种人际交往状态容易造成人际交往不足和交往障碍，由此造成青少年普遍存在孤独感。调查显示，46.1%的青少年感到孤独。① 可见，解决因人际关系而造成的心理问题，已是一个迫在眉睫的任务。乐群教育正是针对此症的一剂良方，因为乐群教育能够帮助人们正确认识和处理人际关系、群己关系，培养人们的乐群性，更好地满足人的心理需求，促进人的心理健康。乐群是维持健康心理的重要条件。

此外，乐群还有利于人们在亲密交往与相互慰藉、扶持中纾解实际生活带来的紧张、压抑、悲观等负面情绪。人们在生产生活中总是遇到诸多困难与挫折，尤其在如今这样一个日新月异、急速变迁、竞争激烈的社会环境下，人们时常倍感紧张与压力。这些客观问题投射到人的心理层面产生的不良情绪，若一直积压发酵而得不到排解与释放，极易诱发心理障碍与心理危机。而排解不良情绪的一个重要途径，就是在人际交往中，尤其是在亲密的人际关系和初级群体中得到心灵抚慰与心理疏导。因此，提升人的心理健康素质，维护人的心理健康状态，需要乐群教育的支持。

三 人的能力全面发展呼唤乐群教育

能力是主体在认识世界和改造世界的活动中所表现出来的个性心理特征和本领，是主体内在素质的表现。素质是能力形成的内在基础，能力则是素质的外在表现。但人的素质与能力并非完全对应，素质转化为能力需要一定条件。素质高不代表能力一定强，能力强不代表相应的素质一定高。一种能力可能是多种素质的综合表现，一种素质也可能形成多种能力。② 人的能力的全面发展是人的全面发展的重要内容。马克思和恩格斯十分重视人的能力发展："工人们在自己的共产主义的宣传中说，任何人的职责、使命、任务就是全面地发展自己的一切能力"③。恩格斯说，共产主义者的目的是"把社会组织成这样：使社会的每一个成员都能完全自由

---

① 中国青少年心理健康调查课题组：《中国青少年心理健康报告》，中国科学技术出版社，2013，第17~18页。
② 陈金芳：《知识、素质和能力的辨证关系》，《广西教育》2006年第z1期。
③ 《马克思恩格斯全集》第3卷，人民出版社，1960，第330页。

地发展和发挥他的全部才能和力量"①。人总是在一定的社会关系、一定的社会群体中成长发展，一个人的能力的形成与发展也离不开周围人的作用和影响。因此，人的能力的全面发展同样需要乐群教育。

（一）劳动能力发展呼唤乐群教育

劳动"是一切人类生活的第一个基本条件，劳动创造了人本身"。② 劳动的发展是人的生存发展的基本前提和必要条件，而劳动的发展实质上是人的劳动能力的发展。劳动本身就是劳动能力的展现，而劳动能力是"人的身体即活的人体中存在的、每当人生产某种使用价值时就运用的体力和智力的总和。"③ 劳动是社会性的，人们总是结为一定社会关系、一定社会群体进行劳动，而作为劳动内核的劳动能力也具有社会性，也是在劳动过程中，在一定社会关系和社会群体中形成和发展的。因此，劳动能力的发展离不开他人，离不开社会群体，也离不开乐群教育。

人的劳动能力可以分为生产能力和生活能力。人们要在社会中生存发展，就必须学习社会中历史地形成和发展起来的生产技能和生活技能及与之相应的知识和经验。而这些知识和技能的习得，无疑需要人与人之间的交往互通和相互学习。例如，一般说来，儿童总是在父母的教育和引导下学习走路、穿衣、洗漱、吃饭等基本的生活技能，学习做简单的家务劳动等基本的劳动技能。当孩子长大后，他们又在学校、单位等群体中学习更为复杂的生产和生活技能，包括学习能力、处事能力和工作所需的专业技能等。总之，在人的每一个成长阶段，其相应能力的形成和发展都离不开与他人的交往和一定群体的支撑。人们总是把一定群体和社会的力量转化为自身的力量，一定群体和社会在根本上规定了人们能力的宽度和大小，一定个体的能力在不同程度上体现了一定群体和社会的力量。因此，人的劳动能力的发展需要人们具备乐群性，需要乐群教育。只有在群体中，才能更好地发展人的劳动能力。

同时，人的劳动能力又分为个体能力和群体能力。人的劳动具有社会性，人们常常以群体的形式进行劳动。因此，个人劳动能力的发展，意味

---

① 《马克思恩格斯全集》第 42 卷，人民出版社，1979，第 373 页。
② 《马克思恩格斯选集》第 4 卷，人民出版社，1995，第 373～374 页。
③ 《马克思恩格斯全集》第 21 卷，人民出版社，2003，第 434 页。

着个人所在群体的劳动能力的整体提升。并且，这种群体劳动能力的提升，不是个体劳动能力的简单相加，而是在相互协同中形成的整合力、集体力，是力的升华，是新力量的创造。正如马克思所说："这里的问题不仅是通过协作提高了个人生产力，而且是创造了一种生产力，这种生产力本身必然是集体力。"① 因此，乐群教育意味着引导人们融入一定群体之中，在内化群体劳动能力而提升自身劳动能力的同时，充分发挥人的主观能动性，并在群体协作、优势互补、力量强化中，提升群体的整体劳动能力，创造一个更大的集体力。

（二）社会交往能力发展呼唤乐群教育

作为社会人，社会交往能力是人的能力的一项重要指标，社会交往能力的发展是人的全面发展的重要内容。生活在现实社会中的人，几乎每天都会与周围人打交道，时刻处于特定的社会关系和社会群体之中。尤其在现代社会，人与人之间的交往互动甚为频繁，人与人之间的相互联系颇为广泛，更加需要社会交往能力的培养，以妥善处理人与人之间的相互关系，建构和谐的人际关系，促进人的健康发展、全面发展。毫无疑问，社会交往能力的形成和发展无法脱离与他人的交往，无法脱离一定的社会群体。社会群体是培养人的社会交往能力的土壤，乐群则是提高人的社会交往能力的重要途径，因此，乐群教育有利于社会交往能力的提升。

首先，乐群增加了社会交往的机会。若要培养歌唱能力，须在平日里进行发声练习、唱歌训练；若要培养运动能力，须在运动场上勤加练习、挥汗如雨。同样，若要培养社会交往能力，须创造与人交往和相处的机会与平台，在交往相处中训练自身的各项社交能力。这就首先要求人们具备乐群亲众的特质，愿意与人结交，在群体中学习人际交往的礼仪、原则与艺术等。

其次，乐群有利于提高人的社会交往能力。社会交往能力主要包括沟通能力、相处能力、协作能力等。无论哪一项能力的发展，都不可能脱离他人和群体。沟通能力又包括表达能力和理解能力。其中，语言表达能力是沟通能力的关键，而语言表达能力也是在与人的交往中形成和发展的。

① 《马克思恩格斯全集》第 23 卷，人民出版社，1972，第 362 页。

劳动必然促使社会成员相互交往结合，而交往需要思想与行为的沟通，但思想不是直接的现实，它只能通过语言这个外壳和载体表达出来，实现与他人的思想交流和行为交流。因此，当人们彼此之间不得不说些什么的时候，需要也就促使了语言的产生。[①] 因此，马克思和恩格斯说："语言和意识具有同样长久的历史；语言是一种实践的、既为别人存在因而也为我自身而存在的、现实的意识。语言也和意识一样，只是由于需要，由于和他人交往的迫切需要才产生的。"[②] 语言表达也是一项熟能生巧的技能，很多人会有这样的生活体验：若是有一段时间哪怕只是几天不与人交流，再次交流时常有语塞之感，语言表达能力出现不同程度的退化。还有一种值得注意的现象，即很多孤僻和喜欢独处的人语言表达能力不是很强。理解能力同样需要多与人交往沟通，才能更好地了解他人的特点，理解他人的想法，接纳他人的优点与不足，实现有效而愉快的沟通。

相处能力主要是指人与人之间相处的原则和技巧。与人相处是一门艺术，须勤加修炼，方能有所得。每个人都是独特的存在，都有各自的思想和行为方式，若要和谐相处，必须遵循一定的交往规则。比如尊重、真诚、守信、宽容、热情等，都是最基本的交往规则。而这些规则的学习与践行，都离不开与人的交往。乐群不仅本身就蕴含尊重、真诚、守信、宽容、热情等与人交往的基本要求，同时，乐群也创造了在群体交往中学习、体悟和践行交往规则与技巧的场域。

协作能力是沟通能力、相处能力等社会交往能力的综合表现与运用。人与人之间的交往，在很多情况下都是以协作形式出现的。协作本就是交往产生的缘由，也是交往的最初形式和基本形式。因此，协作能力的形成发展更少不了与人交往结群。而团结协作是乐群的必然要求，也是乐群教育的重要内容。因此，乐群教育有利于人的协作能力的提升。

（三）自我改造能力发展呼唤乐群教育

人类的实践活动主要包括改造自然、改造社会和改造自我三种类型，这三种活动是同时进行的，三者相互联系、相互渗透、不可分割。自我改

---

① 《马克思恩格斯选集》第 3 卷，人民出版社，2012，第 991 页。
② 《马克思恩格斯选集》第 1 卷，人民出版社，2012，第 161 页。

造是一个长期的、复杂的、艰巨的过程，伴随人的一生。人人需要改造、时时需要改造。只有在生活、学习和工作中不断改造自我，才能逐步克服自己的缺点和不足，走向全面发展。"整个历史也无非是人类本性的不断改变而已。"① 因此，自我改造是一种重要能力，也是实现人的全面发展不可或缺的内容和条件。

自我改造有很多方法，比如，在实践中改造、在学习中改造、在激励中改造、在约束中改造、在反省中改造、在批评与自我批评中改造，等等。然而，无论哪种自我改造，虽是主体的自我教育和自我改变，但实际上都是主体在外界环境影响和刺激下而做出的自觉反应。自我改造离不开他人、离不开群体。他人既是自我改造的动因，也是自我改造的参照物。乐群教育有利于人们在相互对比参照中相互学习、相互监督、相互激励和相互改造，从而促进人的自我反思、自我改造和自我提升。

首先，乐群能促进人们在相互学习中提升自我。每个人都有闪光之处，都有值得学习的地方。身在一个群体中，便是有众多相互学习、启发砥砺的机会，对于一个人素质和能力的提升具有很大帮助。其次，乐群能促进人们在相互监督中约束自我。每个群体为了维持群体秩序，促进群体发展，实现群体目标，都会制定相应正式的或非正式的规则，形成一种群体约束和群体监督环境，从而促进群体成员的自我管理和自我约束。再次，乐群能促进人们在相互激励中开发自我。人们在群体中必定存在竞争，而竞争能激发人的潜能，激励人进步，从而促进人的自我开发与自我激励。最后，乐群能促进人们在相互映照中反省自我。认识自己是一件十分困难的事情，人们往往在与他人的对比中，才能更好地看清自己、了解自己。正所谓"以人为镜，可以明得失"②。身在群体之中，便是有无数面镜子，清楚而全面地映照出自身的缺点与不足，促进人们反躬自省，常思己过，进而更好地改造自我。

总之，只有在群体中，个人才能摆脱自身的局限性和有限性，获得全面发展的条件和手段，乐群教育是人的全面发展的重要途径。

---

① 《马克思恩格斯选集》第 1 卷，人民出版社，2012，第 252 页。
② 《旧唐书·魏征传》。

第三节 乐群教育是生产社会化的必然要求

乐群教育不仅是适应人的发展需要提出的，也是适应社会发展需要提出的。乐群教育首先是生产社会化的必然要求。生产社会化是由孤立的、分散的、小规模的个体小生产，转变为统一的、集中的、大规模的社会生产过程。随着生产力的发展，生产社会化的广度和深度不断拓展。生产的社会化必然推动科技的快速发展，科技进步反过来又会促进生产社会化的发展。现代的社会化大生产更是建立在科技高度发达的基础上，不仅如此，生产的高度社会化本身就包含了科技的高度社会化。而生产高度社会化与科技高度社会化，必然带来社会的高度组织化，人与人之间的社会联系越来越紧密，相互依存度越来越高，人们越来越从属于纷繁复杂的社会群体。这就要求人们顺应社会发展趋势，适应生产社会化、科技社会化和社会组织化的需要，开展乐群教育，培养人的乐群性，这是现代化对人们提出的新要求。然而，伴随生产社会化的发展，市场经济的弊端、信息交往的悖论、人的个体化趋势又在消解人的群体化倾向。一面是生产社会化对人们乐群性的需求，一面是生产社会化带来的乐群危机，破解这一悖论，更加需要发挥乐群教育的作用。

一 生产的高度社会化要求乐群教育

生产的高度社会化是以社会分工的高度细化和深化为前提的，而分工的高度细化和深化必然要求人与人之间密切协作。这就需要开展乐群教育，引导人们正确认识和处理人与人的相互关系，促进人与人的紧密合作，更好地促进生产大发展。同时，伴随生产的高度社会化和市场经济的发展，人与人之间的关系披上了物化的外衣，利益矛盾也愈发错综复杂，进而又导致现实人际关系的冰冷疏离，所以更加需要乐群教育。

（一）分工的不断深化要求人们紧密协作

人之己力总是有限，要想获得更好的生存发展条件，必须结为群体，并在群体分工中合作，完成各自的任务，形成群体合力。孟子曰："有大人之事，有小人之事。且一人之身，而百工之所为备，如必自为而后用之，是率天下而路也。故曰，或劳心，或劳力；劳心者治人，劳力者治于人；治于人者食人，治人者食于人，天下之通义也。"① 这段话虽有阶级局限性，但其中蕴含的分工理论不乏一些道理。一人不能身具百工，否则人们都会疲于奔命。只有分工协作、支撑互助，才能更好地生存发展。分工是生产力发展的结果，随着生产力的发展，社会分工也不断细化、深化。而与分工相伴而生的是协作，即一些人在同一生产过程或相关联的不同生产过程中有组织地协同劳动。有分工就会有协作，分工的不断细化与深化，必然带来协作的广泛与紧密。而协作必然要求人们乐群，才能开展更加友好、高效的协作，更好地促进生产社会化。

"分工起初只是性行为方面的分工，后来是由于天赋（例如体力）、需要、偶然性等等才自发地或'自然地'形成的分工。分工只是从物质劳动和精神劳动分离的时候起才真正成为分工。"② 在人类诞生之初，分工首先是性行为方面的分工，为了繁殖后代，这时的协作只是生育的协作。与人自身的生产同时发生的是直接生活的生产，即食物、衣服、住房以及为此所需的工具的生产。在直接生活的生产中，首先因男女的天然生理差异，也就是"天赋"差异，造就了两性的自然分工，男子主要负责获取食物、建筑房屋、保卫安全及为此所需的工具制造等，女子则主要负责生育子女、制备衣食等。这种分工带来的是男女在家庭生活中的简单协作。其次，因个体力量不足，原始人一般采取集体行动，如共同采集果实、狩猎、筑屋、守卫等。在这种集体劳动中已存在简单、初级的分工与协作关系，如共同围猎一头野兽时，必然有人作为实际上的"首领"负责指挥，有人踩点，有人佯攻，有人包抄，等等。但这种简单协作还如同畜群一般，像狼群围捕猎物一样，只是自发的、本能的、简单的协作关系。此外，不同原始群落的地理环境不同，"靠山吃山，靠水吃水"，使得人们的需要、劳动方式与劳动产品产生差别，当劳动产品出现少量剩余时，可能就会与其他群落发生偶然的不同产品的交换，从而发生地域间的分工与协作。但从总体上讲，这一时期的自然分工基本只是不同性别和地域的人们

---

① 《孟子·滕文公上》。
② 《马克思恩格斯选集》第 1 卷，人民出版社，2012，第 162 页。

分属于不同的劳动范围，劳动仍是综合性的，没有实现劳动本身的分化与独立，也没有形成劳动主体的固定职能。① 因此，并没有形成真正的社会分工，当然也没有真正意义上的生产社会化，而是个体劳动者使用简单的手工工具和自有的生产资料进行的小生产。人与人之间的协作也十分简单、松散，人与人之间的关系还不是很紧密。

真正的社会分工始于畜牧业与农业的分离，其后又发生了农业与手工业的分离、商人阶级的形成，这是人类历史上发生的三次意义重大的社会大分工。随着生产力的发展，分工引起了新的分工，农业、工业等内部又出现更为精细的分工。既有不同生产部门之间的分工，也有同一生产部门内部的分工；既有同一地区内的分工，也有跨地区的分工。生产的社会化程度也越来越高，经历了从分散的手工工场到集中的手工工场，再到以机械化大生产为标志的社会化大生产。大工业又创造了交通工具，开辟了世界市场，分工与协作已经不再局限于一个地区、一个国家范围内，而是冲破了地域限制，成为全球性的，生产的社会化已经走向生产的全球化。一部 iPhone 就是生产全球化的缩影，iPhone 的芯片由英国 ARM 公司供应，触摸屏在中国制造，处理器、内存、电池等在韩国生产，大量高端零部件由日本供应，玻璃由康宁生产并在中国加工，其他许多零部件在中国台湾地区进行生产，富士康则负责总组装。

与分工发展和生产社会化、全球化相适应的，是人与人之间从简单协作到复杂协作、从小规模协作到大规模协作的发展，人与人之间的联系也从孤立松散变为更加复杂紧密。与小农生产时期不同，"小农人数众多，他们的生活条件相同，但是彼此间并没有发生多种多样的关系。他们的生产方式不是使他们互相交往，而是使他们互相隔离。"② 因为小生产排斥分工，排斥协作，也就排斥交往，排斥他人，人们过着"老死不相往来"的生活。但在今天这样一个生产高度社会化的时代，随着分工的深入发展，尤其在一个生产单位内部，每个人的专业化水平提高，但全面性不足，人与人之间更加相互需要，更加要求团结合作，人与人之间的相互关系更加紧密。现代社会已进入一个"大"时代，许多事业都冠以"大"的名号，

① 刘佑成：《社会分工论》，浙江人民出版社，1985，第 45 页。
② 《马克思恩格斯选集》第 1 卷，人民出版社，2012，第 762 页。

如"大科学""大教育""大工程"……"大"说明在现代社会，分工越来越细化，许多事业的完成，光靠个人能力是远远不够的，而是必须加强合作。这就对人们的乐群性提出要求，因为只有具备高度的乐群性，才能有自觉的协作意识、团结精神和互助行动。只有高度的团结协作，才能发挥集体合力，提高生产效率，进一步促进生产发展和生产社会化进程。一旦人们的协作错位，整个相互关联的生产链条都将梗阻甚至断裂，从而影响生产的发展。因此，分工的深入发展及由此带来的协作要求，亟待开展乐群教育，培养人们的乐群性，促进人们团结互助、通力合作。

（二）缓解市场经济造成的人际疏离需要乐群教育

"徐州古丰县，有村曰朱陈。去县百余里，桑麻青氛氲。机梭声札札，牛驴走纭纭。女汲涧中水，男采山上薪。县远官事少，山深人俗淳。有财不行商，有丁不入军。家家守村业，头白不出门。"① 白居易这首《朱陈村》描绘了一幅唐代自给自足的小农经济生活画卷。实际上，在小生产方式占统治地位的古代社会，多是白居易所描绘的这般自给自足的自然经济，劳动产品基本只够满足自家所需，偶有家庭会把为数不多的剩余产品拿到市场上交换。所以，古代的商品经济并不发达，市场的作用也不明显。但随着生产力的发展，劳动分工逐渐深化，生产出现社会化趋势，市场的作用日益凸显。首先，市场提供了一个交换因不同分工所生产的不同劳动产品的平台，通过这个平台，才能满足人们各自不同的需求。其次，市场是不同商品供需情况的显示器，通过这个显示器，生产者才能了解人们的消费需求，从而调节生产结构与规模。再次，市场是一个角斗场，激烈的竞争迫使生产者不断改进生产技术，提高生产效率。最后，市场也是调节和优化资源配置的无形之手，促使各种生产资源的效用得到充分发挥。改革开放以来，我国实行社会主义市场经济体制，经济发展取得了世人瞩目的成就。事实证明，社会主义市场经济是社会化大生产的必然选择，也是发展生产力的重要途径。因此，《中共中央关于全面深化改革若干重大问题的决定》进一步提出，要"使市场在资源配置中起决定性作用

---

① 谢思炜：《白居易诗集校注》第 2 册，中华书局，2006，第 777 页。

和更好发挥政府作用。"① 总之，生产的社会化必然要求市场经济，反过来，市场经济的发展，又会进一步提高生产社会化程度和生产力发展水平。

市场经济对人际关系具有重要影响，在促进人际关系平等、自由、开放的同时，也带来了负面作用。古语有云："天下熙熙，皆为利来；天下攘攘，皆为利往。"② 马克思也说："人们为之奋斗的一切，都同他们的利益有关"③。市场经济更是将人们领进一个普遍而深入的物质交往世界，金钱交易、利益交换从经济领域蔓延到人类生活的其他领域，人际关系同样被蒙上利益的迷雾，人与人之间很多时候都赤裸地表现为利益交换关系，人际交往所含的情感成分在降低，功利成分在增加。在利益面前，过往的同乡情、同窗情、战友情、爱情甚至亲情的交往基础和影响力都在不同程度上被削弱，共同的利益更容易建立起人际关系，但这种以利益为交往基础建立起来的人际关系稳定度很差，正如古人所言："以势交者，势倾则绝；以利交者，利穷则散。"④ "以财交者，财尽则交绝"。⑤ 江泽民同志说："市场经济活动存在的弱点及其带来的消极影响，反映到人们的思想意识和人与人关系上来，容易诱发自由主义、分散主义和拜金主义、享乐主义、利己主义"⑥。由市场经济带来或是强化的个人主义、利己主义容易使人们变得互相排斥、孤立隔绝，只顾自己的私人利益，而对他人漠不关心，进而导致人际关系的冷漠疏离，以致路遇老弱不相助、路见不平不过问的现象频频出现。

总之，市场经济在促进生产社会化和生产力发展的同时，也给人际关系带来许多挑战。构建和谐的社会主义人际关系必然需要乐群教育。乐群教育能引导人们正确认识和处理人与人、人与群体、人与社会之间的利益关系，促进人与人之间构建积极健康、和谐友善的人际关系，帮助人们更好地融入群体，促进人与人、人与群体、人与社会的和谐发展。

---

① 《习近平谈治国理政》，外文出版社，2014，第 95 页。

② 《史记·货殖列传》。

③ 《马克思恩格斯全集》第 1 卷，人民出版社，1956，第 82 页。

④ 《中说·礼乐》。

⑤ 《战国策·楚一》。

⑥ 《江泽民文选》第 3 卷，人民出版社，2006，第 81 页。

二 科技的高度社会化要求乐群教育

生产的高度社会化必然带来科技的高度社会化。科技本身就是一种重要的生产要素，并在社会化大生产中扮演越来越重要的角色。因此，生产的高度社会化内蕴科技的高度社会化。同时，生产的高度社会化必然要求科技的高度社会化。生产的发展始终离不开科技创新与进步，科技是生产发展的结果。恩格斯说，因游牧民族和农业民族定季节的需要，天文学应运而生。而天文学需要数学的支撑，因此数学开始发展。① "随着城市和大型建筑物的出现以及手工业的发展，有了力学。不久，力学又成为航海和战争的需要。——力学也需要数学的帮助，因而它又推动了数学的发展。" ② 生产的发展也依赖技术的进步，手工工具产生的是小生产，智能机器产生的是社会化大生产。技术的需要也推动了科学的发展，技术在很大程度上正是科学的转化。总之，"科学技术是第一生产力。" ③ 生产催生了科技，科技又反过来推动生产力进一步发展。同样，生产社会化催生了科技社会化，而科技社会化又推动了生产社会化的进一步发展。生产社会化的过程也是科技发展进步和科技社会化的过程。生产的社会化程度标志着生产力的发展程度，同样，科技的社会化程度标志着科技的发展程度、生产社会化的程度和生产力的发展程度。在生产社会化的历史进程中，每一次进步都伴随着科技革命的发生，不断推动生产社会化更进一层，推动生产力更进一步。

总之，科技高度社会化是生产高度社会化的题中之义和必然结果，而科技高度社会化的核心表现是科技的高度分化与综合和科技主体的高度社会化，这必然要求科技人员的高度群体化、组织化，要求科技人员紧密协作、联合攻关。这就要求开展乐群教育，促进人们乐群合众，协同创新，进而推动科技进步与生产力发展。然而，科技的高度社会化也造成人的异化，出现"群体化孤独"现象。化解科技高度社会化带来的人际交往风险，更需加强乐群教育。

① 《马克思恩格斯选集》第4卷，人民出版社，1995，第279页。
② 《马克思恩格斯选集》第3卷，人民出版社，2012，第865页。
③ 《邓小平文选》第3卷，人民出版社，1993，第274页。

（一）科技的高度分化与综合要求人们协同创新

科技的高度分化与综合是科技高度社会化的突出表现和发展大势，而科技的高度分化与综合，势必造成科技活动主体的高度社会化和组织化，进而要求科技活动主体的协同创新与联合攻关。这就需要加强乐群教育，促进人们紧密协作，推动科技创新进步。

科技的分化，主要在于科学研究对象的分化、细化、深化，在原有基本学科基础上分化出各具特色的分支学科，产生相应技术，从而带来科技的分化。科技的综合，源于科学研究在分化的基础上，针对同一研究对象又出现了多学科的相互交叉、渗透与融合，形成了内涵丰富的综合学科，产生相应技术，从而带来科技的综合。科技的分化与综合是辩证统一的，科技分化必然造成科技综合，而科技综合可能又会造成科技进一步分化。

科技的分化与综合是科技发展的标志，也是分工在科技领域内的具体化。在分工还不发达的古代，社会生产力低下，对科技的需求还不明显。因此，科技活动及其分工也十分有限，所以才会出现像文艺复兴时期那样一个生产"在思维能力、激情和性格方面，在多才多艺和学识渊博方面的巨人"[1] 的时代。"那时，几乎没有一个著名人物不曾作过长途的旅行，不会说四五种语言，不在好几个专业上放射出光芒"[2]，如达·芬奇、丢勒、马基雅弗利、路德、海涅等。这恰是分工还不深入、社会关系还不丰富的结果。然而，随着分工在科技领域的进一步发展，科技人员都成为术业有专攻的"专家"，研究领域更窄，专业性更强，若不与其他"专家"协作，很难完成重大的科技创新项目。过去那种百科全书式的学者，在很长一段历史时期内，恐怕难以再现。现代社会已进入"大科技"时代，"大科技"意味着规模更大、团队更大、贡献更大，要靠众人的联合攻关、靠群体的智慧才能来解决问题。所以，现代社会存在广泛的科研团体，如高校的科研团体、企业的科研团队、政府直属的科研机构和社会上独立的科研组织等。大型科研项目甚至由跨越不同专业、不同行业、不同地区、不同国家的科研共同体承担，开展大规模协同创新与合作研究。

---

① 《马克思恩格斯选集》第 3 卷，人民出版社，2012，第 847 页。
② 《马克思恩格斯选集》第 3 卷，人民出版社，2012，第 847 页。

以新中国成立初期原子弹的研发为例，"据国防科委当时统计，在原子弹研制的关键阶段，全国先后有 26 个部委、20 个省市区，包括 900 多家工厂、科研机构、高等院校以及解放军各军兵种参加了攻关会战。在尖端技术、专用设备和新型材料方面，仅中国科学院就有 20 多个研究所参与。国防科委、冶金部、化工部、石油部、机械部、邮电部以及航空、电子、兵器等国防工业各部，外加清华大学、南开大学，解放军各总部、各军兵种、防化研究院、军事工程学院、军事医学科学院等等，帮助解决了近千项课题。"[1] 正是在由周恩来任主任的中央专委的统一领导下，倾全国之力的协同研发，才完成了这场原子弹研制的攻坚战，奠定了我国科技发展和国防建设的重要基础。同样，神舟系列飞船、"嫦娥"系列探月卫星等重大航天工程，都是联合攻关的成果。

在生产全球化的今天，科技全球化的趋势也日益加深。许多关涉人类整体福祉和前途命运的巨型科技研发工程，需要耗费大量的人力、物力、财力，仅凭一国之力单打独斗，定是无法胜任，而是必须举全球之力，聚人类之智慧，跨国、跨学科协同研究，才能共同攻克世界性的科技难题，如阿波罗计划、人类基因组计划等，都是人类集体的贡献。以 1990 年启动的人类基因组计划来说，这项旨在破译人类基因密码的宏大科研工程，由美、英、法、德、日、中等国科学家共同参与。在各国通力合作下，历时 13 年，最终成功绘制出人类基因组序列图。[2]

科技的高度分化与综合，意味着科技工作者的高度专业化。科技工作者越来越离不开与他人的交往和协作，越来越离不开组织和团队。这就要求科技人员必须具备乐群性，认识到个人才能的有限性，从而自觉融入一定群体中，增强大局意识，发扬团结合作、敬业奉献、共创共享精神，在实现个人价值的同时，推动我国乃至人类的科技发展和进步。

（二）化解科技发展带来的人际关系危机需要乐群教育

科技的高度社会化使人类生活在一个科技无处不在的时代，衣、食、住、行、用等几乎所有社会生活领域都有科技的影子。科技改变了人们的

---

[1] 张胜：《从战争中走来——两代军人的对话》，中国青年出版社，2008，第 259 页。
[2] 贺林：《解码生命——人类基因组计划和后基因组计划》，科学出版社，2000，第 5 页。

生产生活方式，也改变了人们的交往方式和精神世界。然而，科技在提供交往便利的同时，又制造了交往障碍，带来了交往危机。我们有更多方便快捷的科技产品提供越来越多的人际交往机会和平台，但人们的心灵距离反而越来越远；人们虽然身处群体之中，却又时常陷入"群体性孤独"的深渊。"问题和解决问题的手段同时产生"①，解决问题的手段又带来新的问题。人类发明出来用于造福自身的技术手段，又成为制约甚至奴役人类的异己力量，这就是科技异化现象。尤其是互联网的出现，带来了人类交往方式的巨大变革，而它在交往领域造成的异化也是空前的。

首先，人际交往减少导致人际疏离。人本是最爱群居的动物，但互联网使人们普遍患上"网瘾症"，人们对网络的依赖甚至超过对人的依赖，人们越来越亲近网络，而疏离他人。如今，人们足不出户便可通过网络进行工作、购物、聊天、娱乐等，大大减少了人际交流尤其是面对面交流的机会，从而造成人际的疏远与隔离。纵使身在人群之中，人们依然沉醉于自己的网络世界。与亲人相聚时，不是闲话家常，而是自顾自地玩电脑、看手机；与恋人约会时，不是亲密交流，而是各自打游戏、看电影；与朋友聚会时，不是叙旧谈心，而是各自刷朋友圈。

在这个"低头时代"，人们无暇关注他人，甚至无暇观照自己的精神世界。人们身在一起，心却不在一处；人们看似在独享自己的精神世界，灵魂却无处安放。人们因过度醉心于网络，而疏离了他人、自我和真实的生活，人际关系变得疏离淡漠，精神世界变得空虚寂寥。2012 年，《中国青年报》社会调查中心对全国 31 个省份的 16491 人进行了大规模调查。调查中，92.0% 的人表示每天上网，46.6% 的人能忍受 1 天以上不上网，22.4% 的人能忍受 3 天以上不上网，可见人们对网络的依赖之深。同时，75.0% 的人表示周边有青年存在"网络孤独症"，34.4% 的人表示自己就有"网络孤独症"。另外，83.2% 的人坦言网络改变了自己和周边人的性格。具体表现为，63.6% 的人认为过度上网使人"变得内向"，57.3% 的人认为整天上网让人"更孤独"，34.8% 的人认为网络会让人"情绪低落"。结论就是："上网强迫症"与"网络孤独症"是青年两大最常见的

---

① 《马克思恩格斯选集》第 2 卷，人民出版社，2012，第 131 页。

症状。① 因此，约翰·奈斯比特早就如此担忧："科技的确已在使人疏离人、疏离自然、疏离自我。科技会造成实质与情感上的距离，把人剥离自己的生活。科技给我们的回馈难道就是孤独？"② 雪莉·特克尔也叹道："我们在网络上与他人的联系越来越紧密，却变得越来越孤独。"③

其次，面对面交流减少造成交往障碍。互联网打破了人际交往的时空阻隔，创建了人际交往的虚拟世界，却挤压了人际交往的物理空间。人们从面对面交流转向更为经常的互联网交流，这直接造成两个后果：一方面是人际关系淡漠。人类为了更好地交流，不断发明出新的传播媒介。但人们使用的沟通媒介越多、越快捷，可能交流越是匮乏、越是浅层、越是困难，因为人们用过多媒介交流代替了面对面交流。媒介越多，人们传递的信息丢失越严重，呈现越不完整，也就不利于深层次交流，从而容易造成人际交往的淡漠、隔阂甚至人际信任危机。人们似乎在虚拟世界亲近了，却在现实世界疏离了。相反，面对面交流具有不可替代的优势，它能呈现完整的交流情境，可以通过语速、语气、语调、表情、手势、动作等多样化的方式传递信息，更能促进人们彼此的精神交流和情感互动，从而增进理解，亲密关系。因此，著名的跨文化传播学者温迪·利兹－赫尔维茨说："只有面对面交流才是完整的交流形式。"④

另一方面是交往能力退化。人类的语言是在人与人的交流中形成发展的，也会随着交流的缺失而逐渐退化。在现代社会，人们越来越习惯于网上交流，用文字、符号、音频、视频等方式沟通，而真实生活中的社交活动大大减少，这就容易使人们在现实交往中的语言表达能力、理解能力和交往技巧日趋退化。很多人在网上与人交流时可以侃侃而谈，网下与人面对面交流时却显得拘谨语塞，甚至出现沟通障碍和社交恐惧等问题，进而造成人际交往危机。虚拟世界与现实世界有所不同，通过电脑与人打交道

---

① 洪欣宜、黄冲：《万人民调：83.2%受访者坦言网络改变了自己的性格》，《中国青年报》2012年5月24日。
② 〔美〕约翰·奈斯比特：《高科技·高思维 科技与人性意义的追寻》，尹萍译，新华出版社，2000，第27页。
③ 〔美〕雪莉·特克尔：《群体性孤独》，周逵、刘菁荆译，浙江人民出版社，2014，第1页。
④ 转引自单波《超越跨文化传播的现实鸿沟——访美国跨文化传播学者温迪·利兹－赫尔维茨教授》，《中国社会科学报》2012年5月23日。

跟与人面对面打交道是不同的，只有经常与人面对面沟通交流，才能提高交往能力。

科技异化是科技进步的结果，科技越发达，异化越尖锐。解决科技异化问题，驾驭科技的力量，关键在于如何使用科技，包括何时使用科技、在多大程度上和多大范围内使用科技。乐群教育正是化解科技异化造成的人际交往危机的重要手段。乐群教育能使人们理性看待科技对于人类交往关系的作用，善用科技成果以增进人际交流，同时又帮助人们从几乎全部被网络占领的生活中抽离，回归自我，回归现实生活，回归群体，多与人交往互动，重拾与家人围炉夜话的家庭生活，恢复与朋友逛街喝茶的闲暇生活，习惯用语言和行动而非数据和符号来传递感情，缓解科技发展尤其是信息技术带来的人际疏离、孤立和冷漠等问题，超越孤独。

三　社会的高度组织化要求乐群教育

生产的高度社会化和科技的高度社会化必然带来社会的高度组织化，社会的高度组织化必然要求人的高度结合。然而，伴随社会的高度组织化出现了另一种与之相背离的趋势，即社会的个体化。这就提出了乐群教育的需要，乐群教育有利于顺应社会的高度组织化发展大势，缓解社会个体化带来的人际关系问题，促进人的高度结合。

（一）社会的高度组织化要求人的高度结合

生产本身蕴含着自然和社会的双重属性。在生产过程中，人们不仅与自然界产生关系，也要与他人形成一定的社会关系，结为一定的社会群体。并且，生产越是发展，人与人之间的相互依存性越强、社会结合度越高，个人越是离不开他人、群体和社会，社会的群体化、组织化水平越高。生产的高度社会化就是生产的高度集中化、一体化、大型化，而生产的高度集中化、一体化、大型化，包括科技的高度分化与综合，必将带来社会的高度群体化、组织化。

组织是人们为了实现共同目标，按特定的结构形式、制度规范结合起来并不断进行自我调适的群体。它是一种具有明确目标、严密结构和具体分工的社会群体形式，也是人们活动的基本形式和社会存在的基本构成方式，"表示转变成某种性质或状态。"① 社会组织化就是社会成员越来越以组织的形式进行生产生活和自我管理，人们的结合度越来越高，社会越来越自觉有序。人作为认识世界和改造世界的主体，其发展规律就是主体的范围不断扩大，从原始社会的群主体，到阶级社会的集团和社会总体，直到共产主义社会自由自觉的类主体。② 同时，主体之间的相互依存度与结合度也不断提高，人们的生存和发展越来越离不开他人、群体、社会甚至全人类的发展。

在原始社会，生产力水平低下，分工不发达，人们生活在一个以血缘关系为纽带的大型群体中，或是家庭，或是氏族，或是部落，这个群体就是一个统一的社会组织整体。在原始社会后期，分工和生产有所发展，大型社会群体逐渐解体，分化为较小的群体和组织，如家庭和各种经济、政治、文化等组织和团体。直到奴隶社会和封建社会，形成了男耕女织、自给自足的社会景象，人们大多生活在人数较少、关系较为紧密的初级群体中，如宗族群体、小村庄等。进入工业社会以来，随着生产力的发展，生产的社会化水平大大提升，由于分工与协作的需要，人们越来越从属于一个较大的生产组织，如大型企业。以往孤立、分散、小型的初级群体逐渐融合为较大的社会组织。在生产全球化的背景下，社会组织向国际组织发展，组织的规模更大，例如跨国公司。以往工场手工业时期，一个生产组织不过几十或上百人。现如今，大型企业员工人数动辄几十万或上百万人。

民政部发布的《2017 年社会服务发展统计公报》显示，截至 2017 年底，全国共有社会组织 76.2 万个。其中，社会团体为 35.5 万个，包括工商服务业、科技研究、教育、卫生、社会服务、文化、体育、生态环境、法律、宗教、农业及农村发展、职业及从业组织类等；基金会为 6307 个，包括公募基金会、非公募基金会等；民办非企业单位 40.0 万个，包括科技服务、生态环境、教育、卫生、社会服务、文化、体育、法律、工商业服务、宗教、国际及其他涉外组织类等。自 2010 年以来，我国社会组织的数量不断攀升，大体情况如图 3 - 1 所示。

---

① 辞海编委员会：《辞海》，上海辞书出版社，1999，第 589 页。
② 高清海：《马克思主义哲学基础》下册，北京师范大学出版社，2012，第 146 页。

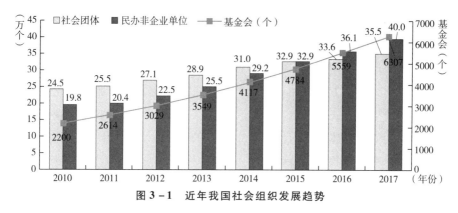

图 3 - 1 近年我国社会组织发展趋势

数据来源：《2017 年社会服务发展统计公报》，中华人民共和国民政部网站，http://www.mca.gov.cn/article/sj/tjgb/2017/201708021607.pdf，最后访问日期：2019 年 11 月 29 日。

上述虽是社会组织的发展情况，还不包括其他类型的组织，但仅从此看，我国社会的高度群体化、组织化程度已可见一斑。今后，伴随生产高度社会化和科技高度社会化的发展，社会组织可能发展得更繁杂、更庞大，社会的组织化程度会越来越高，人们的相互依赖性会越来越强，相互关系也会越来越紧密。这就需要开展乐群教育，引导人们正确认识和处理人与人的相互关系，积极融入一定组织和群体，促进人们和谐共处、亲密合作、高度结合，从而适应社会的高度组织化发展。

（二）直面社会个体化带来的人际关系风险需要乐群教育

在现代社会，伴随社会的组织化发展，又出现了社会的个体化趋势。社会的个体化在一定程度上正在消解人的组织化倾向，也在消解人的乐群性，带来人际关系风险。因此，直面社会个体化带来的人际关系风险，促进人的高度结合，培养人的乐群性，也需要乐群教育。

原始社会是一个共同生产生活的整体化社会。进入阶级社会以来，尤其是奴隶社会和封建社会，大型整体化社会分化为各个孤立的、小型的、松散的群体，形成群体化社会。而进入工业社会以来，社会化生产又将这些分化而松散的小群体集聚起来，产生了大型集体和组织，进而形成集体化社会、组织化社会。然而，20 世纪后期以来，随着社会分工的发展，一些大型集体和组织又发生解散和重组，造成社会的分化与离析，日益出现个体化社会的趋向。社会个体化与社会组织化相伴发生，社会的分化与整合同时出现。

随着社会分工的进一步深化、改革开放的深入推进和信息技术的高速发展，我国产业结构出现大幅度调整和转型，社会生产体系变得日益轻型化、微型化，劳动方式更加自主化、多样化，就业方式更加灵活化、开放化，人们的生活方式也变得更加多元化、个性化。与开放多变的现代社会相适应，人们对群体的依附性减少，个体的独立性、独特性和主体性愈加凸显，社会个体化趋势日益强化。

个体化就是"在当代经济活动、社会生产和劳动、就业方式及社会生活进一步开放和快速流变的条件下，个人作为社会关系体系中的一个基本单元、作为社会行动过程中的一个实体单位，他的独立性、独特性、主体性日益充分地得到显示和表达的过程。"① 哈佛博士、人类学者阎云翔十分关注我国社会个体化的进程及特点，认为我国社会个体化进程主要表现在两个层面：个体的兴起和社会结构的个体化。② 他说："去传统化、脱嵌、通过书写自己的人生来创造属于自己的生活，以及无法抗拒的更加独立和个人主义的压力，所有这些西欧个体化的特征也同样发生在中国的个体身上。"③ 他还从社会和个体、客观和主观两个维度进一步勾画出我国自 20 世纪 70 年代以来社会个体化的概貌。在客观方面，社会个体化主要表现为个体从群体的脱嵌，人员流动频繁，劳动方式、就业方式和生活方式的多元化。改革开放以来，我国的经济体制、政治体制和文化体制等方面发生了一系列重大变革和创新，对个体化社会的发展起到了重要推动作用。社会主义市场经济、大型企业的改组或解体、户籍制度的改革等，共同促进了社会成员不断从原有群体中抽离脱嵌而出和大规模流动，如"下海潮""民工潮"等都是人员脱嵌与流动的表现。这种脱嵌和流动还表现在我国家庭结构的变迁和离散，核心小家庭逐步取代了传统多世同堂的大家庭，独生子女越来越多，又夹杂着留守儿童、空巢老人等问题。同时，人们的劳动方式和就业方式更加自由化、多元化。无论人们是因为被迫的就业挤出还是主动寻求不同的人生道路，都使社会变得更加分化、个体化。此外，人们的生活方式也更具包容性和多样性。除了学习和工作，人们更加

① 郑杭生：《社会学概论新修精编本》，中国人民大学出版社，2015，第 116 页。
② 阎云翔：《中国社会的个体化》，陆洋等译，上海译文出版社，2012，第 360 页。
③ 阎云翔：《中国社会的个体化》，陆洋等译，上海译文出版社，2012，第 341～342 页。

注重旅游、娱乐、养生等在生活中的分量；不断有人逃离大城市，入驻小城镇；也有人远离喧嚣尘世，归隐山林。总之，人们不再像以往那样，固化胶着地从属于一个特定群体，从事于一个特定职业，习惯于一种特定生活方式，而是打破这种稳固的关系链条和标准程式，塑造一个更加遵从内心和自由开放的自我。

社会生活的变化总会投射到人们的精神世界，激荡起人们思想的涟漪，引发人们思想的变化。社会的个体化表现在主观方面，主要是人们思想的独立性、多变性、差异性不断增强。以往社会强调个人对群体的从属、服从甚至牺牲，如今人们更加追求自身利益和幸福的实现，寻求独立自主、奋斗进取、平等公正、自由个性和包容多样。因此，德国社会学家乌尔里希·贝克说："我们生活在这样的时代之中，民族国家、阶级、族群及传统家庭所锻造的社会秩序不断衰微。个体自我实现的伦理在现代社会中处于最有利的位置。人们的选择和决定塑造着他们自身，个体成为自身生活的原作者，成为个体认同的创造者，这就是我们所处的这个时代最重要的特征"①。然而，这样一个个体化时代，在尊重个体、彰显个体、实现个体价值的同时，也带来交往关系的风险。个体化过于强调独立、自我和个体价值实现，容易导致个人主义和功利主义倾向。在人与人的关系方面，常表现出以自我为中心，忽视他人的权益和感受，以利相交，利尽人散，从而导致人际关系的功利、疏远和淡漠甚至人际信任危机；在人与群体的关系方面，常表现出个人英雄主义和不合群倾向，要求群体对个体的责任担当和权利赋予，却疏于个体对群体的义务履行和无私奉献；在人与社会的关系方面，常表现出对公共利益漠不关心，社会责任感薄弱。正如法国政治思想家托克维尔所说："个人主义是一种只顾自己而又心安理得的情感，它使每个公民同其同胞大众隔离，同亲属和朋友疏远。因此，当每个公民各自建立了自己的小社会后，他们就不管大社会而任其自行发展了。"② 总之，社会个体化容易造成个人主义价值观大行其道，从而导致人与人、人与群体、人与社会的分离。

可见，个体化社会在不断彰显和提升人的主体性的同时，也在不同程

---

①　〔德〕乌尔里希·贝克、〔德〕伊丽莎白·贝克－格恩斯海姆：《个体化》，李荣山、范譞等译，北京大学出版社，2011，第27页。

②　〔法〕托克维尔：《论美国的民主》下册，董果良译，商务印书馆，1988，第625页。

度上消解社会的组织化倾向，悖逆人的社会性本质，隐匿交往世界的风险。个体化社会容易给个人造成一种假象，好似个人只要通过不断奋斗和经营，就能获得足够强大的力量，以至于不需要他人、群体和社会的帮助。但实际上，人不可能是完善的、自足的，也不可能脱离与其他人的联系。并且，社会越是发展，个体越是独立，人与人之间的相关性反而越大，依存度反而越高，个人对他人、群体和社会的依赖反而越深，个人就越是要懂得如何更好地与他人相处、更好地融入群体、更好地履行社会责任。唯有如此，个体才能更独立、更自由、更完善。如涂尔干所说："我们研究的起点，就是要考察个人人格与社会团结的关系问题。为什么个人变得越自主，他就会越依赖社会？为什么在个人不断膨胀的同时，他与社会的联系却越加紧密？"① 而要平衡好社会组织化与个体化之间的张力，直面社会个体化带来的人际关系风险，削减个人主义影响，扭转人们的不合群倾向，培养人们的乐群性，引导人们"重新嵌入"群体，促进人与人的高度结合，推动人与群体的和谐发展、共同发展、全面发展、持续发展，必须开展乐群教育。

第四节　乐群教育是促进社会和谐的必然要求

社会和谐是中国特色社会主义的本质属性，是建设富强、民主、文明、和谐、美丽的社会主义现代化强国的内在要求，是应对社会深刻变革带来的各种矛盾和问题的必然要求，也是国家富强、民族振兴、人民幸福的重要保证。社会主义和谐社会是民主法治、公平正义、诚信友爱、充满活力、安定有序、人与自然和谐相处的社会②，蕴含其中的人与人、人与群体、人与社会的和谐是社会主义和谐社会建设的核心，而这三重关系的和谐都离不开乐群教育。乐群本身就蕴含人与人、人与群体、人与社会的和谐之意，同时，乐群教育也有利于这三重关系的和谐发展。乐群教育始于人与人的和谐，核心在于人与群体的和谐，目的在于促进人与社会的和谐。因此，乐群教育是促进社会和谐的必然要求。

① 〔法〕埃米尔·涂尔干：《社会分工论》，渠东译，三联书店，2000，第11页。
② 胡锦涛：《论构建社会主义和谐社会》，中央文献出版社，2013，第52页。

一　人与人的和谐需要乐群教育

人与人的和谐是构建社会主义和谐社会的基础，也是人与群体、人与社会和谐的前提。乐群教育有利于促进人与人的和谐，主要原因如下。

（一）人与人的个性相容需要乐群教育

个性是一个人所具有的独特、稳定、本质的心理倾向和心理特征的总和。每个人都有自己的独特个性，有人开朗外向，有人孤僻内向；有人热情如火，有人冷漠如冰；有人阳光乐观，有人忧郁悲观；有人谦逊随和，有人桀骜好强；有人泰然自若，有人焦躁不安；有人刚毅果敢，有人优柔寡断；有人标新立异，有人墨守成规；有人世故圆滑，有人淳朴率真……由于市场经济的发展、社会结构的变迁和西方文化的影响，社会逐渐出现个体化趋势，人的独立性、独特性和主体性不断高涨，人的个性更加张扬，个性差异愈加明显。然而，个性差异与追求独特，意味着人与人的分化和离散，在人际交往中容易诱发个性冲突和矛盾，进而造成人际关系紧张。

在独生子女时代，人际的个性冲突和人际紧张存在更高风险。自独生子女政策实施以来，独生子女数量不断攀升。"2005 年 1% 人口抽样调查的结果表明，我国 30 岁以下独生子女达到 1.6 亿"[①]，并有逐年递增的趋势。虽然十八届五中全会后宣布全面放开二胎，但新生儿出生率并未出现井喷式增长。随着经济的发展，社会保障的健全，受教育程度的提高，思想观念的开放多元等，生育率会渐趋降低。"发展是最好的避孕药"，这一规律已被各国人口的发展历史所证明。因此，独生子女增多是人口发展的必然趋势。然而，独生子女成长的家庭小环境和社会大环境的综合作用，使独生子女的个性色彩更加鲜明，在与人交往过程中一方面表现出平等、独立、自尊、自信等特点，另一方面又广泛存在自我中心、不合群等个性倾向，增加了个性冲突的风险，给人际关系的和谐带来挑战。

总之，随着人的自由个性的发展，人与人之间的个性差异及其所引发的个性冲突也在所难免，而个性冲突必然影响人与人之间的和谐。缓解人

---

① 郗杰英：《当代中国青年人口与健康发展状况研究报告》，中国青年出版社，2008，第20页。

与人之间的个性冲突，协调人与人之间的个性张力，建立和谐的人际关系，离不开乐群教育。乐群教育的重要内容之一，就是要使教育对象认识到，每个人都是独特的个体，都有自己的独特个性，而这种独特个性并不能简单地定义为好或坏。实际上，正是因为每个人独具个性，人才能成为一个个独立的人、独特的人、现实的人，才能形成今天这样一个生动活泼、多姿多彩的大千世界。因此，在与人相处的过程中，要能正确认识自我与他人的个性，尊重彼此的差异性，包容个性的多样性，针对不同人的不同个性，找到适合彼此的相处方式，才能减少个性冲突，促进个性相容，进而融洽地相处。

（二）人与人的情感相和需要乐群教育

情感需要是人类最基本的精神需要之一。"人非草木，孰能无情？"人类的情感十分丰富，有亲情、友情、爱情，同乡情、同窗情、战友情，被尊重感、归属感，等等。情感需要实际上是一种社会性需要，因为无论是情感的发生与满足，还是情感的付出与接受，都不是一个人能够完成的，而是在与他人的交往中方能实现。人的情感需要只有在和谐的人际交往中才能得到真正满足，才会有利于人的心理健康，否则会不同程度地造成人的心理问题甚至心理疾病。例如，当一个人因为性格孤僻而长期无法正常与人交往，也难以融入周围群体的时候，就容易产生孤独抑郁之感，甚至自残自杀等念头。同时，这种因情感不满造成的心理问题反过来又容易造成人们对交往的恐惧、对他人的疏离和对群体的排斥，进而带来人际关系的失衡。因此，满足人的情感需要，维护人的心理健康，促进人与人之间的情感相和，构建和谐的人际关系，必须开展乐群教育。因为只有人们乐于交往，乐于合群，在和谐融洽的交往氛围中，才能不断满足各自的情感所需，促进人与人的和谐。

人的需要是无限的。"人是一种不断需求的动物，除短暂的时间外，极少达到完全满足的状态。一个欲望满足后，另一个欲望迅速出现并取代它的位置；当这个被满足了，又会有一个站到突出的位置上来。人几乎总是在希望着什么，这是贯穿他一生的特点。"[①] 情感需要也是如此，不仅贯

---

① 〔美〕马斯洛：《自我实现的人》，许金声、刘锋等译，三联书店，1987，第188页。

穿于人的一生，而且原有的情感需要满足了，又会产生新的情感需要，亲情满足了还有友情的需要，友情满足了还有爱情的需要……总之，人的情感需要持续而多变。因此，情感需要的持续满足、人与人之间情感的持续相和，都需要乐群教育，乐群教育伴随人的整个生命历程。

快节奏的生活方式，互相隔离的居住方式，虚拟间接的交流方式，挤压了人们情感交流的时间与空间，由此造成人的情感不满日趋严重，人际关系也日益疏离冷漠。同时，由于经济社会的发展，社会人员流动更加频繁，家庭结构不断发生变迁，核心家庭已成为我国主导的家庭形态，流动家庭、单人家庭、空巢家庭大量涌现，由此带来的农村留守儿童、城市流动儿童、空巢老人、失独老人、独居老人等及其产生的情感缺失和心理创伤等问题已经成为全社会高度关注的社会问题，也为和谐社会的建设设置了重重障碍。在城市化进程中，随农民工入城的"流动儿童"和留在农村的"留守儿童"成为两大数量惊人的特殊儿童群体。2010 年人口普查数据显示，全国 17 岁以下流动儿童为 3581 万，农村留守儿童 6102.55 万。① 根据"上学路上"公益组织对我国东部、中部、西北、西南的六个省市农村留守儿童的调查，"有 11.1% 的学生与父母每月见面 3 ~ 4 次，32.7% 的学生一年能见父母 5 次以上，11.7% 的学生一年能见父母 3 ~ 4 次，29.4% 的学生一年能见父母 1 ~ 2 次，15.1% 的学生一年都没有见过父母。根据 29.4% 和 15.1% 这一比例，按照留守儿童总数 6100 万测算，全国有近 1794 万农村留守儿童一年只能见父母 1 ~ 2 次；有 921 万孩子一年都没有见过父母。"② 家庭关爱的缺失和教育、社会等各方的支持不足，造成留守儿童心灵上的浓重阴霾和情感上的巨大缺口。根据共青团中央中国青少年研究中心 2014 年组织实施的"全国农村留守儿童群体状况调查"，留守儿童社会支持较弱，由此造成留守儿童心理健康问题比较突出，"经常感到烦躁、孤独、闷闷不乐，以及经常无缘无故发脾气的都多于非留守儿童"③。具体情况如图 3 - 2 所示。

① 桂杰：《〈中国留守儿童心灵状况白皮书（2015）〉发布 15.1% 受访留守儿童"一年到头见不到父母"》，《中国青年报》2015 年 6 月 19 日。
② 李亦菲：《拨开留守儿童心灵的"迷雾"——〈中国留守儿童心灵状况白皮书（2015年）〉》，《光明日报》2015 年 7 月 4 日。
③ 张旭东、孙宏艳：《为留守儿童守住一片天——关于农村留守儿童群体存在问题及对策的调研报告》，《光明日报》2015 年 6 月 19 日。

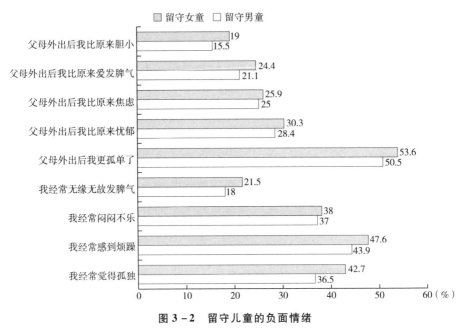

图 3-2　留守儿童的负面情绪

资料来源：张旭东、孙宏艳：《为留守儿童守住一片天——关于农村留守儿童群体存在问题及对策的调研报告》，《光明日报》2015 年 6 月 19 日。

国家卫计委发布的《中国家庭发展报告（2015 年）》显示，"空巢老人占老年人总数的一半，其中，独居老人占老年人总数的近 10%，仅与配偶居住的老人占 41.9%"，养老主要靠自己和家人。具体情况如图 3-3、图 3-4 所示。

长篇报告文学《失独：中国家庭之痛》作者杨晓升称，研究显示，"截至 2012 年，我国已有 100 余万个家庭失去唯一的孩子，每年新增失独家庭 7.6 万个"[1]。

留守儿童的孤独守望、空巢老人的寂寥晚年、失独老人的余世哀伤，都成为社会之痛。这些特殊群体深度缺乏精神抚慰与情感慰藉，向全社会提出了亟待破解此境的任务，也是教育领域应当关注的重大现实问题。毫无疑问，乐群教育是解决这一社会难题的重要方略，与破解此题的其他社会外在支撑不同，乐群教育主要是从这些社会群体成员的自身着眼，培养他们的乐群性，使其积极寻求与他人的和谐交往，并在和谐的人际关系中

---

[1]　蒋肖斌：《来自失独家庭的报告》，《中国青年报》2015 年 2 月 6 日。

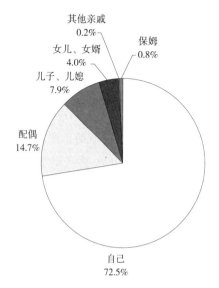

图 3 - 3　城镇老年人生活照料人构成
资料来源：孙乐琪：《2015 家庭发展报告：空巢老人占老年人总数一半》，《北京晚报》2015 年 5 月 13 日。

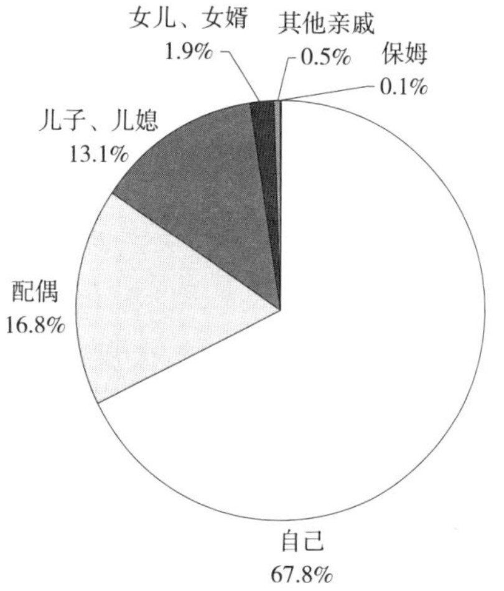

图 3 - 4　农村老年人生活照料人构成
资料来源：孙乐琪：《2015 家庭发展报告：空巢老人占老年人总数一半》，《北京晚报》2015 年 5 月 13 日。

获得情感支持和精神慰藉。人本就有丰富而无限的情感需要，当交往不足或不畅而造成需要不满时，会"强烈地感到孤独，感到在遭受抛弃、遭受拒绝，举目无亲，尝到浪迹人间的痛苦"①，故而更加渴望和需要建立亲密的社会联系，以获取情感支持，排遣内心的孤独感、恐惧感、无望感。但很多时候，人们并没有发现隐藏在自己内心深处对交往结群的迫切渴望，或者因心理障碍而害怕交往、拒绝交往，从而陷入孤独绝望的深渊。乐群教育正是要使人们认识到亲人、邻里、伙伴等群体对于自身生存发展的重要意义，进而引导人们乐于交往结群，以满足人们的情感需要。总之，乐群教育的提出，是基于对现实社会中人的情感需要、情感和谐问题的充分关注与积极回应。

（三）人与人之间的友善相处需要乐群教育

人与人的和谐归根到底在于相处过程中的和谐，个性冲突、情感冲突都是在相处中化解的，个性相容、情感相和也是在相处中实现的。因此，

---

① 〔美〕马斯洛：《动机与人格》，许金声等译，中国人民大学出版社，2012，第27页。

如何相处是人与人和谐的关键。《公民道德建设实施纲要》提出了"友善"的公民基本道德规范，社会主义核心价值观又在个人价值层面提出了"友善"的价值观，都为人们如何相处指引了方向。友善也是中华民族的传统美德，如"泛爱众""和为贵"等。友善主要表现为在与人相处过程中谦恭有礼、平等真诚、互尊互信、善良宽厚、团结互助、共享共进等。友善相处，是正确处理人际关系的基本准则，是实现人与人和谐的重要途径。

友善是一米阳光，能融化冰冷，照进人的心里，让人感到温暖亲切，自在舒畅。荀子曰："与人善言，暖于布帛；伤人以言，深于矛戟。"① 友善之人能以谦恭有礼、平等真诚、热情大方的态度对待他人，自然能营造和谐相处的人际氛围。然而，由于经济社会的发展，我们已从熟人社会逐渐走入陌生人社会。在陌生人社会，人们大多彼此漠不关心，人际关系就容易变得冷漠疏离。在一定程度上可以说，"见倒不扶""见死不救"等是陌生人社会的多发问题。这种冰冷的待人态度自然就疏远了人与人之间的距离，更不利于人际关系的和谐。而友善正像一米破冰的阳光，洒满人的心房，让陌生人社会也变得熟悉而亲切。

友善是一把钥匙，能解开防备，敞开人的心扉，拉近人与人的距离，增进人与人的情谊。友善之人能以互尊互信的态度对待他人，以心换心，赢得相互尊重与信任。陌生人社会带来的不仅是人际关系的冷漠，还有人际信任的危机。在传统的熟人社会，人们交往的范围有限，人际信任主要靠人情、道德和舆论压力来维持，人们普遍认为"熟人信得过"。然而，随着交往范围的扩大，熟人圈子逐渐萎缩，人们越来越多地与陌生人打交道，也越来越难以建立信任关系。在陌生人社会，人与人之间容易相互怀疑、相互提防、相互戒备，人们达成了"不要和陌生人说话"的共识，人际信任度低下。2011 年，中国社会科学院社会学研究所社会心理学研究中心与北京美兰德信息公司，对北京、上海、郑州、武汉、广州、重庆和西安的近两千名市民进行了社会信任调查。结果显示，社会总体信任度得分为 59.7 分，低于及格线 60 分，处于社会"不信任"水平。② 同时，调查显示，人际信任由近及远分别是亲属、亲密朋友、熟人和陌生人。人们对

---

① 《荀子·荣辱篇》。
② 王俊秀、杨宜音：《中国社会心态研究报告（2012 - 2013）》，社会科学文献出版社，2013，第 72~73 页。

亲人密友的信任度较高，得分都在 90 分以上，对密友的信任度近 80 分；对一般熟人包括普通朋友、邻居、同事、领导等处于基本信任水平，得分为 60 分左右；对陌生人则十分不信任，得分为 20 ~ 30 分。[①] 在这样一个低度人际信任的陌生人社会，人与人之间横着一道无形的沟壑，无法亲近，无法融洽。没有信任，就没有和谐。而友善则有利于解除人们心中的防备，拉近人们心灵的距离，为友好相处创造必要条件。

友善是一种胸怀，大爱无疆，包容人的个性，欣赏人的光芒，宽恕人的过错，助益人的成长。老子云："上善若水。"[②] 友善不仅是一种为人处世的态度，更是一种做人的气度、胸怀和境界，表现为容人、恕人、助人。友善首先表现为容人。芸芸众生并不是千人一面，而是性格各异，追求不同。有差异必然容易发生矛盾和冲突，这就要求人们能以容人的姿态化矛盾为祥和。和谐并不是没有差别、没有矛盾，而是和而不同、求同存异、多样统一。同样，人与人的和谐也要尊重差异、包容多样、消除隔阂，矛盾自然容易消解。容人不仅是包容多样，也是容人之长。人各有长，人外有人，只有不压抑人才，使人尽其才，各显其能，才能有和谐的人际关系。友善也表现为恕人。人皆有过，圣贤如是。友善则能恕人之过，承认人的不完美，予人改过的机会，宽厚仁德。友善还表现为助人。万物相生，人与人的存在和发展也是彼此相关的。一方受益，并不一定会妨碍他人受益。友善就是不仅关爱亲人挚友，即使对待陌生人，也能换位思考，将心比心，推己及人，立己立人，达己达人，互利互助，共同进步。如此，定能建立和谐的人际关系。

友善是一股力量，能汇聚人心，团结共进，成就大事。宽则得众，有容乃大。在人与人的相处过程中，友善不仅是一种亲和力，还是一种感召力、吸引力和凝聚力。有了这种力量，人们才能团结汇聚，形成合力，共谋大业，也才有社会的和谐。

总之，友善相处能让人与人和谐融洽，让社会充满正能量。而培养友善的品质，离不开乐群教育。乐群本身就蕴含友善之意，友善是乐群的具体表现。因此，友善相处是乐群教育的重要内容和必然要求。乐群意味着

---

① 王俊秀、杨宜音：《中国社会心态研究报告（2012 – 2013）》，社会科学文献出版社，2013，第 9 ~ 10 页。
② 《道德经·第八章》。

善于交往，而善于交往的实质就在于，人们对相处之道和交往艺术的深刻把握与灵活运用。其中，友善就是重要的相处之道和交往艺术。因为只有友善，才能与人交往结群，才能与群体成员和谐相处。同时，友善的品质，也只有在与他人的交往结群中才能感知、磨砺和养成，孤僻独行的个人不会深刻理解友善的价值与意蕴。

二 人与群体的和谐需要乐群教育

群体是人与社会联结的纽带和中介，人们结为大大小小的群体，大大小小的群体则构成了社会总体。因此，和谐社会内蕴人与群体的和谐。人与群体的和谐实质是人与群体的高度融合与共生，是实现群己合一、群己互促。人与群体的和谐离不开乐群教育，个人与群体的和谐是乐群的根本表现，促进个人与群体的和谐是乐群教育的核心任务。

（一）个人融入群体需要乐群教育

要实现个人与群体的和谐，首先要求个人积极主动地寻求群体、融入群体。个人的生存发展，始终离不开群体的支持。因此，人总是以群体的方式生存。人在一生的不同阶段身处不同的群体，扮演不同的角色，或是子女、兄弟姐妹、邻居、学生、朋友，或是父母、妯娌、领导、同事……随着社会的群体化、组织化发展，社会群体愈发层出不穷、复杂多样、交织叠加，人与人的相互依赖程度日趋加深，更需要人们以群体的形式生活，也更需要个人积极融入各种不同群体，寻求更多更大的社会支持。

然而，在社会组织化的同时，又出现了社会个体化趋势，社会个体化又增加了个人主义流行的风险。个人主义在彰显人的独立性、主体性和自由度的同时，容易使人夸大对自身力量的认知，忽视自身的局限性，进而产生无所求于人，独自便可随心所欲掌控自身命运的想法。[①] 这种错误认知往往使人远离群体，以自我为中心，独来独往，单打独斗。但没有人是全能的、完美的，人总是有局限的、未完成的，个人离开了他人、群体和社会，就会成为一座孤岛，无人援助，一事无成。德国著名的哲学人类学

---

① 〔法〕托克维尔：《论美国的民主》下册，董果良译，商务印书馆，1988，第 627 页。

家兰德曼说："动物在天性上比人更完善，它一出自然之手就达到了完成，只需要使自然早已为它提供的东西现实化。人的非特定化是一种不完善，可以说，自然把尚未完成的人放到世界之中；它没有对人作出最后的限定，在一定程度上给他留下了未确定性。"① 在自然界中，动物是特定化的，具有先天优越性。相反，人则是一种非特定性的、未完成的、不完善的动物。因此，人"力不若牛，走不若马"②，"飞不如禽，走不如兽"③。人类的这种非特定性、未完成性、不完善性，决定了人的开放性、可塑性。同时，也意味着人类只有依靠群体的联合力量，才能克服自身的局限性。没有群体合力，就没有个人的生存发展，也不会成就大事。

个人主义的另一表现是对个人自由的无限追寻，认为身在群体中容易被群体的规则、舆论和活动所束缚，从而限制了个体的自由。所以，很多人不喜欢甚至厌恶群体生活。例如，一些学生对班级活动、党团活动的积极性不高，一些白领对公司会议、员工聚会的热情不高，甚至一些人对家庭聚会、亲友团聚也不热衷。人们仿佛都在逃离群体，独自享受所谓的"自由"，导致人的离散化。但实际上，群体并不是对个人自由的限制，而是对个人自由的保障。费尔巴哈说："孤独性就是有限性和限制性，集体性则是自由和无限性。"④ 马克思指出："只有在共同体中，个人才能获得全面发展其才能的手段，也就是说，只有在共同体中才可能有个人自由。"⑤ 个人的局限性不可能使人真正自由，只有依靠群体的力量，才能创造实现自由的条件。

人们不仅离群、厌群，即使身在群体之中，却又不合群。主要表现为缺乏对群体的认同感、荣誉感和责任感，对群体的目标、规则、行动等不认同，对群体的前途命运漠不关心，拒不履行个人之于群体的义务，与群体成员难以融洽相处，游离于群体之外。

总之，现代社会，个体离群、厌群、不合群的现象十分常见，都是人与群体和谐的重要障碍。然而，个人不能脱离群体，而须积极与人结群、

---

① 〔德〕M. 兰德曼：《哲学人类学》，阎嘉译，贵州人民出版社，1988，第 228 页。
② 《荀子·王制》。
③ 《梁启超全集》第 2 册，北京出版社，1999，第 663 页。
④ 〔德〕路德维希·费尔巴哈：《费尔巴哈哲学著作选集》上卷，荣震华、李金山等译，商务印书馆，1984，第 185 页。
⑤ 《马克思恩格斯选集》第 1 卷，人民出版社，2012，第 199 页。

融入群体。个人融入群体，需要乐群教育。乐群教育能帮助人们正确认识群体对于个体生存和发展的重要意义，并引导教育对象乐于与人交往结群，积极了解群体，认同群体目标，遵守群体规则，协调个人利益与群体利益的关系，心系群体的存亡荣辱，与群体成员和谐相处，实现群己合一，从而促进人与群体的和谐。

（二）群体接纳个人需要乐群教育

人与群体的和谐涉及个人与群体两个方面，要实现人与群体的和谐，必然要从个人与群体两方面努力，不仅要靠个人对群体的融入，也要靠群体对个人的接纳，只有人与群体的相互悦纳才有人与群体和谐的可能。

然而，在现实生活中，群体与个人常常是矛盾重重，即使个人有融入群体的意愿，却不被群体接纳，人与群体也难以和谐。群体对个人的拒绝，主要表现在两个层面。

一是群体的排外心理，即拒绝接纳群体以外的人。例如，在学校里，本校生排斥借读生；在单位里，旧人排斥新人；等等。群体并不总是欢迎群体之外的人或异质人员的加入，相反，群体有自我保护的本能，可能出于保护群体利益、群体稳定和群体安全等需要，也可能源自群体内部成员害怕外人争夺、分享群体的资源和成果等原因，而使群体成员对群体之外的人产生偏见、怀疑、防范甚至敌意。但这种排外心理对于群体的发展并不见得是好事，更可能是障碍。群体过于排外，意味着群体的自我封闭，而封闭的群体容易固化僵死，失去群体的发展动力和生命活力，从而逐渐走向自我毁灭。相反，健康的群体必须保持一定的开放性和包容性，不断输入新鲜血液，才能保持群体活力，并持续发展和壮大群体的整体实力。

二是群体的排内心理，即排挤群体内部的人。群体对内部人员的排挤，首先是对拔尖人才的排挤。"木秀于林，风必摧之；堆出于岸，流必湍之；行高于人，众必非之。"[1] 有人群的地方就有竞争，在竞争中，拔尖人才由于过于出色，容易给群体其他成员带来危机感，进而引发部分群体成员对拔尖人才的排挤。除了拔尖人才，群体对后起之秀也充满恐慌，例如，前辈对优秀的后生晚辈的压制和排挤。其次，群体对内部人员的排

---

[1]　罗新璋：《古文大略》，复旦大学出版社，2012，第67页。

挤，也表现在对个性鲜明、见解不同的群体成员的排挤。在一个群体中，个体在群体的压力下，往往改变自己的知觉、判断、信仰或行为，以使其同群体中的大多数人保持一致，这种倾向被称为从众心理。① 个体之所以从众，主要是通过群体中其他成员的言行获得一定信息，并通过与他人达成一致而渴望被接受。但群体中也有不从众的少数人，他们常常语出惊人，与众不同。而这些少数人就容易被多数人所讽刺和排挤，从而被边缘化。最后，群体对内部人员的排挤，还包括对弱者的排挤。一个群体总是有先进、中等、落后三类人，而人们常有欺凌弱者的心理，"落后就要挨打"同样适用于群体内部的交往关系。此外，群体对破坏群体团结、危害群体安全、损害群体利益的个别坏分子也会排挤和清除。除了这一必要的排除情况之外，其他三种对内排挤有害群体发展，是对群体活力、创造力和发展潜力的扼杀。

总之，人与群体的和谐，离不开群体对个体的接纳。而群体对个体的接纳，需要乐群教育。乐群教育能培养人的乐群性，这种乐群性不仅在于能与已有的群体成员和谐相处，团结互助，共同进步，还在于群体成员能以开放包容的姿态，迎接新人进入群体，并接纳、帮助新成员融入群体，成长进步，从而建设一个开放和谐的群体，不断更新群体血液，保持群体活力，消除群体隔阂，维护群体健康，壮大群体力量。

（三）个人与群体共生需要乐群教育

自然界中有这样的现象：在热带，总有一群鸟类如鹳、鹭、海鸥、啄虻鸟、喜鹊等，栖居在野牛、河马、长颈鹿、野猪等兽类身上，捉吃这些兽类身上的寄生虫，如虻、蝇、虱、蚤等。这些鸟类啄吃寄生虫的行为，不仅使自身获得了食物来源，也减轻了寄生虫对兽类的折磨。不仅如此，鸟和兽还结成联盟，当遇到危险时，互相发出警告，以逃离狮子和猎人之手。②

寄居蟹钻到贝壳里安家之后，便把海葵安置在贝壳的入口处，放在自己的嘴巴下面和稍后的地方。海葵用有毒的触手去蜇那些靠近它的所有动

---

① 全国 13 所高等院校《社会心理学》编写组：《社会心理学》，南开大学出版社，2008，第279 页。

② 陈效一、史庆礼：《共生趣谈》，气象出版社，1986，第 11～12 页。

物，对寄居蟹却很友好。从寄居蟹嘴巴上掉下来的碎屑，会落到海葵嘴里，双方各取所需。当寄居蟹逐渐长大，贝壳显得狭小，寄居蟹的嘴巴离海葵也越来越远了，海葵便分泌一种在水里能很快凝固的黏液，增加贝壳的容积，并在贝壳边缘形成一种特殊的角质接头，海葵便向前移去，重新开启合作。就这样，它们相伴到死，互不分离。①

在草原上栽种橡树，必须从原来的橡树林里带一些故土掺杂在栽种橡树的草原土壤里，橡树才能存活并健康长大，否则橡树就容易枯萎或生长迟缓。这是因为森林土壤里含有大量与树根共生的菌丝体，而菌丝体能向植物提供各种溶解于水中的矿物盐类，促进植物吸收土壤中的养分，从而促进树木的生长。同时，与树根共生的菌根真菌又能从其依附的树木那里得到各种糖类，以供养自身的生长。因此，很多菌类与树木是相伴而生的，如桦树林里生长桦蘑，白杨林里有白杨蘑，松林里有黄牛肝菌、黄蘑等。这些菌类与树木共生，一旦树木被砍伐，蘑菇也会随之消失。②

上述就是生物共生现象，即不同生物之间的相互关联、互动协调、相互依存、互利共荣。庄子所说的"天地与我并生，而万物与我为一"③，就有万物共生、和谐统一之意。共生是事物普遍联系的一个具体样态，是世间万物包括人类的基本存在方式和运行规律。人与群体也是共生关系，表现为人与群体之间的相互需要、相互依存、相互作用、共生共荣，一方的生存发展总是以另一方的生存发展为前提和条件。首先，个人的生存和发展离不开群体的支持。群体能为个体提供身份确证，提供成长和发展的空间、条件和资源，提供情感交流和满足的场域，提供自我价值实现和彰显的平台，还提供为实现宏图大业所需的群体合力。同样，群体的运转也离不开一个个具体的个人。群体本身就是联合起来的个体，群体是由相互联系的个体构成的，群体的运转和维系都要靠各个群体成员的分工配合与联合行动，群体利益与个人利益紧密相连，群体命运与个体命运息息相关。总之，群体与个体是密不可分、共生共荣的。

共生，实际上就是一种深度和谐状态。然而，事实上，很多人并没有深刻认识到人与群体的共生性。要么个人一味地向群体索取权利和资源，

---

① 陈效一、史庆礼：《共生趣谈》，气象出版社，1986，第14～15页。
② 陈效一、史庆礼：《共生趣谈》，气象出版社，1986，第188～192页。
③ 《庄子·齐物论》。

却不愿履行个人之于群体应尽的义务，甚至假公济私、损公肥私，以侵害群体利益为代价来实现个人利益，如财务人员做假账挪用公款导致公司运转不畅。殊不知，这样做的后果是群体因个体的不断蚕食，而逐渐失去对个体供养和支持的能力；要么群体忽视个体的意愿和利益，过多侵占个体的私人空间，过度耗费个体的精力，如公司频繁利用休息日、节假日加班赶工，结果必定造成员工身心俱疲、怨声载道，反而降低了劳动生产率，影响公司业绩。总之，由于人们对人与群体关系的错误认识，容易造成人与群体关系的失衡，增加人与群体相互作用过程中的不和谐因素，不是促进人与群体的共生，而是导致人与群体的共损。人与群体关系失衡的问题在现实生活中屡见不鲜，尤其在改革的关键时期，利益主体日益多元，利益关系日益复杂，个人与群体的利益矛盾也日益凸显，亟待应对和破解。

乐群教育正是化解人与群体矛盾、促进人与群体和谐的重要途径。引导人们正确认识和处理群己关系，是乐群教育的核心内容。促进群己和谐、群己共生，是乐群教育的重要目标。乐群教育能使人们正确认识到人与群体之间相互需要、相互依存、互利共生的关系，明白个人不能远离群体，群体也不能排斥个人，而是要相互悦纳。同时，也使人们认识到个人利益与群体利益既有共同性，又有差异性，矛盾和冲突总是在所难免。因此，要正确处理个人利益和集体利益、局部利益和整体利益、当前利益和长远利益的关系。一方面增强人的群体意识和群体责任感，另一方面也要尊重个体的利益和诉求，化解个体与群体之间的利益矛盾，从而实现人与群体的高度和谐、高度融合、高度互促。

三 人与社会的和谐需要乐群教育

人与社会的和谐是和谐社会的题中之意和中心内容。个人与社会的和谐也离不开乐群教育，原因在于以下几点。

（一）人与社会的有机融合需要乐群教育

人与社会的有机融合是人与社会和谐的前提。人与社会的有机融合主要表现为人与社会的紧密联结和高度结合，实质是人的高度社会化，而促进人与社会的紧密联结和人的社会化正是乐群教育的中心任务。因此，人与社会的有机融合需要乐群教育。

人与社会的有机融合，首先需要人与社会相接触，进而使人们了解社会、融入社会，与社会高度结合为一体。社会是由个人构成的，但个人并不是孤立的存在物，而是常常在交往互动中结为群体。因此，社会也是由群体构成的，并且，群体是沟通个人与社会的桥梁和中介。而旨在培养人们乐群性的乐群教育，正是要使人们乐于交往结群，乐于融入一定群体，这实际上就是引导人们通过群体来接触社会、了解社会、进入社会。因此，乐群教育是人与社会联结的纽带。

人是社会的人，但有很多人出于各种原因而选择了逃离社会，悖逆了人的社会本质。有的人是因为个性孤僻、不合群，而自动远离人群、远离社会，如那些在学习和工作之余闭门不出的宅男、宅女；有的人则是因为在复杂艰辛的社会生活中受到挫折和困难，而选择逃避社会，例如"蛰居族"。据英国《每日邮报》报道，截止到2015年7月，日本约有100万男性正蛰居家中，这些人被称为"蛰居族"，他们不接触社会，不上学、不上班，不与外人交往，生活自我封闭，隐蔽于卧室之中，有时长达几年之久。其中大部分人都是因为在现实社会生活中遭遇挫折而选择了蛰居。[①]在我国的繁华都市，同样存在类似日本的"蛰居族"，出于就业压力大、人际交往障碍、情感危机或是其他原因而长期蛰居家中。应对诸如此类的社会问题，很重要的一个方式就是开展乐群教育，培养这些人的乐群性，鼓励和引导这些离群索居的社会边缘人加强与亲人、朋友、同学的沟通和交流，重新回到群体，回到社会。

人与社会的有机融合，关键在于实现人的高度社会化。接触社会、了解社会只是人与社会相融合的前提，更重要的是人们能自觉、主动地融入社会，实现高度社会化，成为真正的社会人。这也离不开乐群教育。乐群教育在本质上是社会化教育，通过引导人们建立广泛的社会联系，构建丰富的群体生活，融入多彩的大千世界，使人们逐渐确认自己的社会角色和身份，了解社会的风俗习惯，学习文化知识、道德规范、生活技能等，进而不断提高人的社会化水平。只有建立广泛的社会联系，参与现实的社会

---

① 王泽：《日本"蛰居"男性达百万 数年不上班不社交》，腾讯网，https://new.qq.com/rain/a/20150711000620，最后访问日期：2019年7月10日。

实践，才能真正实现人的社会化。

（二）人与社会的利益共享需要乐群教育

人与社会都有各自为之奋斗的利益。人与社会的矛盾，说到底就是个人利益与社会利益的矛盾。人与社会的和谐，说到底就是个人利益与社会利益的协调。而个人利益与社会利益的协调，根本在于双方利益的兼顾和共享。人与社会的利益共享，就是人与社会在合理差异和互惠互利的基础上公平享有社会发展成果，既满足个体发展的利益需要，也满足社会发展的利益需要。

人与社会的利益共享，一方面表现为人在追求个人利益的同时，能兼顾社会的整体利益，将个人利益与社会利益结合起来，在实现个人利益的同时，为社会利益的实现贡献力量。不仅利己，而且利国利民。实际上，个人利益与社会利益是紧密相连的，个人利益的实现离不开社会给予个人的机遇、资源和条件，个人利益只有在他人与社会的支撑下才能真正实现。因此，梁启超说："凡人不能以一身而独立于世界也，于是乎有群；其处于一群之中，而与侪侣共营生存也，势不能独享利益，而不顾侪侣之有害与否，苟或尔尔，则己之利未见而害先睹矣。故善能利己者，必先利其群，而后己之利亦从而进焉。以一家论，则我之家兴我必蒙其福，我之家替我必受其祸；以一国论，则国之强也，生长于其国者罔不强，国之亡也生长于其国者罔不亡。故真能爱己者，不得不推此心以爱家、爱国，不得不推此心以爱家人、爱国人，于是乎爱他之义生焉。"[①] 可见，利己与利他、利社会是相统一的。然而，梁启超看到了利己与利他的关联性，却又将这种关联无限放大，认为爱他心即爱己心，爱他就是为了爱己，这种思想不免流于狭隘。虽然利他、利社会才能更好地利己，但利他并不是纯粹为了利己，更是为了大多数人的幸福。马克思说："在选择职业时，我们应该遵循的主要指针是人类的幸福和我们自身的完美。不应认为，这两种利益是敌对的，互相冲突的，一种利益必须消灭另一种的；人类的天性本来就是这样的：人们只有为同时代人的完美、为他们的幸福而工作，才能

---

① 《梁启超全集》第 1 册，北京出版社，1999，第 431 页。

使自己也达到完美。"① 这是因为，"如果我们选择了最能为人类福利而劳动的职业，那么，重担就不能把我们压倒，因为这是为大家而献身；那时我们所感到的就不是可怜的、有限的、自私的乐趣，我们的幸福将属于千百万人，我们的事业将默默地、但是永恒发挥作用地存在下去，而面对我们的骨灰，高尚的人们将洒下热泪。"② 马克思在青年时就有如此胸怀和境界，而他的一生正是对这段话最好的诠释和印证。只有为大多数人的利益而奋斗，才能成为最成功幸福、最值得尊敬的伟大人物，才能最大限度地实现自己的人生价值。个人只有先承担起社会的责任，为了大多数人的利益而奋斗，才能不断推动社会的发展和进步。反过来，社会的发展和进步又会为个人提供更好的生活条件。如果个人只想一味地向社会索取却不付出，社会就会失去前进的力量，个人也终将失去生存和发展的保障。

人与社会的利益共享，还表现为社会对个人利益的承认和尊重，并坚持公平公正原则，使社会成员共享社会发展成果。社会是由个人组成的，社会利益的实现也是由个人合力所推动的，并且，社会利益的满足归根结底是为了广大社会成员的共同利益。尤其在我国这样一个社会主义国家，个人利益与社会利益在根本上是一致的。因此，社会利益的实现内在地包含着个人利益的满足，并应当为个人利益的实现创造更多有利条件和良好环境，使广大社会成员共享社会发展成果。正如习近平所强调的："广大人民群众共享改革发展成果，是社会主义的本质要求，是我们党坚持全心全意为人民服务根本宗旨的重要体现。我们追求的发展是造福人民的发展，我们追求的富裕是全体人民共同富裕。改革发展搞得成功不成功，最终的判断标准是人民是不是共同享受到了改革发展成果。"③ 总之，社会要兼顾个人利益，个人利益不断满足，能为社会利益的实现奠定基础。相反，如果只讲个人对社会的牺牲奉献，不讲社会对个人的利益尊重和保障，个人利益得不到满足，甚至受损，长此以往，就会降低个人对社会的认同感、归属感和责任感，甚至出现仇视社会、报复社会的倾向，造成人

---

① 《马克思恩格斯全集》第40卷，人民出版社，1982，第7页。
② 《马克思恩格斯全集》第40卷，人民出版社，1982，第7页。
③ 《中共中央召开党外人士座谈会 征求关于制定"十三五"规划的建议的意见》，新华网，http：//www.xinhuanet.com/politics/2015 - 10/30/c_1116995911.htm，最后访问日期：2019 年 10 月 30 日。

与社会的矛盾，影响人与社会的和谐。

人与社会的和谐建立在人与社会互惠互利的基础上，但是个人与社会的利益共享并不是平均主义，而是要根据具体情况有所侧重、有所取舍。人与社会总是不可避免地存在矛盾，在个人与社会这对矛盾中，社会起着根本的、决定的作用。"最大多数人的利益是最紧要和最具有决定性的因素。"① 因此，当个人利益与社会的整体利益发生冲突时，要求个人利益服从社会利益，少数人的利益服从多数人的利益。唯有如此，才能最大限度地保证多数人的利益，维护人与社会的和谐。

人与社会的利益共享也需要乐群教育。乐群教育能帮助人们正确认识和妥善协调个人利益与他人利益、个人利益与群体利益、个人利益与社会利益的关系，促进人们集体主义价值观的形成，提高人们的群体意识、社会意识，增强人们的群体责任感和社会责任感，从而促进人们对群体利益和社会利益的满足。社会是由群体构成的，乐群教育对人们乐群性的培养，实际上也是对人们社会意识、社会责任感等方面的培养。不仅如此，乐群教育的目的不止于使人们乐群、爱群，更重要的、更根本的在于引导人们从乐群上升到爱社会、爱国家、爱民族。同时，乐群教育也重视群体和社会对个体利益的尊重和满足，进而促进人与群体、人与社会的和谐。

（三）人与社会的共同进步需要乐群教育

人与社会的发展是高度相关的。个人的发展和进步与社会的发展和进步具有一致性。每个人发展进步了，才能有社会整体的发展进步。同样，只有社会发展进步了，才能为个人的发展进步创造条件。不仅如此，人的发展和进步也是社会发展和进步的题中之义和最终目的，社会的发展和进步是为了更好地促进人的发展和进步。因此，人与社会的统一发展、互促共赢、共同进步，是社会和谐的重要体现，也是和谐社会建设的重要目标。

社会主义社会为人与社会的共同进步创造了重要的物质基础、制度保障和价值引领。江泽民强调："我们建设有中国特色社会主义的各项事业，我们进行的一切工作，既要着眼于人民现实的物质文化生活需要，同时又

---

① 《江泽民文选》第 3 卷，人民出版社，2006，第 280 页。

要着眼于促进人民素质的提高，也就是要努力促进人的全面发展。这是马克思主义关于建设社会主义新社会的本质要求。我们要在发展社会主义社会物质文明和精神文明的基础上，不断推进人的全面发展。"① 也就是说，人与社会的全面发展和共同进步是社会主义的本质要求，也是社会主义优越性的体现。而人与社会的全面发展又是互为前提、相互结合、相互促进、共同推进的。江泽民指出："推进人的全面发展，同推进经济、文化的发展和改善人民物质文化生活，是互为前提和基础的。人越全面发展，社会的物质文化财富就会创造得越多，人民的生活就越能得到改善，而物质文化条件越充分，又越能推进人的全面发展。社会生产力和经济文化的发展水平是逐步提高、永无止境的历史过程，人的全面发展程度也是逐步提高、永无止境的历史过程。这两个历史过程应相互结合、相互促进地向前发展。"②

人与社会的共同进步也离不开乐群教育，乐群教育为人与社会的共同进步创造了必要条件。乐群教育通过对人们乐群性的培养，能使人们在生动的交往实践中、在群体活动中构建起丰富的社会联系，从而逐步完善人的社会本质，提高人的社会化水平，促进人的全面发展，在此基础上，反过来又为社会的全面发展提供重要前提。不仅如此，乐群教育是人与群体的高度结合与共同进步，人们以联合的力量开展认识世界和改造世界的实践活动，进行社会建设，本身就是对社会发展和进步的巨大推动。因此，人与社会的共同进步需要乐群教育。

第五节　乐群教育是社会主义社会的必然要求

社会主义社会是脱胎于旧社会并扬弃旧社会的新社会形态，是人类社会发展的一般趋势。社会主义社会必然有不同于旧社会的特点。例如，社会主义具有集中力量办大事的优越性，坚守以集体主义为核心的价值取向，追寻建立在个人、集体和国家根本利益一致基础上的共同理想等。而社会主义优越性的发挥、价值取向的坚守和共同理想的实现，都需要乐群教育。

---

① 《江泽民文选》第 3 卷，人民出版社，2006，第 294 页。
② 《江泽民文选》第 3 卷，人民出版社，2006，第 295 页。

一　社会主义优越性的发挥需要乐群教育

之所以说社会主义社会是超越以往一切旧社会的新型社会形态，是人类社会发展的高级阶段，正因社会主义社会较之于以往的一切旧社会具有无可比拟的优越性。社会主义的优越性基于生产资料的公有制，重点体现在能集中力量办大事。集中力量办大事需要汇聚全社会的智慧和力量，这就要求人们具备乐群性，能团结一致，以整体合力共谋大事，推动社会主义社会的不断发展。因此，社会主义优越性的发挥需要乐群教育。

（一）社会主义优越性的基础在于公有制

新事物之所以能战胜旧事物，就是因为新事物优越于旧事物。同样，社会主义之所以能战胜其他一切旧社会制度，正因社会主义优越于其他旧社会制度。

那么，社会主义的优越性从何而来呢？实际上，社会主义的优越性是由它的本质决定的。列宁说："社会主义的目的（和实质）是：把土地、工厂等等即全部生产资料变为全社会的财产，取消资本主义生产，代之以按照总的计划进行有利于社会全体成员的生产。"① 可见，社会主义的实质在于生产资料的公有制。生产资料的所有制形式是生产关系中具有决定性作用的要素，决定生产关系的性质，也决定人们在生产中的地位及相互关系。与历史上依次经历的五种生产资料所有制形式相适应，形成了五种不同性质的生产关系，也形成了五种不同的社会形态，即原始社会、奴隶社会、封建社会、资本主义社会和社会主义社会。除原始社会之外，社会主义社会以前的一切其他社会，都是以私有制为基础的社会形态。而社会主义社会及其高级阶段——共产主义社会，则是以公有制为基础的社会形态。与其他一切旧社会相比，社会主义优越性的基础恰恰在于其生产资料的公有制。这是因为，在原始社会，虽然也是生产资料公有制，但这是基于生产力极其低下、个人力量极其有限、劳动产品极度匮乏的条件下而不得不采用的生产资料所有制形式，与社会主义生产资料公有制具有本质区

---

① 《列宁全集》第 4 卷，人民出版社，1984，第 229 页。

别。同样，社会主义公有制与以私有制为基础的社会形态也有根本不同。在私有制社会，生产资料主要是剥削阶级包括奴隶主、封建地主、资本家等占有，生产是为了满足剥削阶级的利益需求。而在社会主义社会，生产资料归劳动人民共同占有，劳动人民是生产资料的主人，劳动人民之间是平等互助的关系，全部社会财富为劳动人民共同享有，生产是为了满足人民日益增长的物质文化生活需要，这就大大激发了劳动人民的生产积极性、主动性和创造性。同时，生产活动能够按照社会化大生产的要求和社会的实际需要有计划地开展和调控，解决了资本主义制度下生产社会化和生产资料私人占有之间的基本矛盾，从而促进生产力的健康、快速、持续发展，推动社会主义社会的不断进步，进而彰显社会主义的优越性。邓小平说："我们是社会主义国家，社会主义制度优越性的根本表现，就是能够允许社会生产力以旧社会所没有的速度迅速发展，使人民不断增长的物质文化生活需要能够逐步得到满足。"① 而社会主义这一根本的优越性，只有通过生产资料的公有制方能实现。因此，生产资料公有制是社会主义优越性的基础，是社会主义力量的不竭泉源，也是推动社会主义最终走向共产主义的根本保障。

实际上，在一个现实的社会中，往往同时存在多种所有制形式，但其中总有一种所有制形式占统治地位，决定社会的性质。正如马克思所说："在一切社会形式中都有一种一定的生产决定其他一切生产的地位和影响，因而它的关系也决定其他一切关系的地位和影响。这是一种普照的光，它掩盖了一切其他色彩，改变着它们的特点。这是一种特殊的以太，它决定着它里面显露出来的一切存在的比重。"② 社会主义社会也是如此。社会主义作为共产主义的初级阶段，还很难有纯而又纯的公有制，而是以公有制为主体，补充以其他所有制形式。我国正是实行公有制为主体、多种所有制经济共同发展的基本经济制度。十八届三中全会通过的《中共中央关于全面深化改革若干重大问题的决定》进一步指出："公有制经济和非公有制经济都是社会主义市场经济的重要组成部分，都是我国经济社会发展的重要基础。必须毫不动摇巩固和发展公有制经济，坚持公有制主体地位，

---

① 《邓小平文选》第 2 卷，人民出版社，1994，第 128 页。
② 《马克思恩格斯选集》第 2 卷，人民出版社，2012，第 707 页。

发挥国有经济主导作用，不断增强国有经济活力、控制力、影响力。必须毫不动摇鼓励、支持、引导非公有制经济发展，激发非公有制经济活力和创造力。"① 因此，我国是以公有制占主导和支配地位的社会，这就决定了我国的社会主义性质。我国的基本经济制度是适应社会主义初级阶段基本国情的，随着生产力的进一步发展，公有化的程度也会不断提高，这是社会主义社会发展的必然趋势。

（二）集中力量办大事是社会主义优越性的充分体现

恩格斯在揭示历史形成发展规律时指出，从纵向上看，我们是在十分确定的前提和条件下创造历史的；从横向上看，历史则是由无数个不同意志相互作用的结果。他说："历史是这样创造的：最终的结果总是从许多单个的意志的相互冲突中产生出来的，而其中每一个意志，又是由于许多特殊的生活条件，才成为它所成为的那样。这样就有无数互相交错的力量，有无数个力的平行四边形，由此就产生出一个合力，即历史结果。"②

进一步考察历史就会发现，在社会合力当中，不同力量之间是有相互关联的，有些力的作用方向是一致的，有些力的作用方向则是交叉或相反的。作用方向相同的力量主体有可能集聚结合为一种统一的小股合力，以与其他不同作用方向的力量相抗衡。结果是，在由无数个人力量所构成的社会合力当中，具有相同方向的力量往往集结为一股或几股强过其他所有力量的合力，支配着社会的发展走向。也就是说，社会合力是分层的，其中不乏其他形式的合力，合力之中还有合力。在社会安定统一时，支配社会发展的基本只有一种力量，主要是统治阶级的力量。而在社会变革转型时，则容易出现多股力量，如春秋战国争霸、三国争雄、五代十国风云角逐、近代军阀割据等。可见，社会合力既可以是孤立分散、相互牵制、相互抵消的力量，也可以是集中统一、相互配合、相互强化的力量。

再进一步分析，每个历史时期之所以会形成不同的力量主体、不同的合力状况，归根到底是因为不同社会主体具有各自的利益，具有相同或相

---

① 《十八大以来重要文献选编》上，中央文献出版社，2014，第515页。
② 《马克思恩格斯选集》第4卷，人民出版社，2012，第605页。

似利益的主体更容易结为同盟，共谋大事。而不同主体之间的利益关系，则主要是由不同的生产关系尤其是不同的所有制关系决定的。在以私有制为基础的社会中，人与人之间的利益往往是相互分离甚至对立的。社会主体之间的利益不同，就容易导致不同社会主体之间的力量离散，难以形成紧密而集中的力量，大大降低了人们认识世界和改造世界的能力。拿我国来说，历史上经历了两千多年的以小农生产为基础的封建社会，加之近代以来各路军阀长期割据混战，导致近代中国呈现"一盘散沙"的局面。新中国成立之后，经过"三大改造"，我国建立起以公有制为基础的社会主义制度。公有制是真实的共同体形成的基础，意味着个人、集体、国家根本利益的一致。马克思、恩格斯说："过去的一切运动都是少数人的或者为少数人谋利益的运动。无产阶级的运动是绝大多数人的、为绝大多数人谋利益的独立的运动。"① 社会主义就是为大多数人谋利益的，有共同的利益，才会形成统一的意志和联合的行动，从而有利于形成全国"一盘棋"、集中力量办大事的优越性。邓小平说："社会主义国家有个最大的优越性，就是干一件事情，一下决心，一做出决议，就立即执行，不受牵扯。"② 江泽民则明确指出："社会主义制度具有能够集中力量办大事的优越性。"③原因就是，"在我国社会主义制度下，人民是国家的主人，具有强烈的主人翁责任感和奉献精神，他们之间没有根本的利害冲突。凡是符合国家和人民根本利益的事业，都必然会得到他们的衷心拥护和自觉支持。这是我国社会主义制度的显著政治优势。"④

总之，集中力量办大事是社会主义优越性的重要表现。新中国成立以来，我国人民在中国共产党的动员和组织下所创造出来的一个又一个震撼世界的奇迹，正是集中力量办大事优越性的充分体现。

在国际活动方面，我国举办了奥运会、世博会、亚运会等重大国际赛事和 APEC 峰会、中非合作论坛、亚信峰会、世界互联网大会等重大国际会议，展现了我国的大国风采，提高了我国在世界上的文化软实力和国际话语权。

---

① 《马克思恩格斯选集》第 1 卷，人民出版社，1995，第 283 页。
② 《邓小平文选》第 3 卷，人民出版社，1993，第 240 页。
③ 《江泽民文选》第 2 卷，人民出版社，2006，第 67 页。
④ 《江泽民文选》第 2 卷，人民出版社，2006，第 228 页。

在基础设施建设方面，我国完成了葛洲坝水利枢纽工程、三峡工程、"西气东输"、"西电东送"、"南水北调"、京九铁路、青藏铁路、高铁工程等关系国计民生的重大战略工程，极大地推动了经济社会的发展。

在科技研发方面，我国实施了"两弹一星""神舟载人航天工程""嫦娥探月工程""蛟龙载人深潜工程"等高科技项目，取得了举世瞩目的成就，科技强国建设取得重大进展。习近平强调："在推进科技体制改革的过程中，我们要注意一个问题，就是我国社会主义制度能够集中力量办大事是我们成就事业的重要法宝。我国很多重大科技成果都是依靠这个法宝搞出来的，千万不能丢了！"① 每一个重大科技项目的完成，都是众多科技人员、众多部门、众多企业倾力合作、协同创新的结果，是集体智慧的结晶。

在应对自然灾害方面，我国战胜了唐山地震、汶川地震、玉树地震、雅安地震、1998 年特大洪水、2008 年南方罕见冰雪灾害等重大自然灾害。在每一次巨大自然灾害面前，我国政府都展现出无比强大的社会动员力、协调组织力和万众一心的凝聚力，从而创造了一个又一个救援奇迹。新加坡《联合早报》称，汶川地震之后，"人们看到了中国制度体系的优越性。中国政府在短时间内动员巨大的力量投入赈灾，这是其他任何制度所不能比拟的。文章说，中国制度所具有的动员能力不仅来自于自上而下的政府动员，也来自于自下而上社会自发的动员。在这次赈灾过程中，中国社会的方方面面表现出了巨大的、自觉的动员能力，让人们从中发现了中国社会的巨大凝聚力。"②

上述事实充分证明，集中力量办大事是社会主义优越性的充分体现，是社会主义前进路上披荆斩棘、攻坚克难的秘密武器，也是社会主义建设事业取得成功的重要法宝。

（三）发挥集中力量办大事的优势需要乐群教育

社会主义集中力量办大事的优越性并不是自动就能显现出来，而是依靠社会主义国家的亿万人民自觉地认识和发挥这种优越性。同时，社会主

---

① 《习近平关于科技创新论述摘编》，中央文献出版社，2016，第 48 页。
② 《抗震救灾 重建家园》，《海峡导报》2008 年 5 月 28 日。

义优越性的发挥也不是一蹴而就的，而是要经历一个不断发展的过程。

发挥集中力量办大事的社会主义优越性，不仅需要社会主义制度的不断完善，政府的应变能力、动员能力、组织能力、协调能力、凝聚能力的不断提升，还需要人民群众具备有利于发挥集中力量办大事优越性的思想和品质。从这一角度讲，乐群教育则是发挥集中力量办大事的社会主义优越性的一个重要途径。因为乐群教育能帮助人们塑造有利于发挥集中力量办大事优越性的品质，即是说，乐群教育能使人们在正确认识和妥善协调个人、集体和国家利益的基础上，形成团结协作、爱群利群的精神，并进一步形成集体主义价值观和爱国主义精神，从而投身于社会主义建设大业。

二 社会主义价值取向的坚守需要乐群教育

每个社会都有自己的价值取向，尤其是核心价值。核心价值是文化的核心与灵魂，决定文化的性质和方向，是一个民族的精神支柱，是人民的精神家园，是一个民族激扬斗志、发展壮大的持久动力，是一个民族凝魂聚气、团结奋斗的思想基础；核心价值也是引领和整合社会多元价值，巩固主流意识形态指导地位，推进国家治理体系和治理能力现代化的重要方面；核心价值还是应对世界范围内的价值交流、交融、交锋局势，抵御他国价值渗透和意识形态颠覆图谋，牢牢占据世界舞台上的价值主导权，维护国家意识形态安全，提高国家文化软实力和国际话语权的战略焦点。因此，核心价值建设是各国发展的重要战略任务。同样，我国也始终将核心价值作为社会主义精神文明建设中的重大工程，先后提出社会主义核心价值体系建设、社会主义核心价值观培育和践行的任务。在此基础上，还要进一步凝练出社会主义核心价值体系和社会主义核心价值观的核心，即社会主义的核心价值。集体主义是社会主义的核心价值，是中国特色社会主义的根本价值取向。乐群教育对于培养人们集体主义的核心价值具有重要作用，集体主义教育是乐群教育的核心内容，培育和践行集体主义价值观是乐群教育的最高任务。

（一）集体主义是社会主义的核心价值

核心价值是一个国家、民族在认识世界和改造世界的过程中形成并发挥作用的，是与一个国家、民族的现实国情相适应，并随着国家、民族的发展而不断发展的。中国特色社会主义的核心价值源于我国的经济基础、悠久的历史文化、我国发展的现实需要与未来走向，集中体现为集体主义的核心价值。

首先，集体主义核心价值根源于我国现实的经济基础。马克思主义认为，社会存在决定社会意识，经济基础决定上层建筑。马克思说："在不同的财产形式上，在社会生存条件上，耸立着由各种不同的，表现独特的情感、幻想、思想方式和人生观构成的整个上层建筑。"① 价值观念作为社会意识、思想上层建筑的一部分，也是由一定经济基础决定的。因此，凝练社会主义核心价值，首先要揭示其所产生的经济根源，从社会的经济关系特别是所有制关系中凝练出社会主义的核心价值。社会主义的经济关系最根本的是以公有制为主体的所有制关系，而社会主义核心价值实质上正是这种公有制为主体的经济关系的反映。社会主义生产资料公有制表明生产资料属于人民和集体共同所有，这就使社会成员的利益相互联结、融为一体，逐步消除了阶级、阶层和社会成员利益相互分化和矛盾冲突的基础，进而使社会成员结合为一个真实的利益共同体。共同利益是共同价值取向形成的基础，在以公有制为基础的社会中，必然会形成一种反映、维护并实现集体成员共同利益的核心价值。而这种核心价值，只能是集体主义。因此，在社会主义道德建设中，我国始终强调要以集体主义为原则。②

其次，集体主义的核心价值是对我国优秀传统文化的传承。尽管核心价值根源于一定的经济基础，但也受文化的重要影响。文化具有一定的独立性，一个民族的传统文化就如同一个民族的基因，会代代相传。作为文化核心的价值观，同样具有遗传性，深刻影响着后世子孙的思想观念和价值观点。中华文化源远流长，积淀着丰富的思想道德资源，蕴含着中华民族深沉的价值追求，具有跨越时空的持久生命力，不断焕发出时代光辉，缔造着中国人独特的精神世界，滋养着社会主义核心价值的生长和发展。例如，我国自古强调"仁者爱人""出入相友，守望相助""老吾老以及人之老，幼吾幼以及人之幼""天下兴亡，匹夫有责""位卑未敢忘忧国"

---

① 《马克思恩格斯选集》第 1 卷，人民出版社，2012，第 695 页。
② 骆郁廷：《论社会主义的核心价值》，《马克思主义研究》2014 年第 8 期。

"苟利国家生死以，岂因祸福避趋之""大道之行也，天下为公""先天下之忧而忧，后天下之乐而乐""鞠躬尽瘁，死而后已"等我为人人、舍己为公、奉献国家的价值追求与精神境界，而集体主义的社会主义核心价值正是对这些优秀传统文化的传承与升华。

最后，集体主义的核心价值符合我国发展的现实需要与未来走向。一个国家的核心价值，直接源于社会发展的现实需要。随着我国社会化生产的深入发展，人与人之间的相互关系越来越密切，越来越需要人与人的高度结合。尤其在实现中华民族伟大复兴的中国梦的征程中，更加要求人们自觉将个人利益与国家利益、个人梦与中国梦紧密结合起来，在维护国家利益、助圆中国梦的过程中，实现个人利益、促圆个人梦。这都需要人们坚守集体主义的核心价值，适应社会和自身的发展需要。然而，市场经济带来了利益主体的多元化、利益关系的复杂化，加之西方各种社会思潮的冲击和价值渗透，导致人们的思想观念和价值观的多元性，进而造成人们的思想冲突和价值困惑，亟须用集体主义的核心价值引领与整合多元价值观，维护集体主义核心价值的主导地位，牢固树立实现中国梦的精神支柱。另外，集体主义的核心价值也顺应了我国发展的未来趋势。社会主义作为共产主义的初级阶段，只是一个过渡时期，我们的最高理想是实现共产主义。这意味着，我国以公有制为主体的经济关系会进一步发展，公有化的程度会逐渐提高，社会成员的共同利益会进一步扩大和巩固，而体现、维护和实现共同利益的集体主义核心价值也必然要求牢牢坚守。

（二）集体主义实质是集体利益与个人利益的高度结合

坚守集体主义的核心价值，必须正确把握其精神实质。集体主义实质上是集体利益与个人利益的高度结合。

个人与集体是辩证统一的，个人利益与集体利益也是辩证统一的。但是，在以私有制为基础的社会中，人们的利益相互分离对立，导致由个人组成的集体幻化成虚假的、冒充的共同体，这种共同体实际上是少数人统治和奴役多数人的共同体，是与个人相互对立的共同体。在这样的共同体中，个人利益与集体利益自然是相互对立、不能兼容的，人们的价值取向自然也是分化对立的，人人只为自己，不顾他人、不顾集体，利己主义、个人主义价值观大行其道。相反，建立在社会主义公有制基础上的集体，是反映社会成员共同利益的真实集体。在这个集体中，个人与集体是高度融合的，个人利益与集体利益是紧密相连的。正如斯大林所说："个人和集体之间、个人利益和集体利益之间没有而且也不应当有不可调和的对立。不应当有这种对立，是因为集体主义、社会主义并不否认个人利益，而是把个人利益和集体利益结合起来。社会主义是不能撇开个人利益的。只有社会主义社会才能给这种个人利益以最充分的满足。此外，社会主义社会是保护个人利益的唯一可靠的保证。"① 这与以私有制为基础的社会中集体与个人、集体利益与个人利益相互对立的情形有本质区别，列宁夫人、苏联教育家克鲁普斯卡雅则明确指出了这种区别，她说："资产阶级力图把自己的儿童培养成个人主义者，使他们把'我'置于一切之上，使他们跟群众对立起来。我们却努力把我国的儿童培养成全面发展、身体强壮、认识明确的人，他们不应是个人主义者，而应是集体主义者，他们不和集体对立，而能成为集体中的一部分力量，并能把集体的意义提到新的高度来认识。"②

总之，集体主义作为共产主义道德教育的主要内容，是我们处理个人、集体、国家三者之间关系的基本原则，其实质是个人利益与集体利益的紧密结合。既要求个人从集体利益出发，以大局为重，将个人利益融入集体利益之中，在实现集体利益的过程中实现个人利益，也要求集体尊重和维护个人的正当利益，并不断为个人利益的实现创造更多条件，促进个体的自由而全面发展，这正是集体建设和发展的根本目的，更是社会主义社会的本质要求。

（三）集体主义教育是乐群教育的核心内容

培育和践行集体主义的社会主义核心价值，教育是基础，要把集体主义作为价值观教育的根本内容。而树立集体主义价值观，实际上要先有乐群意识，进行乐群教育。

一直以来，集体主义教育以灌输和宣传为主要路径，注重个体认知层面的教育。这种传统集体主义教育路径的优点是明确、系统而集中，缺点

---

① 《斯大林文集》，人民出版社，1985，第 13 页。
② 《克鲁普斯卡雅教育文选》，卫嘉译，人民教育出版社，1959，第 307 页。

则是缺乏生动性、实践性和有效性。从根本上说，集体主义价值观是在集体的实践过程中形成发展的。集体主义价值观的形成，离不开真切的集体生活，就像游泳之人离不开水一样，孤立的个人很难形成集体主义价值观。人们只有乐于与他人交往结群，与群体融合为一，自觉将个人的利益和前途命运与群体的利益和前途命运联结起来，以群体的力量认识世界和改造世界，深切体悟群体之于个体生存发展的重要意义，进而形成团结一心、守望相助、共建共享、共同进步的局面，才能牢固树立起集体主义价值观。在社会主义国家，人民的根本利益一致，所以群体常常表现为集体。因此，实际上，乐群教育对于引导人们正确认识和处理个人、集体、国家之间的关系，公与私之间的关系，确立集体主义的价值取向，具有十分重要而现实的意义，是对集体主义教育的重要拓展。

集体主义教育不仅受到传统教育路径的禁锢和束缚，也不断受到各种非集体主义、反集体主义价值观的冲击，尤其是广泛存在的利己主义和个人主义价值观，给集体主义教育造成了更大挑战。

个人主义与利己主义关系甚密，利己主义是个人主义的一个重要表现。这两种价值观都根源于以私有制为基础的经济关系，都表现为个体以自我为中心，而不顾他人、集体和国家。不同的是，利己主义主要是一种个人处世哲学，表现为自我利益至上。个人主义则主要是一种政治哲学、社会哲学，把个人与社会对立起来，强调个人独立、个人自由，反对权威、政府和社会对个人权利和个人自由的干涉。托克维尔说："利己主义是对自己的一种偏激的和过分的爱，它使人们只关心自己和爱自己甚于一切。个人主义是一种只顾自己而又心安理得的情感，它使每个公民同其同胞大众隔离，同亲属和朋友疏远。因此，当每个公民各自建立了自己的小社会后，他们就不管大社会而任其自行发展了。利己主义来自一种盲目的本能，而个人主义与其说来自不良的感情，不如说来自错误的判断。个人主义的根源，既有理性缺欠的一面，又有心地不良的一面。利己主义可使一切美德的幼芽枯死，而个人主义首先会使公德的源泉干涸。但是，久而久之，个人主义也会打击和破坏其他一切美德，最后沦为利己主义。"① 这两种价值观都与集体主义背道而驰，对集体主义价值观构成了严重威胁。

---

① 〔法〕托克维尔：《论美国的民主》下册，董果良译，商务印书馆，1988，第625页。

在我国，利己主义价值观具有深厚的历史文化根基。文化是一种巨大的惰性力，所以马克思说："一切已死的先辈们的传统，像梦魇一样纠缠着活人的头脑。"① 著名的文化学者庞朴也说："文化传统是一种惰性力量。它范围着人们的思维方法，支配着人们的行为习俗，控制着人们的情感抒发，左右着人们的审美趣味，规定着人们的价值取向，悬置着人们的终极关怀（灵魂归宿）。个人的意志自由，在这里没有多少绝对意义，正像肉体超不出皮肤一样，个人意志超不出文化传统之外。……某一个人也许能做到脱胎换骨、洗心革面，跳出三界外，彻底决裂于传统；整个民族却无法做到。"② 中国几千年的文化传统延续至今，具有突出的连续性、稳定性和遗传性，很多文化传统跨越千年依然活在中国人的精神世界中，利己主义价值观就是其一。中国社会孕育了上千年自给自足的小农经济和宗法制的等级结构，导致长久以来"人不为己，天诛地灭""各人自扫门前雪，休管他人瓦上霜"的自私自利、独善其身价值观根深蒂固。近代著名教育家张伯苓指出："胡适之先生说：'中国有五大恶魔，穷、乱、愚、弱、私。'私是五大魔之首。因为私可以使人穷，使人乱，使人愚，使人弱。私能破坏一切。它能使你忘了民族，忘了国家；它能使你灭掉良心，抛弃人格；它能使你甘心为恶而可以悍然不顾一切，它能使你只知有个人不知有团体"③。"私"是"中华民族之最大病根。国人自私心太重，公德心太弱。所见所谋，短小浅近。只顾眼前，忽视将来，知有个人，不知团体。其流弊所及，遂至民族思想缺乏，国家观念薄弱，良可慨也。"④ 如今，这种利己主义价值观依然深植于一些国人心中。在全球化日益发展、改革开放深入推进的背景下，受多元社会思潮的冲击和市场经济等因素的影响，利己主义的文化基因又找到了继续生长的现实沃土。同时，随着社会的个体化发展，个人主义价值观也日益流行。两种价值观交织在一起，对人们的精神世界产生了重要影响，出现诸如假冒伪劣、诈骗犯罪、以权谋私、贪赃枉法、见死不救、腐化堕落等见利忘义、损人利己、损公肥私的

① 《马克思恩格斯选集》第1卷，人民出版社，2012，第669页。
② 转引自吕良弼、陈俊杰《中华文化与地域文化研究》第1卷，鹭江出版社，2011，第4、7页。
③ 转引自王文俊、杨珣《张伯苓教育言论选集》，南开大学出版社，1984，第198～199页。
④ 转引自王文俊、杨珣《张伯苓教育言论选集》，南开大学出版社，1984，第243～244页。

行为。

　　集体主义教育面临的上述现实境遇和多重挑战，更加凸显了乐群教育的重要性和紧迫性。只有让人们回归群体，才能使人们重新认识群体对个人成长发展的价值，重新审视个人与群体、社会、国家、民族的关系，重新树立集体主义价值观。正如托克维尔所说，当人们参与到公共工作中，就会发现自己并不能如想象中那样可以离开他人、离开群体而独立。相反，为了得到他人的帮助，自己就必须经常准备帮助他人。并认识到，为别人效力，对自己也有好处。因此，人们会逐渐走出个人利益的小圈子，收敛起傲慢、冷漠等情绪①，与他人合作，为他人考虑，从而有利于克服个人主义和利己主义价值观。

三　社会主义共同理想的实现需要乐群教育

　　理想是人类前进的灯塔，照亮寻梦者的征程；理想是人类实践活动的强大精神动力，加快寻梦者的步伐；理想是人类团结凝聚的磁石，增强寻梦者的力量。没有理想，人类就会迷失方向，失去前行动力，失去凝聚力。因此，每个社会都应树立共同理想。中国特色社会主义共同理想在现阶段就是在全面建成小康社会的基础上，逐步建成富强民主文明和谐美丽的社会主义现代化强国，实现中华民族伟大复兴的中国梦。这一共同理想是最广大人民根本利益的凝结，也需要广大人民的共同奋斗，发挥集体的智慧力量。这就需要开展乐群教育，乐群教育能培养人的团结互助精神和集体主义价值观，使人们正确认识和处理人与群体、社会、国家的利益关系，将个人理想与群体理想、社会理想融为一体，促进群体的发展，并以不断增强的群体力量促进共同理想的实现。

（一）　共同理想是社会成员共同利益的凝结

　　每个社会在不同历史时期都有自己所追寻的社会理想，这些社会理想是一定社会成员共同利益诉求的反映。然而，在以私有制为基础的社会，

---

　　① 〔法〕托克维尔：《论美国的民主》下册，董果良译，商务印书馆，1988，第630～631页。

社会成员的利益是分裂的，社会理想反映的往往是统治阶级的利益诉求。统治阶级总是将自己的特殊利益说成是全社会的普遍利益，将统治阶级的理想伪装成全社会的共同理想，以欺骗全体社会成员为了这个虚幻的"共同理想"而奋斗，实际上则是在为统治阶级圆梦。

中国特色社会主义是以公有制为基础的社会制度，消除了剥削产生的根源，全体人民的根本利益具有一致性。只有在根本利益一致的基础上，才能形成真实的、可实现的共同理想。正如邓小平所说："社会主义的经济是以公有制为基础的，生产是为了最大限度地满足人民的物质、文化需要，而不是为了剥削。由于社会主义制度的这些特点，我国人民能有共同的政治经济社会理想，共同的道德标准。以上这些，资本主义社会永远不可能有。资本主义无论如何不能摆脱百万富翁的超级利润，不能摆脱剥削和掠夺，不能摆脱经济危机，不能形成共同的理想和道德，不能避免各种极端严重的犯罪、堕落、绝望。"① 现阶段，实现中华民族伟大复兴的中国梦，是我们的共同理想，这一理想是最广大人民群众根本利益的凝结。正如习近平所说："这个梦想，凝聚了几代中国人的夙愿，体现了中华民族和中国人民的整体利益，是每一个中华儿女的共同期盼。"② 中国梦的实质，就是国家富强、民族振兴、人民幸福。中国梦归根到底是人民的梦，国家富强、民族振兴最终都是为了人民幸福。中国梦的提出，就是让广大人民认识到自己的利益并团结起来为自己的利益而奋斗。因此，中国梦具有真实性、广泛性和现实性，拥有强大的感召力、亲和力和凝聚力，能够取得不同信仰、不同阶层、不同群体的认同和共识，使个人理想、集体理想汇入社会的共同理想，从而集聚全社会的智慧力量而为之奋斗。因此，中国梦是凝聚全社会共识、号召全国人民共同奋斗的精神旗帜。

（二）实现共同理想需要社会成员的集体智慧和力量

中国特色社会主义共同理想的实现，是一个艰难曲折的历史过程，需要一代又一代中国人为之共同奋斗。广大人民群众是社会主义国家的主人，也是实现共同理想的实践主体。因此，共同理想的实现，必须紧紧依

---

① 《邓小平文选》第 2 卷，人民出版社，1994，第 167 页。
② 《习近平谈治国理政》，外文出版社，2014，第 36 页。

靠广大人民群众，汇聚集体的智慧和力量。

一方面要充分调动广大人民群众的积极性、主动性和创造性。人民群众是实践的主体，是创造历史的动力。社会主义事业是广大人民群众自己的事业，实现共同理想，必须充分发挥人民群众的首创精神，充分调动广大人民群众的积极性、主动性和创造性，才能不断开创社会主义建设的新局面，不断靠近共同的奋斗目标。人民群众具有无限的智慧和力量，毛泽东说："群众有伟大的创造力。中国人民中间，实在有成千成万的'诸葛亮'，每个乡村，每个市镇，都有那里的'诸葛亮'。我们应该走到群众中间去，向群众学习，把他们的经验综合起来，成为更好的有条理的道理和办法，然后再告诉群众（宣传），并号召群众实行起来，解决群众的问题，使群众得到解放和幸福。"① 因此，实现共同理想，必须高度重视人民群体的主体地位，解决好人民群众最关心、最直接、最现实的利益问题，实现好、维护好、发展好最广大人民的根本利益，不断满足人民群众日益增长的美好生活需要，以此不断激发人民群众建设社会主义、实现共同理想的热情、智慧和力量。

另一方面要将广大人民群众团结凝聚在共同理想下共同奋斗。共同理想的实现，不仅需要激发每个人的积极性、主动性和创造性，还要将这些个人的、分散的、排斥的力量汇聚成集体的、整合的、同向的力量，创造出一种大于个体力量之和的更强大的集体力量。正如习近平所说："实现中国梦必须凝聚中国力量。这就是中国各族人民大团结的力量。中国梦是民族的梦，也是每个中国人的梦。只要我们紧密团结，万众一心，为实现共同梦想而奋斗，实现梦想的力量就无比强大，我们每个人为实现自己梦想的努力就拥有广阔的空间。生活在我们伟大祖国和伟大时代的中国人民，共同享有人生出彩的机会，共同享有梦想成真的机会，共同享有同祖国和时代一起成长与进步的机会。有梦想，有机会，有奋斗，一切美好的东西都能够创造出来。全国各族人民一定要牢记使命，心往一处想，劲往一处使，用 13 亿人的智慧和力量汇集起不可战胜的磅礴力量。"② 而要汇聚起这样磅礴的力量，关键要让人民群众正确认识到，个人利益与国家利

① 《毛泽东选集》第 3 卷，人民出版社，1991，第 933 页。
② 《习近平谈治国理政》，外文出版社，2014，第 40 页。

益、民族利益在根本上是一致的，个人的前途命运与国家、民族的前途命运休戚相关。国家兴旺发达，民族繁荣昌盛，个人才会幸福安康。因此，要自觉将个人梦融入中国梦，在实现国家梦、民族梦的过程中实现个人梦。

（三）发挥集体的智慧和力量离不开乐群教育

共同理想的实现，必须调动主体的积极性、主动性和创造性，充分发挥集体的智慧和力量。而发挥集体的智慧和力量离不开乐群教育，原因在于以下几点。

首先，激活个人的智慧和力量需要乐群教育。集体是由相互关联的个人构成的，发挥集体的智慧和力量，首先要激活个人的智慧和力量。人们总是在与他人的全面交往中，在一定的群体中，才能不断习得人类的文化习俗、科学知识、生活技能、道德规范等，提高人的社会化水平，丰富和完善自身的社会本质，获得全面发展的条件，满足自身不断发展的物质和精神需求。也就是说，个人的智慧和力量，只有在交往实践中、在群体生活中，才能被激活和焕发。孤立的个人往往容易受到限制，既受到个体的肉体状况和精神状况的限制，也受到社会历史发展状况的限制。个体的智慧和能力是有限的，个体的有限性只有在群体中才能被克服。而乐群教育的意义正在于此，乐群教育能使人们认识到自己的不足和有限性，进而增强人们的群体意识，促使人们融入一定群体之中，在群体中成长成才，全面发展，进而激活和增强个体的智慧和力量，为共同理想的实现创造个体条件。

其次，强化集体的智慧和力量需要乐群教育。个人的智慧和力量纵使再大，若不能同心同德、团结一致、协调整合，也不会取得卓越的成就，更无益于共同理想的实现。因此，实现共同理想，必须把个人的智慧和力量汇聚成集体的智慧和力量，凝结成一股统一而强大的力量。这也需要乐群教育。因为乐群教育能培养人们的集体主义价值观和团结互助精神，帮助人们正确认识和处理个人利益与集体利益、国家利益的关系，局部利益与整体利益的关系，眼前利益与长远利益的关系，将个人理想与集体理想、社会理想融为一体，使人们喜欢集体、关心集体、爱护集体、奉献集体，不断促进集体的发展和壮大，不断增强集体的智慧和力量，进而促进共同理想的实现。

第四章　乐群教育的过程与规律

乐群教育过程和规律是乐群教育研究的核心内容，因为只有明确把握乐群教育过程、科学揭示乐群教育规律，才能正确选择乐群教育内容和方法，有效开展乐群教育活动，顺利实现乐群教育目标。

第一节　乐群教育的过程

乐群教育的过程，是教育者依据一定社会或群体对人的乐群性要求和人的乐群性形成发展过程与规律，对受教育者进行有目的、有计划、有组织的教育影响，促使教育对象产生内在的思想矛盾运动，进而形成乐群性的活动程序和阶段。这一过程始于识群教育、择群教育，通过爱群教育，终于合群教育，具有目的性、动态性、阶段性、连续性和转化性等特征。

一　识群教育

群体有很多类型，乐群并不是要乐所有群体，而是乐有所选，择群而乐。而要选择群体，先要认识群体。因此，培养人的乐群性，首先要引导教育对象学会全面深入地认识群体，进行识群教育。识群教育是乐群教育的起点。识群教育就是要使教育对象通过接触一定群体，了解一定群体的历史和现状、目标、任务、活动、结构、规则、文化等信息，获得关于一定群体的感性认识，并在此基础上通过把握一定群体的性质、特征、发展趋势等，形成对一定群体的理性认识，进而准确、全面而深刻地认识一定群体，为选择群体奠定基础。具体而言，识群教育包括以下环节。

（一）接触群体

认识群体，首先要接触群体，不接触就不会形成对特定群体的正确认识。因此，开展识群教育，首先要引导教育对象接触群体。接触的群体数量可以是一个，也可以是多个。一般情况下，教育者应鼓励教育对象接触多个群体，在对这些群体进行全面了解和考量的基础上，择取其中一个或若干个加入。

接触群体包括间接接触和直接接触两个途径。所谓间接接触，就是让教育对象通过信息查阅、打听咨询等间接方式了解一定群体的情况。在今天这样一个信息技术高度发达的时代，社会生活的信息化程度、网络化程度越来越高，很多群体尤其是正式群体的相关信息也都见诸网络。例如，要了解一个大学的情况，可以在该校的官网中查阅相关信息，也可以通过论坛、贴吧、微博、微信群、QQ群等多种渠道打听和咨询该校的各方面情况。此外，还可以咨询了解该校的人员，曾是或现在是该校的人员，了解该校的信息。间接接触群体是一种较为方便快捷、简单高效获取群体信息的途径，但是也存在一定缺点，如信息获取的真实性、准确性和全面性不能得到保证，尤其是通过咨询他人所得的信息，容易打上他人的主观色彩，有可能存在对群体的美化、偏见甚至讹传。这就需要补充以另一种接触群体的途径，即直接接触。

直接接触，主要是亲身进入特定群体，了解和体验群体的一种途径。实践出真知，仅有间接接触并不能完全认识群体，更要通过实地考察和亲身感知群体，才能真实而深刻地了解群体。仍以了解学校为例，直接接触就是要走进校园、走进课堂、走进图书馆、走进宿舍、走进食堂、走近教职工、走近学生，等等，如此才能更加真切地认识这所学校的一切。当然，直接接触也有缺点，就是耗时耗力。正如毛泽东所说："一切真知都是从直接经验发源的。但人不能事事直接经验，事实上多数的知识都是间接经验的东西。"[1] 因此，了解群体，要将直接接触与间接接触结合起来，力求又快又好地获取关于一定群体的真实、准确、全面的信息。

---

[1] 《毛泽东选集》第1卷，人民出版社，1991，第288页。

(二) 了解群体

接触群体是为了了解群体，接触群体本身也是了解群体的过程。了解群体，就是要引导教育对象全方位了解群体的历史和现状、目标、任务、活动、结构、规则、文化等具体信息。

从纵向看，首先要了解群体的形成和发展过程，了解群体的过去、现在和未来，才能把握群体发展的全景。从横向看，还要了解群体的奋斗目标、为实现群体目标所规定的具体任务、为实现群体目标和完成群体任务所开展的实践活动、群体的组织结构和人员构成、界定群体成员权利义务的规章制度和规范群体成员言行的守则规范、群体成员在长期的共同实践过程中形成的群体文化等方面的情况。这样才能确定自己是否适合该群体，大致估量自己今后在该群体中扮演的角色、身处的地位、肩负的职责、发展的空间、所处的氛围等。

以群体文化为例，群体文化是群体成员在长期的共同实践中形成并共同遵守的独特价值观念和行为方式的总和。群体文化具有导向、激励、凝聚、约束和教化等作用，它如空气一般，无形中环绕着所有的群体成员，潜移默化地形塑着浸染于其中的每一个人。不同群体有不同的文化，不同的文化关乎不同群体的前途命运。例如，企业文化越来越受到企业的重视，这与企业文化同企业兴衰的高度相关性是分不开的。"正如《财富》杂志评论员文章所指出，世界500强胜出其他公司的根本原因，就在于这些公司善于给他们的企业文化注入活力。这些一流公司的企业文化同普通公司的企业文化有着显著的不同，他们最注重四点：一是团体协作精神；二是以客户为中心；三是平等对待员工；四是注重激励与创新。凭着这四大支柱所形成的企业文化力，使这些一流公司长盛不衰。在大多数企业里，实际的企业文化同公司希望形成的企业文化出入很大，但对那些杰出的公司来说，实际情况同理想的企业文化之间的关联却很强，他们对公司的核心准则、企业价值观遵循始终如一，这一理念可以说是世界最受推崇的公司得以成功的一大基石。"① 可见，企业文化是企业的灵魂。同样，群体文化也是群体的灵魂，对于群体的发展具有深远影响，是了解群体的重

---

① 黎群、王莉：《企业文化》，清华大学出版社，2012，第24页。

要内容。

（三）把握群体

接触和了解群体的目的是把握群体。接触和了解群体的过程，实际上只是教育对象接触和感觉特定群体的过程，也就是说，教育对象对一定群体形成了感觉和印象。这些感觉和印象还只是关于群体的一些表层的、零星的、片面的认知，属于对群体的感性认识。然而，仅仅如此还不能形成对群体准确、全面、深刻的认识，更不能真正达到识群教育的目的。正如毛泽东所说："感觉到了的东西，我们不能立刻理解它，只有理解了的东西才更深刻地感觉它。感觉只解决现象问题，理论才解决本质问题。"① 因此，还要在接触和了解群体的基础上，在对群体形成感性认识的基础上，引导教育对象对这些感性材料进行去粗取精、去伪存真、由此及彼、由表及里的思维加工，进而把握群体的性质、特征和发展趋势等问题，形成对群体的理性认识，推动对群体认识的深化，这正是识群教育的最终落脚点。

群体性质是群体所具有的与其他事物不同的根本属性，也是区分不同群体的根本标志。把握群体性质，对于教育对象进行群体选择具有决定性影响。例如，教育对象所要选择的群体是有利于人与社会和谐发展的良性群体还是危害人与社会健康发展的恶性群体，是经济群体、政治群体还是文化群体，是正式群体还是非正式群体等，群体的性质对于教育对象的成长发展以及需要的满足至关重要。

群体特征是由群体的性质决定并表现群体性质的区别于其他群体的基本特点和标志。例如，通过了解企业文化以及企业成员的关系，可以进一步把握该公司的特点是积极向上的，还是消极懈怠的；是轻松活泼的，还是死气沉沉的；是团结友善的，还是勾心斗角的；等等。

群体的发展趋势是由群体的形成发展规律决定的群体发展的未来动向。因此，了解群体的形成发展过程，进而揭示群体的形成发展规律，有助于预测群体的发展趋势。例如，了解一家公司的发展历史和近年的发展动向，是为了通过考察和分析该公司的产生发展情况和基本发展阶段，判

---

① 《毛泽东选集》第 1 卷，人民出版社，1991，第 286 页。

断该公司是处于发展的上升期、平稳期还是低谷期，是朝阳公司还是夕阳公司，并进一步把握该公司的发展规律，进而预测该公司的发展潜力和发展前景，为教育对象的选择提供参考依据。

总之，只有把握了群体，才算是真正认识了群体，并为择群教育奠定基础。

二　择群教育

认识群体是为了选择群体。因此，教育者在引导教育对象深刻把握不同群体性质、特点和发展趋势等信息的基础上，还要引导教育对象对这些群体进行比较和鉴别，并结合教育对象自身的现实需要和社会对特定群体的特殊要求，认同其中一个或若干个群体，并在认同特定群体的基础上对其进行选择。择群教育包括以下环节。

（一）辨别群体

如果说把握群体是对单个群体的孤立性认识，辨别群体则是对若干群体的比较性认识。每个人周围都存在很多群体，教育对象若只是孤立地认识每个群体，却无法辨别和判定不同群体的特点与价值，就不知道究竟如何正确选择一个适合自己生存发展的群体。因此，择群教育首先要求教育者引导教育对象在认识不同群体的基础上，对这些群体进行对比分析、鉴别判定。

辨别群体包括两个阶段，即比较群体和鉴别群体。有比较才能鉴别，有鉴别才能判断优劣，判断优劣才能择优而栖。因此，比较群体是鉴别群体的基础，也是选择群体的前提。比较群体，就是根据一定标准把具有特定关联的目标群体加以对照，从而确定不同群体之间的异同点。比较群体主要是比较不同群体在具体职能、成员素质、资源条件、文化环境、发展空间、发展前景等方面的异同。在比较群体的基础上，才能进一步鉴别群体。鉴别群体，就是根据不同群体的特点，判断不同群体的优劣和现实价值等。

比较了不同群体的特点，就能鉴别出不同群体的相对优缺点。然而，这些关于不同群体的优缺点除了具有客观性之外，还具有一定程度上的主观性。因为人们总是自觉或不自觉地从自己的实际需要、思维方式、价值观念和兴趣偏好等出发对群体进行评判，这就不免会打上主观色彩。譬如说，对于喜欢挑战的人而言，要求严格、竞争激烈是一个工作单位的优点，因为它不会使人丧失斗志、精神懈怠，而是不断激励人奋斗拼搏，超越他人、超越自我，从而开创一个不可预见的未来。但对于喜欢轻松的人来说，要求严格、竞争激烈则是一个工作单位的致命缺点，因为它使人倍感压力和焦灼，同时也会在一定限度内挤压自己休闲娱乐的时间，从而失去悠闲自在的生活。

比较不同群体的特点还能为鉴别不同群体的现实价值提供依据。"'价值'这个普遍的概念是从人们对待满足他们需要的外界物的关系中产生的"[①]，是客体属性对主体需要的满足关系。群体价值则是群体的客观属性对于个人与社会需要的满足关系。群体的客观属性是群体价值形成的基础。通过比较，不同群体的属性差异也会显现出来，这就为主体确定群体价值的大小提供了客观依据。而个人与社会的需要在群体价值关系中具有决定性。个人与社会的需要既决定了特定群体有无价值，也决定了特定群体价值的大小。例如，同为支援贫困山区的两个志愿服务组织，其中一个的规模、服务范围和服务条件等均优于另一个组织。显然，单就这两个组织的客观属性而言，前者的价值高于后者。然而，由于主体始终怀揣着回馈家乡父老的心愿，因此，对于他而言，另一个客观条件较差但是重点扶持他的家乡的志愿组织显然更有价值。

此外，由于价值主体不同，自然会形成不同的价值关系。一个群体既具有个体价值，也具有社会价值。而一个群体的个体价值与社会价值有时可能是冲突的，这种冲突主要来自个人与社会的不同需求和利益。例如，一个盗猎集团，对于社会来说是极具危害性的违法群体，具有负价值。然而，对于一个具有错误甚至扭曲的世界观、人生观、价值观的个人来说，这个盗猎集团则是他大发横财的依托，具有重大价值。

因此，在辨别群体的过程中，教育者既要引导教育对象全面分析和把握群体的客观条件，又要结合自身的实际需要，更要注重社会对一定群体的需要和一定群体的社会价值，进而作出正确判断和有利于个人与社会和

---

① 《马克思恩格斯全集》第 19 卷，人民出版社，1963，第 406 页。

谐发展、共同进步的综合考量。

（二）认同群体

认同群体就是教育者引导教育对象在辨别群体的基础上，对符合社会发展要求和自身实际需要、思维方式、价值观念和兴趣偏好等条件的群体的认可。这里所说的认同群体只是教育对象作为群体外部人员对一定群体的初步认可，不同于作为群体成员对本群体的认同。前者可称之为群外认可，后者为群内认可。群外认可单纯地基于个体对群体的初步认知，群内认可则是基于个体对群体的真切感知、深刻把握和深厚情感。因此，一般说来，群内认可比群外认可更为强烈和持久。但是，作为选择群体的基础，这种具有群外认可性质的认同群体环节却是必不可少且十分重要的。

认同是选择的前提。只有认同群体，才会选择群体。没有对群体的认同，即使被迫选择了某一群体，也很难真正接纳、喜爱和融入该群体之中，更难以形成乐群性。例如，子承父业对有些人来说是巨大的折磨，因为他们并不认同父辈毕生打拼的事业，而是另有所爱。然而，出于对父母的期望和对与整个家族事业命运相连的全体员工的责任等外在因素的考虑，仍有很多人选择放弃自己内心的追求，接下父辈手中的事业接力棒。但是，在这样一个群体当中，他对工作的激情和对群体的热情都会在不同程度上受到削弱，因为缺乏对工作和群体的原生动力，即自己的兴趣爱好和理想抱负及在此基础上形成的认同，有的只是次生动力，即由他人的期待转化而来的压力。当然，由最初不认同群体到后期转为认同群体的情况另当别论。但是，选择群体关键还是要建立在认同群体的基石上。因此，在辨别不同群体的同时，教育者还要进一步引导教育对象对其中的特定群体进行认同。

认同群体，主要是教育对象对一定群体的目标、结构、制度、文化、活动、条件等方面的认可。认同的依据，主要是群体必须符合社会的发展要求，符合教育对象的实际需要、思维方式、价值观念和兴趣偏好等。认同必是主体与对象具有某些相同、相似、相符之处，不仅如此，这些符合社会和教育对象个体要求与特点的群体属性，在鉴别群体的过程中，往往就被教育对象判定为这些群体的优点，进而被认同。因此，对不同群体的优缺点以及价值的判定结果，实际上蕴含着教育对象对优点较多和价值较大的群体的认可与接受，以及对其他群体的否定。

从理论上讲，认同群体包括对单个群体的部分认同和全部认同，也包括认同一个群体或若干群体。但就现实情况而言，没有群体是完美的，群体都有自己的优势和不足。因此，教育对象对群体的认同，实际上是对具有相对优势的群体的认同。同时，教育对象也可能同时认同一个或多个群体。此外，教育对象对群体的认同并不是固定不变的态度，而是会因为群体自身的变化、个体对群体认识的变化以及个体自身需要的变化等，改变对群体的认知和认同。这种变化可能是从部分认同转变为全部认同，或者相反；可能是从表层认同转变为深度认同，或者相反；也可能是从认同转变为不认同，或者相反。总之，教育对象对群体的认同具有一定的变动性。

（三）选择群体

选择群体，不仅是对群体的挑选过程，更是挑选的结果，是对一定群体的最终确认、选取和加入。经过辨别群体、认同群体，最终就要选择一定群体。

认同不等于选择。教育对象有可能认同了多个群体，但是，最终并不一定都会选择，常常是只选择其中的一个或少数几个，具体选择情况要视教育对象的实际需要而定。比如，在选择大学生社团时，舞蹈社、声乐社、绘画社可能都得到了教育对象的认同，都是教育对象的兴趣所在。但是，出于尽量保证较多学习时间的考虑，教育对象最终可能会放弃其中一个或两个社团。还有一种特殊情况，就是教育对象并不认同特定群体，但迫于外在压力，最后还是会选择该群体。因此，教育对象选择群体的依据，不仅来自因群体符合社会发展要求和自身实际需要、思维方式、价值观念和兴趣偏好而形成的认同，也可能来自他人的期望、生活的负担等外在压力。但是，相对来说，因外在压力而选择群体的情况尚不算是主要方面，大多数情况还是在认同群体基础上的选择。

无论对一定群体认同与否，教育对象所选择的群体必须是无害于人与社会健康发展、和谐发展、共同进步要求的，如贩毒集团、传销组织、黑社会性质组织等危害社会的群体是坚决不能认同、接受和选择的。相反，教育者要引导教育对象选择那些能对人与社会的发展做出积极贡献、具有推动作用的有益群体，如常规的学习群体、工作群体、志愿服务组织、慈善机构等。总之，"人非善不交，物非义不取。亲贤如就芝兰，避恶如畏蛇蝎"①。群非善不选，非贤不择。在识群教育和择群教育过程中，教育者要引导教育对象将个人与社会的需要和利益结合起来，正确选择群体，并通过群体实践活动，在实现社会利益的同时实现个人利益。只有这样，才能为教育对象乐群性的形成发展打下坚实的基础。

选择群体还涉及选择范围的问题，并不是所有的群体都具有可选择性，例如家庭。德国社会学家诺贝特·埃利亚斯说："每一单个的个人，一旦他诞生在这个世界上，就已经被掷于先他在场的某个人类群体之中。"② 人们从一出生就被先在地置于一个特定群体，即由父母和兄弟姐妹等亲属构成的小家庭或大家族，这种血缘群体是无需选择且不可选择的，它是伴随每个人的出生就同时出现的。可见，选择群体，实际上主要是选择除了生养自己的家庭之外的其他群体。

此外，选择群体并不一定是一次性的过程，而是会有放弃群体并重新选择群体的情况。例如，因为异地婚恋，一方不得不放弃原有工作而重新就业的情况；或者当教育对象真正进入群体后，发现该群体存在很多自己原本并不了解的重大缺陷，从而退出该群体而重新选择的情况；或是群体因自身建设不善而行将没落，教育对象另觅新群体、寻找新平台的情况；等等。总之，在现实生活中，出于各种主客观原因而重新选择群体的情况是在所难免的。但在乐群教育过程中，教育者应当引导教育对象尽力做到耐心细致、全面深入地了解群体，在此基础上慎重选择群体，避免仓促轻率地反复选择和脱离群体，因为对待群体仓促轻率、反复无常的态度本身就已背离了乐群精神。

三 爱群教育

认识和选择了一定群体，并不意味着教育对象的乐群性就形成了，认识和选择群体只是人的乐群性形成发展的一个阶段，成为群体的一员是乐

---

① 《小学·嘉言》。
② 〔德〕诺贝特·埃利亚斯：《个体的社会》，翟三江、陆兴华译，译林出版社，2003，第24页。

群的第一步。在识群教育、择群教育的基础上，还要进一步开展爱群教育，引导教育对象喜爱群体、关心群体、爱护群体，形成对群体的深厚情感。爱群教育是乐群教育的关键环节，爱群是乐群的重要表现。爱群教育包括以下环节。

（一）喜爱群体

教育对象一旦慎重选择了特定群体，决定成为特定群体中的一员，就当尽力做到忠其所择，爱其所选。爱群首先需要喜爱群体，即是说，教育者要引导教育对象积极培养对群体的亲近、认同、喜欢、依恋等积极的情感。

喜爱群体，先要亲近群体，亲近群体成员，喜欢与群体成员交往相处，而不是排斥群体、厌恶群体、远离群体，游离于群体之外。在亲近群体的基础上，就会逐渐加深对群体的了解和感知，进一步确认群体的优点与不足，进而强化对群体的认同和赞许，包容群体的缺点和局限，从而增强对群体的喜欢、依恋之情。

人的情感与认知之间具有十分紧密的联系，情感总是与一定的认知相伴随，"睹物思人""触景生情""香气怡人""闻之色变"等，都是因人的认知引发的人的情绪、情感波动。认知发生变化，情感也会随之改变。我国著名的历史学家、思想家、教育家钱穆说："人类常情，必先'认识'乃生'情感'。人最亲者父母，其次兄弟、夫妇乃至朋友。凡其所爱，必其所知。……人之父母，不必为世界最崇高之人物；人之所爱，不必为世界最美之典型，而无害其为父母，为所爱者。惟知之深，故爱之切。"[①] 可见，情感往往建立在深入认识的基础上。而这种情感是积极肯定的，还是消极否定的，则取决于认识的内容，即主体认识到对象是符合自身需要的，还是不符合自身需要甚至危害自身利益的。由符合自身需要的认识产生的情感多是积极肯定的，如喜爱之情；由不符合自身需要甚至危害自身利益的认识产生的情感多是消极否定的，如反感敌对之情。我们对恶人也可能很了解，但了解越多，愤怒越甚，恨意越浓。相反，我们对父母、亲朋的了解越深，感情常常也越深。纵使父母、亲朋有缺点，依然深爱如

---

① 钱穆：《国史大纲》上册，商务印书馆，2011，第 2 页。

故。同样，教育对象对群体的情感也会随着因亲近群体而逐渐加深的认识而有所深化。在识群教育阶段，教育对象对群体的认识还是作为群外人员对群体的认知，这种认知还不够深刻。同样，群外认同也不及群内认同强烈而持久。因此，只有真正成为群体的一员，亲近群体，才能更加真切而深入地感知、了解和把握群体，体悟群体对于自身生存发展的重要意义，从而进一步强化对群体的认同，增强对群体的喜欢、依恋之情，将群体作为自己成长发展的重要依托。

（二）关心群体

爱群不仅要求教育者引导教育对象喜爱群体，还要关心群体，包括关注和重视群体的发展与群体成员的幸福。

群体首先是作为一个整体而存在的，关心群体就是关心整个群体的建设、活动、发展和完善等。群体自身的建设是群体生存发展的前提条件，"皮之不存，毛将安傅？"① 群体本身建设的好坏，直接关系到群体的发展潜力和发展空间。关心群体建设，主要是关心群体目标、群体任务、群体结构、群体规则、群体文化、成员素质等方面的建设情况。群体活动是群体的存在方式和生命力所在，包括维护群体正常运转的日常活动以及为完成特定任务而开展的特殊活动。因此，关心群体的活动，就是关心群体的日常活动以及特殊活动。群体的不断发展和完善是增强群体生命力和竞争力的必然要求，关心群体的发展和完善，就是关心群体规模的不断扩大，群体职能的不断扩展，群体结构、规则和文化的不断优化，群体力量的不断壮大等。

群体并不是空洞抽象的整体，而是由一个个活生生的、现实的、相互联系的单个人构成的。因此，关心群体不仅要求关心作为整体的群体，还要求关心群体中的每一个成员。既要关心群体成员在群体中的实际需要、发展诉求、言行表现、成绩功劳、实际困难等情况，也要关心群体成员在群体之外的生活、学习、工作等过程中所遇到的问题和困难，真心关切群体成员的需要和疾苦，并热情为其提供物质支持和精神抚慰，帮助群体成员克服困难、发展进步，立人达人。

---

① 《左传·僖公十四年》。

（三）爱护群体

爱群教育还要求引导教育对象爱护群体，即爱惜和保护群体的设施和资源，维护群体的尊严和名誉，包容群体及其成员的缺点与过失。

群体尤其是正式群体，一般都有一定硬件基础，包括群体的基本设施、器物、资源等。例如，一个班级的教室、桌椅、黑板、多媒体设备、饮水机和电灯。这些硬件是支撑群体正常运转、开展活动、完成任务的基本条件。因此，爱护群体首先是爱惜和保护群体的基本设施、器物、资源等，不浪费、不损害、不挪用。

群体在长期的社会实践过程中，会受到社会各方对自身的特色、成绩、价值等方面的评价，进而逐渐形成一定的名誉。群体的名誉直接关乎群体的尊严、群体的生存发展和前途命运。良好的群体名誉是促进群体成员自尊、自豪、自信、自强的巨大精神动力，是吸引群外人员关注和加入群体的巨大吸引力，也是群体获取外部支持和帮助的重要依据，这都为推动群体的发展进步创造了重要条件。因此，爱护群体不仅要爱惜和保护群体的设施、器物和资源，更要维护群体的尊严和名誉，不做有违群体规则、有害群体名誉、有碍群体发展之事，而是力求为群体争光、促群体进步。

每个人都有缺点和不足，都会出于各种原因而犯错误。同样，每个群体也都有缺点和不足，也会存在过失。爱护群体内在地要求教育对象包容群体及其成员的缺点和不足，宽恕群体及其成员的过错，并不吝惜对群体及其成员提出富有建设性的意见和建议，帮助群体及其成员不断弥补过错、矫正缺点，促进群体及其成员的完善与进步。

四　合群教育

通过识群教育、择群教育、爱群教育，教育对象对所选群体有了深刻认知、深厚情感，但还不能说已经形成了乐群性。乐群性最终要体现在稳定的合群行为习惯上，合群是乐群性形成的根本标志，合群教育是乐群教育过程的终点。合群，就是能与群体成员相合相洽，实现群己合一的状态。乐群教育的目的就是要充分实现人的社会性本质，通过结合为群体的形式，克服孤立的个体的局限性，获得认识世界和改造世界的巨大力量。而要达成这个目的，必须保证群体成员之间的紧密结合、高度统一，才能充分释放出群体力量，充分发挥出群体优势。而要实现群体成员之间的紧密结合、高度统一，就必须使群体成员合众、合心、合力。因此，教育者还要引导教育对象在识群、择群、爱群的基础上合群，即融入群体、凝聚群体、整合群体，也就是要合众、合心、合力，实现群己合一。

（一）融入群体

合众是合群的第一要义。合众就是个人要与众人相合相容，个体要与群体相交相融。因此，实际上，合众就是要融入群体。融入群体是凝聚群体、整合群体、实现群己合一的前提。融入群体就是教育者要引导教育对象积极参与群体，与群体成员和谐相处，融入群体之中，与群体合而为一。

融入群体首先要积极参与群体的各项建设、各种活动，履行作为群体成员的责任和义务，为群体的发展进步贡献智慧和力量。只有如此，教育对象才能获得群体的尊重、认可和接纳，成为群体不可缺少的一部分，为融入群体打下坚实的事实基础。相反，一个不关心群体建设，不热心群体事务，终日消极怠工、敷衍了事、偷懒耍滑、游手好闲、"搭便车"的人，是不会受到群体欢迎、认可和接受的，自然难以融入群体，甚至终会被群体所排斥和抛弃。

融入群体还要求教育者引导教育对象多与其他群体成员接触交往，并能热情待人、与人为善、融洽相处，与群体成员打成一片，为融入群体打下良好的人际基础。人与人之间的情感联系是在友好、频繁而深入的交往中建立和发展起来的，要融入群体，被群体成员接纳，与群体融为一体，教育对象就必须乐于与群体成员交往，学会与群体成员和谐相处，建立融洽的人际关系。有过牧羊经历的人一定会发现这样一个现象：在一个羊群里，总会有个别羊只脱离羊群，独自觅食。即使把这些离群的少数羊只赶回羊群，过不了多久，它们又会游离出去。人类群体也常常如此，总有人与其他群体成员合不来，无法与其他群体成员融洽相处，融入不进群体，孤立于群体之中，游离于群体之外。尤其在现代社会，人们的利益日益多元化，个性越来越鲜明，不合群的人也越来越多。这就更加需要教育者高度重视培养教育对象的合群性，促进教育对象融入群体。

（二）整合群体

合群不只是合众，更是合心、合力。而要合心、合力，必须先整合群体，即将群体中不同的、分散的和相斥的利益、目标、资源、思想、力量等加以整顿、协调和重组，以实现群体利益、目标、资源、思想、力量的优化、集中和统一，从而提高群体的整体实力。因此，教育者要引导教育对象在融入群体的基础上整合群体。

整合群体首要的是整合群体利益。"人们奋斗所争取的一切，都同他们的利益有关。"① 然而，每个人的主客观条件不同，使得每个人的需要和利益也存在差异。群体要团结一心、共同奋斗，就必须将群体成员不同的、分散的、相斥的个人利益整合汇聚成整个群体的共同利益，才能使群体成员认识到自身利益与群体利益的相关性，并团结起来为之奋斗。正如邓小平所说："人的因素重要，不是指普通的人，而是指认识到人民自己的利益并为之而奋斗的有坚定信念的人。"② 因此，教育者要引导教育对象正确认识群体利益与自身利益的关系，自觉将自身利益与群体利益结合起来，将群体整合为一个利益共同体，在实现群体利益中实现个体利益。

其次，整合群体还要求整合群体目标。目标是利益的体现，每个人的利益不同，其目标自然也会不同。因此，整合群体必须将群体成员不同的、分散的、相斥的个体目标整合成符合群体成员共同利益的群体共同目标。由群体共同的利益凝结而成和依托支撑的群体共同目标，不仅指引着群体成员前行的方向，更凝聚着群体成员团结奋斗的力量。它像一个具有巨大吸引力的磁石，吸引着群体成员向心共进。古人云："上下同欲者胜"。③ "万人操弓，共射一招，招无不中。"④ 同欲方能同心，同心方能同力，同力方能同向，同向方能得胜。因此，教育者要引导教育对象参与整合、制定并认同群体的共同目标，与群体成员齐心协力为之奋斗。

再次，整合群体还要求整合群体资源。群体资源是群体发展必不可少

---

① 《马克思恩格斯全集》第 1 卷，人民出版社，1956，第 82 页。
② 《邓小平文选》第 3 卷，人民出版社，1993，第 190 页。
③ 《孙子·谋攻》。
④ 《吕氏春秋·孟春纪第一》。

的条件，包括群体的物质资源和精神资源。群体的物质资源主要是群体的资金、土地、建筑、设备、工具、物件等以实物形式存在的资源，群体的精神资源主要是群体的文化素养、理想信念、价值观念、道德风尚等无形资源。整合群体资源，就是教育者引导教育对象把分散的、重复的、不同的资源重新调配、组合、利用，实现群体资源配置的最优化和资源使用效率的最大化。

复次，整合群体还包括整合群体思想。行动是主观见之于客观的，是由思想所主导和支配的。然而，每个人都有自己的思想意识和精神追求，群体成员的思想观念若是相互矛盾、冲突、敌对，不能达成共识，人人各行其是，群体就会如同一盘散沙。相反，群体成员的思想一致，步调才能一致。因此，教育者还要引导教育对象将群体成员多样的、分化的、矛盾的思想整合成思想共识，并自觉对思想共识加以认同和维护。

最后，整合群体还要整合群体力量。整合群体力量是整合群体的落脚点，旨在创造出一个大于个体力量之和的群体力量。群体力量的整合，一方面是在群体利益、目标、资源和思想的整合过程中实现的，是这一系列整合过程的结果。另一方面，更在于各个群体成员的智慧和才能的用得其所、充分发挥、优势互补和叠加强化。因此，整合群体要求教育者引导教育对象正确认识自己的优势与不足，从而在群体当中找到适合自己的位置，并能与其他群体成员团结协作，在充分发挥自身力量的同时，与其他群体成员一道，创造出更大的群体合力。

（三）凝聚群体

凝聚力是群体力量的核心。整合群体实质正是为了通过群体各方面的整合，增强群体对群体成员的吸引力和向心力，使群体成员心往一处想，劲往一处使，从而促进群体合心合力，提升群体的凝聚力。因此，教育者要在引导教育对象整合群体的基础上，进一步凝聚群体。凝聚群体的核心就是凝心聚力。

凝聚群体首先在于凝心。心不合，人必不合，群必散乱无力。心合，人必合，群必团结有力，正所谓"人心齐，泰山移。"因此，合群的关键在于合心，凝聚群体的关键在于凝心。凝心就是要把群体成员不同的认识、情感和意志协调、凝结成集中统一的认识、情感和意志，从而实现群体一心、团结一致。"在社会历史领域内进行活动的，是具有意识的、经过思虑或凭激情行动的、追求某种目的的人"①，但每个人的认识、情感和意志不同，这就容易造成群体内部在一定范围、一定程度上的离心力和排斥力，从而耗散和削弱群体的力量。因此，凝心就是要将群体成员不同的认识、情感和意志协调、统一、融合起来，形成共同的认识、情感和意志，从而形成群体的团结一心。群体共识是以群体共同的利益、目标、思想等为基础而达成的，群体共同的情感则是在群体共识基础上形成的对群体的认同感、归属感和责任感，并在群体共识、情感共振基础上形成了统一的意志。在群体共识、共同感情和统一意志的综合作用下，才能将群体成员紧紧凝聚在一起，形成群体一心。② 因此，教育者要引导教育对象促进群体共识、共同感情和统一意志的形成与巩固，并自觉将自身的认识、情感和意志融入到群体统一的认识、情感、意志之中。

不仅如此，还要在群体凝心的基础上推进群体聚力。只有凝心才能聚力，聚力是以凝心为前提的，而凝心则是为了聚力。教育对象还要在促进群体共识、共同感情和统一意志的形成与巩固的基础上，进一步推动群体的团结一致、同心协力、统一行动、共同奋斗，从而提高群体认识世界和改造世界的能力。

上述四个环节就是乐群教育的一般过程所经历的四个相互关联的阶段，这四个环节先后有序、环环相扣、相互渗透、层层深入。通过这一过程，逐步培养起教育对象的乐群性。需要指出的是，本书所述是乐群教育的一般过程，而不是绝对的、僵化的过程，要根据教育对象的实际情况具体安排和调整。例如，原生家庭是不可选择的群体，也就不存在择群教育的环节。因此，乐群教育过程的开展，要具体问题具体分析，灵活安排和调整，以顺利实现乐群教育目标。

第二节　乐群教育的规律

任何事物在运动发展过程中，都表现出其本质的、必然的、稳定的联

---

① 《马克思恩格斯选集》第 4 卷，人民出版社，2012，第 253 页。
② 骆郁廷：《精神动力论》，武汉大学出版社，2003，第 181～185 页。

系，即事物的客观规律。人类的实践活动只有尊重和遵循事物运动发展的内在规律，才能顺利开展并实现预期目的。因此，毛泽东说："人们要想得到工作的胜利即得到预想的结果，一定要使自己的思想合于客观外界的规律性，如果不合，就会在实践中失败。"① 科学的直接任务就是揭示客观事物和现象的规律，而揭示规律的目的在于指导实践，以更好地改造人们的主观世界和客观世界，不断满足人们的需要。同样，乐群教育活动也有其特殊的规律，研究乐群教育不仅要把握乐群教育的一般过程，更要在此基础上进一步揭示乐群教育的基本规律，以更好地指导和服务于乐群教育活动，提高乐群教育的科学性和有效性。

一 群己互动规律

列宁说："规律就是关系……本质的关系或本质之间的关系。"② 乐群教育的规律就是构成乐群教育活动内部各要素之间的本质的、必然的联系。其中，个体与群体之间的互动关系，是乐群教育活动中最根本的、具有决定性作用的本质关系，也是推动乐群教育发生发展的根本动因。反映这一本质关系的就是乐群教育的基本规律，即群己互动规律。群己互动规律，是指乐群教育总是在教育对象个体与特定群体的相互联系、相互作用、相互促进中展开并得以实现教育目的。因为人的乐群性只有在群己互动中才能真正形成发展起来，所以，培养人的乐群性的乐群教育也只能在群己互动中才能真正实现。乐群教育是旨在培养人的乐群性的教育实践活动，教育任务的特殊性决定了教育活动的特殊性。人的乐群性从根本上说是在人与群体的交往互动中、在群体实践中形成和发展起来的，离开群体，离开人与群体的互动，人的乐群性的形成发展犹如无源之水、无本之木。所以，与其他教育活动相比，乐群教育具有更为突出的参与性和实践性。乐群教育活动并不是单纯的理论灌输过程，更是教育者引导教育对象实际认识和参与特定群体的过程，在教育对象与特定群体的交往互动、相互作用、相互影响中养成教育对象的乐群性。例如，开展家庭中的乐群教

---

① 《毛泽东选集》第 1 卷，人民出版社，1991，第 284 页。
② 〔苏〕列宁：《哲学笔记》，人民出版社，1993，第 128 页。

育，就必须使教育对象多与其他家庭成员沟通交流，亲密互动；开展学校中的乐群教育，就必须使教育对象多与同学、老师交流互动。没有实际的群己互动过程，乐群教育的实际效果就无法得到保证，人的乐群性也难以形成。

（一）群己建立联系

乐群教育的群己互动规律表现为教育对象个体与特定群体在交往中建立起群己之间的相互联系。建立群己联系实际上就是教育对象选择和加入一定群体，成为一定群体成员的过程，也是教育对象获取特定群体成员身份和资格的过程。

建立群己联系是群己互动的前提，也是培养人的乐群性的前提。乐群必先有群可乐，择群而乐。也就是说，乐群教育先要使教育对象正确选择一定群体，获得群体成员身份和资格，建立起教育对象与特定群体的联系，才能在此基础上培养教育对象的乐群性。群体成员的身份和资格是教育对象获得自我认同、确认自身角色的前提，也就是回答"我是谁"的问题。而"回答这个问题就是理解什么对我们具有关键的重要性。知道我是谁，就是知道我站在何处。我的认同是由提供框架或视界的承诺和身份规定的，在这种框架和视界内我能够尝试在不同的情况下决定什么是好的或有价值的，或者什么应当做，或者我应赞同或反对什么。换句话说，这是我能够在其中采取一种立场的视界。"[1] 也就是说，身份和资格意味着群体对其成员的利益、价值、目标、权利、义务、规则、道德等方面的赋予和规定，是教育对象自我认同的关键来源，也是教育对象在深入认识群体、认同群体的基础上热爱群体、融入群体、建设群体进而形成乐群性的基石。因此，乐群教育要求教育对象首先选择特定群体，获取一定的群体身份和资格，建立起群己联系，为群己互动奠定基础。

（二）群己相互作用

乐群教育的群己互动规律还表现为群己在建立相互联系的基础上进一

---

[1] 〔加〕泰勒：《自我的根源：现代认同的形成》，韩震等译，译林出版社，2012，第39~40页。

步发生相互作用。建立起群己联系并不代表教育对象自然而然地就具有了乐群性。现实生活中很多人一直身在群体，不仅具有群己联系，而且拥有多重身份，但这种群己联系却是十分松散和疏远的。例如，有的人在家里是子女却不尽孝，在公司是员工却不尽职，在社团是成员却不尽责。总之，很多人身在群中，心却在群外，不喜群、不合群。因此，乐群教育不仅要引导教育对象选择一定群体，与一定群体建立群己关系，还要进一步促进教育对象与群体的相互作用。群己相互作用是群己互动的根本表现，人的乐群性从根本上说是在群己的相互作用过程中形成和发展的。

群己相互作用是双向的，一是个体作用于群体。个体作用于群体主要是指个体在参与群体、融入群体的过程中，既对群体的建设和发展产生作用，又对一定的群体成员产生影响。乐群不仅表现在思想上，更表现在行为上。在行为上的表现主要是教育对象积极参与群体的各项建设活动和任务，履行作为群体成员的职责和义务，以自己的智慧和力量为改变群体的面貌、推动群体的发展、完成群体的任务，做出相应的贡献。个体对群体的作用，不仅表现在教育对象个体对群体整体的作用，也表现为教育对象个体对群体成员的影响，例如，转变群体成员思想观念，带动群体成员尽职守则，帮助群体成员成长进步，等等。个体作用于群体的过程，也是教育对象个体融入群体的过程。这一过程不仅拉近了教育对象与群体的关系，也加深了教育对象对群体的情感归属。二是群体作用于个体。群体作用于个体主要是指群体通过目标、制度、任务、文化等引导、规约、动员、濡化群体成员，为群体成员提供成长发展的平台、资源、氛围、保障等。群体作用于个体的过程，也是群体接纳和塑造个体的过程。这一过程既加速了个体与群体的融合，也促进了个体乐群性的形成。

总之，通过群体与教育对象个体之间的双向作用，教育对象进一步融入群体之中，群体进一步接纳教育对象，从而促进教育对象与群体的双向悦纳与深度融合，为教育对象乐群性的形成奠定了坚实的基础。

（三）群己相互促进

乐群教育的群己互动规律最终体现为群己在相互作用的基础上相互促进。如果说群己相互联系是群己互动的前提，群己相互作用是群己互动的过程，那么，群己相互促进就是群己互动的结果。毫无疑问，教育对象个体与特定群体的相互作用方向必须是积极向上的，相互作用的结果必须是相互促进的，才能保证教育对象乐群性的形成。

一方面，教育对象个体只有以自己的智慧和汗水促进群体的发展和完善，才能彰显教育对象乐群性的实际效果。检验人的乐群性不是看言语上对群体的认同、称赞和喜爱，从根本上说，是要看个体在群体中的真实行为表现，包括对待群体成员的态度以及参与群体活动的实际情况，并在此基础上现实地为群体的发展和完善做出了贡献。

另一方面，群体只有以自己的制度、平台、资源、环境和措施等尊重和保障个体的权益，促进个体的成长和进步，才能为个体乐群性的形成打下牢固的基础。乐群主要是个体之于群体的态度和倾向，但这种态度和倾向在很大程度上也取决于群体之于个体的态度和倾向。乐群性形成的关键是教育对象个体对群体的认同、选择、热爱和奉献，但是仅仅依靠个体对于群体的这种单向作用力还不能形成乐群性，同时要求群体对个体的尊重、接纳和爱护。也就是说，群体要可乐、值得乐。如果群体不尊重个体，忽视甚至否定个体的实际需要和现实利益，无视个体的疾苦和困难，个体的乐群性就会失去生长的土壤，并逐渐被瓦解。同样，群体要获得个体的支持和付出，只讲牺牲精神，不讲群体对个体成长发展的合理需求和利益的满足，也是不现实的。尊重个体也是乐群的必要条件。南宋著名的政治家、思想家陈亮说："何世不生才，何才不资世！天下雄伟英豪之士，未尝不延颈待用，而每视人主之心为如何。使人主虚心以待之，推诚以用之，虽不必高爵重禄而可使之死，况于其中之计谋乎！"① 可见，人主若能尊重人才，以诚相待，虽无高官厚禄，人才也会鞠躬尽瘁，死而后已。反之，人主若不能虚怀若谷，尊重人才，纵有高官厚禄，人才亦会拂袖而去。因此，要培养人的乐群性，也要求群体建设成为真正的利益共同体，并努力营造舒心和谐的群体环境，为促进群体成员的成长进步和价值实现创造条件。也只有促进群体成员的成长和进步，群体才能生存、发展和壮大，获得发展的持久动力。概而言之，群己只有相互悦纳、相互促进，才能为人的乐群性的形成、发展和巩固奠定深厚的基础。促进群己共同进步，也是乐群教育的真正目的。

---

① 《陈亮集（增订本）》上册，中华书局，1987，第26页。

总之，乐群教育要顺利实现教育目的，培养人的乐群性，就必须遵循群己互动规律，引导教育对象正确选择群体，现实地建立群己联系，使教育对象参与群体、融入群体，并在参与和融入群体的过程中促进群己的相互作用，使群己高度融合，并在此基础上推动群己的相互促进和共同进步。

二　内外转化规律

矛盾是事物运动、变化和发展的源泉和动力。事物的运动、变化和发展是由事物自身诸要素之间的内部矛盾引起的，同时又受到与其他事物的外部矛盾影响。其中，内部矛盾是事物运动、变化和发展的内因，外部矛盾则是事物运动、变化和发展的外因。内因与外因是辩证统一的。正如毛泽东所说："唯物辩证法的宇宙观主张从事物的内部、从一事物对他事物的关系去研究事物的发展，即把事物的发展看做是事物内部的必然的自己的运动，而每一事物的运动都和它的周围其他事物互相联系着和互相影响着。事物发展的根本原因，不是在事物的外部而是在事物的内部，在于事物内部的矛盾性。任何事物内部都有这种矛盾性，因此引起了事物的运动和发展。事物内部的这种矛盾性是事物发展的根本原因，一事物和他事物的互相联系和互相影响则是事物发展的第二位的原因。"[1] "外因是变化的条件，内因是变化的根据，外因通过内因而起作用。"[2] 同样，乐群性的形成和发展既受到人的内部主观因素的作用，也受到外部客观因素的影响，并且内外两种因素彼此联系、交互作用、相互转化，共同决定着人的乐群性的形成和发展。人的内在思想矛盾运动是乐群性形成发展的内因，是根据；外在的环境和教育等因素则是乐群性形成发展的外因，是条件。这就意味着，乐群教育必须充分重视影响教育对象乐群性形成发展的内外因素，自觉建设和调控外部因素使之有利于教育对象乐群性的形成发展，并有效推动有利的外部因素向教育对象内部的转化，进而引起教育对象内在的思想矛盾运动，促进教育对象乐群性的形成和发展。总之，人的乐群性

---

[1] 《毛泽东选集》第 1 卷，人民出版社，1991，第 301 页。
[2] 《毛泽东选集》第 1 卷，人民出版社，1991，第 302 页。

是内外因素交互作用的产物，而乐群教育过程正是激发教育对象的内在动力、调控外部因素、促进内外转化的自觉过程。

（一）激发内在动力

内因是人的乐群性形成发展的根据，这就要求乐群教育先要激发教育对象的内在动力。乐群性的形成和发展从根本上说，源于人们的遗传基础、需要、认知、情感、意志和行为等内在因素的矛盾运动。

人的乐群性的形成发展具有一定的遗传基础。在心理学领域，很多学者认为，人格与遗传具有很大的相关性。其中，社会性就具有遗传性。社会性（Sociability）是一种更喜欢与其他人待在一起而不是独自相处的倾向，是对引起别人的注意、参与共享活动，以及寻求属于社会交互作用的部分反应和刺激的渴望。领养研究证明，人的社会性可遗传。利用加利福尼亚心理调查表（CPI）和瑟斯顿气质调查表（TTS）对被领养儿童与其亲生父母及养父母进行比较，结果显示，尽管这些孩子从出生后几天就与他们的养父母在一起生活，但他们之间却完全没有相似性（A 列数据）。相反，尽管他们和亲生父母分开了，他们之间却表现出了中等相关模式（B 列数据）。同样，这一研究在被领养的孩子和亲生的同胞兄弟姐妹及同被养育的兄弟姐妹之间比较（D 列和 C 列数据）的结果也显示，与同被养育的兄弟姐妹相比，被领养的孩子更像他们的亲生的同胞兄弟姐妹。具体情况见表 4-1。这里所说的社会性虽不等于乐群性，却是乐群性的重要特征，并且，社会性强的人更有利于其乐群性的养成。因此，从这一层面来说，乐群性也具有一定的遗传基础。因此，在乐群教育过程中，教育者需要了解和重视每个教育对象所表现出来的影响乐群性形成发展的不同先天遗传素质，才能有针对性地进行教育，提高教育的实效性。

需要是有机体内部的一种不平衡状态，反映某种客观要求和必要性，通过动机表现出来，由动机引发行为。因此，需要是人类行为的基本动力。需要的力量直接影响行为的强度，需要越强烈，行为动力越大、越持久。同样，乐群行为也是由乐群需要所驱动的。乐群需要实际上是次生需要，是为满足基本需要而产生的需要。人的生存和发展需要都离不开群体的支持和帮助，具体而言，人的生理需要、安全需要、归属和爱的需要、尊重的需要和自我实现的需要等都需要群体的支撑。然而，很多时候，需

表 4 – 1 被领养的孩子与其养父母、同被养育的兄弟姐妹
及其亲生父母、亲生的同胞兄弟姐妹之间在社会性的测量结果上的相关

测量	（A）养父母	（B）亲生父母	（C）同被养育的兄弟姐妹	（D）亲生的同胞兄弟姐妹
社会性（CPI）[+]	0.04	0.17	0.04	0.22
社会风度（CPI）	0.12	0.34	− 0.08	0.70
好交际的（TTS）[++]	0.02	0.18	− 0.13	0.38

注：父母相关是将孩子－父亲以及孩子－母亲之间的相关系数进行平均后的结果；对同胞兄弟姐妹相关也做了平均化处理。

+ （CPI）指加利福尼亚心理调查表。

+ + （TTS）指瑟斯顿气质调查表。

资料来源：〔美〕查尔斯·S. 卡弗、迈克尔·F. 沙伊尔：《人格心理学》，梁宁建等译，上海人民出版社，2011，第 121 ~ 123 页。

要并不总是能被主体所清楚察觉，而需要不明确或不被主体认识和重视，都难以驱动行为。乐群的需要也是如此，很多人可能没有明确认识到有乐群的需要，也就难有乐群的行为。因此，在乐群教育过程中，教育者必须不断激发和强化教育对象的乐群需要，不仅使教育对象看到自身对群体的需要，还要促使教育对象为满足这一需要而实施乐群行为，才能更好地培养教育对象的乐群性。例如，在乐群教育的择群阶段，实际上就涉及教育对象对特定群体的具体需要。社会中有数不清的各类群体，乐群并不是乐所有的群体，而是要有所选择。选择的根本标准就是主体的现实需要。因此，使教育对象在正确评估自身需要的基础上选择一定群体是择群教育的内在要求。

乐群性的形成发展必须具备一定的认知基础，包括对一定群体的认识和了解、对乐群价值的判断，以及对如何正确看待和处理群己关系的认知等。认知是情感、意志和行为的基础，教育对象对乐群的认知也是其乐群的情感、意志和行为产生的基础，更是人的乐群性形成发展的前提。因此，教育者在乐群教育过程中，必须高度重视对教育对象乐群认知的培养和强化。

乐群的情感是教育对象基于对乐群的需要及其认知基础上而形成的主观体验。乐群的情感首先是教育对象对特定群体需要的反映。例如，一个具有丰厚的物质条件、良好的工作环境、和谐的人际关系、光明的发展前

景等特征的群体，因为满足了教育对象的需要，就容易使其对群体产生认同、喜爱、归属、奉献等积极的情感体验。相反，一个物质条件较差、工作环境艰苦、人际关系紧张、发展前景暗淡的群体，因为难以满足教育对象的需要，就容易使其对群体产生失望、否定、厌恶、排斥等消极的情感体验。同时，乐群的情感也是与乐群的认知相联系的。不了解群体、不知道如何与群体相处，就很难产生对群体的深厚情感。乐群的情感是乐群由认知转化为行为的催化剂，是乐群性形成发展的重要条件。因此，教育者要重视教育对象对特定群体情感的培养，不仅要使教育对象认识到自身的乐群需要，还要牢固确立其对乐群的深刻认知。

乐群的意志就是当教育对象认识到了自身的乐群需要，正确认识了乐群的价值、乐群的要求之后，自觉地践行乐群的要求，表现出乐群的行为，以满足自身需要的心理过程，并在此过程中表现出克服困难的毅力。人们在乐群的过程中，难免会遇到各种挫折，如个体自身交往技能薄弱而导致难以融入群体，因群体制度缺陷而造成的不公正待遇等，都会打消人们乐群的积极性。这时就需要人们具备顽强的乐群意志，才能不断克服困难、解决问题，维持乐群行为的稳定性和持续性，以更好地形成乐群性，促进自身与群体的共同发展和进步。因此，教育者应加强对教育对象乐群意志的磨砺，提高其乐群的意志力。

乐群性最终要体现在人的行为上。乐群行为是人的乐群性形成的根本标志，也是乐群教育的最终目的。人的遗传基础、需要、认知、情感和意志都不具有直接现实性，而是要通过行为才能表现出来，也只有通过稳定而持续的行为习惯的表现，人的遗传基础、需要、认知、情感和意志才具有实际意义。因此，教育者还要帮助教育对象在一定的遗传基础、需要、认知、情感和意志的基础上，促进其稳定而持久的乐群行为习惯的养成。

上述内在因素对人的乐群性的形成发展具有不同程度的作用，遗传基础是乐群性形成发展的先天条件，需要是乐群的根本动因，认知是乐群的重要前提，行为是乐群的根本体现，而情感和意志则是乐群由认知转化成行为的纽带和催化剂。同时，这些内在因素相互联系、相互渗透、相互作用，共同决定着人的乐群性的形成和发展。但是，在很多情况下，出于主客观原因，这些内在因素的发展水平和作用方向可能出现差异，从而引发诸要素之间的矛盾。例如，有些人有乐群的需要却不自知，有乐群的认知却无乐群的行为，有乐群的情感却无乐群的意志，等等。这就要求教育者通过有效的乐群教育过程，促进教育对象展开内在的矛盾运动，使自身内在诸要素均衡发展、相互协调，激发教育对象乐群的内在动力，推动教育对象乐群性的形成和发展。

（二）调控外部因素

外因是人的乐群性形成发展的条件，这就要求乐群教育还要有效调控外部因素。尽管内因是事物运动、变化和发展的根据，但是，事物的运动、变化和发展也离不开外在条件。因为世间万物都是彼此相联系的，任何事物的存在和发展都会受到其他事物的影响。同样，现实的人总是生活在生动的社会中，时刻受到社会条件和周围环境的影响。人的乐群性的形成和发展也无法逃离现实社会生活的影响，既有社会环境的自发影响，也有教育的自觉影响，都对人的乐群性的形成和发展起着重要作用。

影响人的乐群性形成发展的社会环境既有宏观环境，也有微观环境。宏观环境主要是经济环境、政治环境和文化环境。经济环境是影响人的乐群性形成发展的基本因素，一定社会的经济基础、生活条件等直接关系着人们之间的利益关系，而不同的利益关系对人的乐群性的形成发展具有不同的影响。利益的一致与联结更有利于人们乐群性的形成和巩固，而利益的分裂和对立则难以形成真正的乐群性；政治环境对人们乐群性的形成发展有着重要影响，尤其是一定社会的政治制度，关系着人们的地位和人与人之间的关系。民主制度下人与人之间的关系更加平等、民主、和谐，也更有利于人的乐群性的形成发展。专制制度则容易造成人与人之间的关系等级化、复杂化、紧张化，不利于人的乐群性的形成发展；文化环境包括一定社会的价值观、道德、信仰、艺术、风俗习惯、生活方式等，对人的乐群性的形成发展具有潜移默化的熏陶作用。例如，封建社会以来形成的宗法观念根深蒂固，仍然支配着很多现代人的思想，而这种观念使人们在与他人交往过程中过于注重人情关系，容易造成裙带之风、荫庇心态和宗派习气，严重制约着人的乐群性的形成发展。相反，以倡导民主、和谐、平等、公正、诚信、友善等为重要内容的社会主义核心价值观，对于培养人的乐群性具有现实的指导意义和导向作用。上述经济、政治、文化等因素共同形成了影响人的乐群性形成发展的整体宏观环境，这种大范围的、复杂的、持续的环境影响，使得生活于其中的人们乐群性的形成发展具有一定的相似性。当然，不同时期的社会宏观环境又使不同时期的人们乐群性的形成发展具有一定的差异性。例如，人们十分关注的"80后""90后"现象，就是社会大环境在不同时期造成的不同结果。而不同年代的人的乐群性既具有同代的趋同性，又有隔代的差异性。"90后"中独生子女所占比例远超"80后"中独生子女所占比例，加之社会环境其他方面的差异，相对而言，在处群方面，"90后"比"80后"更加独立、自信、自我。

影响人的乐群性形成发展的微观环境主要是家庭、同辈群体、工作单位、大众传媒等。家庭是人们结合的最基本方式，也是人类社会最基本的群体。人一出生就从属于一个家庭，而在长大成家之后，又有了属于自己的小家庭。因此，人几乎一生都处在家庭之中，家庭对人的乐群性的形成发展具有原初、持久而深远的影响，既包括以血缘为纽带的亲子之间的影响，也包括以婚姻为媒介的配偶之间的影响。亲子之间的影响，主要是父母的乐群性以及父母的教育方式对子女的乐群性的影响。例如，如果父母具有高度的乐群性，很容易于无形中给孩子起到很好的示范作用，从而带动孩子乐群性的形成发展。父母的教育方式如果是既能坚持原则性又能与孩子平等交流互动的权威式，则更有利于孩子乐群性的形成发展。相反，过于溺爱放纵的教育方式容易造成孩子以自我为中心、包容性差等，不利于孩子乐群性的形成发展。此外，配偶的乐群性也会相互感染、影响和带动，尤其是婚龄较长的配偶，其拥有共同的生活环境、人际圈等，使得配偶在很多方面会逐渐趋同，当然也包括人的乐群性的彼此接近；同辈群体主要是由年龄、爱好、价值观、社会地位等相近的人组成的非正式群体，如朋友圈、社团等。实际上，伴随着人的成长，人们与同伴交往相处的时间会逐渐增加。尤其是处在学龄期的儿童、青少年，很大一部分人与同学、朋友等相处的时间甚至超过了与父母在一起的时间。一方面，这样的同辈群体本身就是孕育和生发人的乐群性的土壤，另一方面，同辈群体中的同伴容易相互模仿和影响，直接影响人的乐群性的形成发展。因此，同辈群体对人的乐群性的形成发展具有重要影响。工作单位是成年人获得社会角色和地位的重要群体，工作单位的目标、制度、结构、活动、文化、成员等都对人的乐群性的形成发展具有重要影响。大众传媒如报纸、杂志、书籍、广播、电视、网络等，对人的乐群性形成发展的作用也不容小觑。尤其是互联网的出现，其快速、及时、大量、跨时空传播信息的特点对人的乐群性形成发展的作用日益凸显。一方面，网络传递的信息内容影响人的乐群性的形成发展。例如，充斥个人英雄主义情结的网络小说、影视作品的盛行，对人的乐群性的形成发展具有一定的销蚀作用。另一方面，网络传递信息的方式也影响人的乐群性的形成发展。方便快捷的网络既可能成为人们乐群的重要手段和载体，也可能成为人们沉浸虚拟世界、远离人群、孤独绝望的罪魁祸首。结果是喜是忧，全在于人们如何使用网络。与宏观环境相比，微观环境对人的乐群性形成发展的影响更为直接、强烈，要予以高度重视。

上述所列，无论是宏观环境还是微观环境，对人的乐群性的形成发展主要是自发的影响过程，此间有积极影响，也有消极影响。这就要求乐群教育者自觉创造、有效调控和整体优化有利于教育对象乐群性形成发展的环境，力求使各种环境尤其是微观环境对教育对象乐群性的形成发展同向发力、共同促进，以更好地达到教育目的。更重要的是，要自觉开展科学有效的乐群教育活动，通过有目的、有计划、有组织的乐群教育活动培养人的乐群性。教育是人的乐群性形成发展的关键途径。

（三）促进内外因素转化

影响乐群性形成发展的内外因素是交互作用、相互转化的，但内因并不总是自觉的，外因并不总是积极的，因此，必然要求乐群教育促进影响教育对象乐群性形成发展的内外因素自觉转化、积极转化。一方面，客观外在因素作用于人的主观世界，并转化成影响人的乐群性形成发展的内在因素。子曰："性相近也，习相远也。"① 人的主观世界并不是生来就有的，而是对客观世界的能动反映。"观念的东西不外是移入人的头脑并在人的头脑中改造过的物质的东西而已。"② 影响人的乐群性形成发展的内在因素也是对外在客观因素的能动反映，是由外在因素转化而来，并时刻受到外在因素的作用。然而，影响人的乐群性形成发展的外在因素既有积极的，

---

① 《论语·阳货》。
② 《马克思恩格斯选集》第 2 卷，人民出版社，2012，第 93 页。

也有消极的。比如说，党组织内部的宗派主义、山头主义之风，工作单位内部勾心斗角、互相倾轧的人际环境，身边同伴们的不合群倾向，等等，都会对人的乐群性的形成发展产生负面影响。这就要求乐群教育者注意选择、整合与优化教育对象周围的环境因素，创造有利于教育对象乐群性形成发展的有利环境，从而促进积极的外在因素向教育对象主观世界的转化，以促进教育对象形成有利于其乐群性形成发展的主观因素。还需要注意的是，影响人的乐群性形成发展的内在因素虽然源于外在因素，但并不是对外在因素被动的机械反映。因为人是具有主观能动性的主体，对于外在因素的接受是经过主观世界的能动加工与改造的。否则，就无法解释同样的外部环境，为何会塑造具有不同乐群水平的人。然而，人的能动性大小各有不同、发挥程度各有不同，对外部因素的吸收和转化水平也就不同。有些人的能动性较差，即使拥有再好的外部条件也无法转化成自身的乐群性。这就要求乐群教育者在选择、整合与优化影响教育对象乐群性形成发展的外部环境的同时，还要重视激活教育对象的内在活力，促进教育对象内部的思想矛盾运动，增强教育对象塑造自身乐群性的积极性、主动性和创造性，推动外部因素向教育对象内部的自觉转化、积极转化。

另一方面，人的内在因素作用于外部客观世界，从而塑造和更新影响人的乐群性形成发展的外部环境。马克思说："有一种唯物主义学说，认为人是环境和教育的产物，因而认为改变了的人是另一种环境和改变了的教育的产物，——这种学说忘记了：环境正是由人来改变的，而教育者本人一定是受教育的。"[1] 人自出生时就被置于一定的外部环境之中，接受环境的影响，从这一意义上可以说，人是环境的产物。但是，人生活于其中的外部环境又是从何而来呢？外部环境（主要是社会环境）正是人们在实践活动中创造并不断改变的。人们以自己的意愿和要求不断开创着崭新的世界，以满足自身不断发展的需要。同样，人们也在不断塑造着影响人的乐群性形成发展的环境。但是，人们创造和改变环境的意识和能力也是有差异的。很多人对环境的反应并不敏感，甚至是消极被动、逆来顺受。例如，有的人加入一个新的群体伊始，充满豪情壮志。但是，随着对该群体的深入了解发现，群体有诸多缺点和不尽如人意的地方。对此，他没有选

---

[1] 《马克思恩格斯选集》第 1 卷，人民出版社，2012，第 138 页。

择竭尽所能为改变和完善群体做出努力，或者一开始也在想方设法去改变群体，但经历一点挫折，便放弃了改变群体的想法，而是选择妥协，改变自己，随波逐流，或是直接离开群体。这种轻易对群体失望、放弃的做法，何谈乐群？适应群体并不是要适应群体的所有，而是适应群体先进的部分。对于群体落后的部分，要设法加以改变和完善，促进群体的发展，才能巩固和发展自身的乐群性。因此，乐群教育还要使教育对象充分发挥自己的主观能动性，提升教育对象积极选择、创造和改变外部环境的意识和能力，从而为自身和他人营造有利于乐群性形成发展的外部环境，也就是推动教育对象内部因素向外部环境的自觉转化、积极转化。

总之，"人创造环境，同样，环境也创造人。"① 乐群教育要培养人的乐群性，就必须促进影响人的乐群性形成发展的内外因素自觉而积极地进行双向作用、相互转化。一方面促进外在的有利因素作用于教育对象的主观世界，从而推动教育对象内在因素的健康和谐发展；另一方面，又要推动教育对象的内部因素作用于周围的环境，创造有利于乐群性形成发展的环境。此外，还需要强调的是，内外因素的交互作用和相互转化是以实践为中介的。只有在主体的实践活动中，才能沟通起主体内在的主观世界和外部的客观世界，并促进二者的互动。"环境的改变和人的活动或自我改变的一致，只能被看做是并合理地理解为革命的实践。"②

人们不去接触和了解群体，就不会获得对群体的认知；群体成员不参与群体、融入群体，就难以形成对群体的情感。因此，教育者促使教育对象在群体交往实践的基础上，推动影响乐群性形成发展的内外因素良性互动、内外转化，是乐群教育的重要规律。

三　知行合一规律

认识世界与改造世界是人类的两项基本活动，认识世界是为了改造世界，而改造世界的前提是认识世界，二者的辩证统一关系体现了认识与实践的统一、知与行的统一。乐群教育也遵循知行合一规律，既要提高教育

---

① 《马克思恩格斯选集》第 1 卷，人民出版社，2012，第 172~173 页。
② 《马克思恩格斯选集》第 1 卷，人民出版社，2012，第 134 页。

对象的乐群认知水平，促进以知导行，又要使教育对象在实施乐群行为的过程中深化乐群认知，以行促知，实现教育对象乐群性的知行合一。

（一）认知引导行为

持续而稳定的乐群行为是乐群性形成的根本标志，也是乐群教育的最终目标。而要使教育对象具有持续而稳定的乐群行为，必须先要使其形成深刻的乐群认知。

人类的实践活动总是由一定的意识、思想所指导。马克思说："动物和自己的生命活动是直接同一的。动物不把自己同自己的生命活动区别开来。它就是自己的生命活动。人则使自己的生命活动本身变成自己意志的和自己意识的对象。他具有有意识的生命活动。这不是人与之直接融为一体的那种规定性。有意识的生命活动把人同动物的生命活动直接区别开来。"① 可见，马克思主义认为，与动物本能的、自发的、盲目的行为不同，人类的行为是有意识的、有目的的、能动的，是以自觉的认知所引导的。毛泽东也说："做就必须先有人根据客观事实，引出思想、道理、意见，提出计划、方针、政策、战略、战术，方能做得好。思想等等是主观的东西，做或行动是主观见之于客观的东西，都是人类特殊的能动性。这种能动性，我们名之曰'自觉的能动性'，是人之所以区别于物的特点。一切根据和符合于客观事实的思想是正确的思想，一切根据于正确思想的做或行动是正确的行动。"② 总之，人们的实践活动总是受到一定认知的引导和支配，欲行先知，以知导行。乐群也是如此，有乐群认知，才有乐群行为。

然而，认知是有层次的，既有自发的认知，也有自觉的认知；既有感性的、浅层的、零散的、片面的认知，也有理性的、深层的、系统的、全面的认知，而不同层次的认知对于行为的引导作用是不同的。只有以自觉的、理性的、深层的、系统的、全面的认知作引导，才会有正确的行为，才会实现预期目标。同样，要有持续而稳定的乐群行为，要形成高度的乐群性，前提是要具备自觉、理性、深层、系统、全面的乐群认知，并以此

---

① 《马克思恩格斯选集》第 1 卷，人民出版社，2012，第 56 页。
② 《毛泽东选集》第 2 卷，人民出版社，1991，第 477 页。

指导乐群行为。相反，乐群认知若是自发盲目、浅尝辄止、似懂非懂、知之不深，则无益于行。例如，有些人在生活实践中不知不觉养成了乐群性，但这种乐群性并没有被自己察觉，正是孟子所说的"行之而不著焉，习矣而不察焉，终身由之而不知其道也"①，也就是自发形成的乐群性。然而，这种自发的乐群性不同于自觉的乐群性，其乐群性要么不稳定，要么层次不高，可能有时乐群，有时不乐群；可能只是喜群，而不爱群、利群；等等。这就要求乐群教育必须高度重视提高教育对象的乐群认知水平，使其牢牢把握乐群的价值、乐群的本质、乐群的规律等，促进教育对象的乐群认知从自发向自觉、从低级向高级的升华，从而提高教育对象乐群的能动性、科学性和实效性。

（二）行为深化认知

认识世界是为了改造世界，而改造世界反过来又能使人更深入地认识世界。人们实施乐群行为的过程，也是乐群认知得以检验、深化和发展的过程。

实践是检验认识真理性的根本标准，实践的结果能直接验证认识是否正确。同样，乐群认知也会通过乐群行为得以检验。凡是有利于乐群行为顺利实施并达到预期目的的，往往是正确的乐群认知，这一部分乐群认知就会被主体强化；相反，则错误的乐群认知就会暴露出来，从而被主体修正和完善。毛泽东指出："人类认识的历史告诉我们，许多理论的真理性是不完全的，经过实践的检验而纠正了它们的不完全性。许多理论是错误的，经过实践的检验而纠正其错误。"② 由于主客观条件的限制，人们的乐群认知可能也并非完全正确，通常是经过实践的检验和反馈，乐群认知的不足和缺陷暴露出来，人们再依据实践获得的新经验和新认识对原有的乐群认知进行修正、补充和发展。不仅如此，世界是发展的，人们在实践过程中，会不断遇到新的问题，而对问题的发现、分析和解决，成为人的乐群认知发展的直接动力。经过实践的不断检验，人们的乐群认知逐步发展和深化。

---

① 《孟子·尽心上》。
② 《毛泽东选集》第3卷，人民出版社，1991，第293页。

因此，乐群教育要在实践基础上，不断更新和完善乐群教育内容，以新的理论武装教育对象的头脑，为教育对象的乐群实践提供更科学的理论指导。不仅如此，还要使教育对象在乐群实践过程中注意总结经验教训，并将经验教训提升为科学的乐群理论，丰富和发展自身的乐群认知。

（三）知行高度统一

知行关系是哲学领域中的一个基本问题，从古至今都在探讨和争论知行的先后、轻重和难易。知先行后、行先知后、知中有行、行中有知；贵知轻行、行高于知、知行并重；知难行易、行易知难；等等，各种论说皆有。然而，以往的知行观都有不同程度的局限性，直到辩证唯物论的知行统一观的出现，才使知行观真正走向科学。毛泽东指出："通过实践而发现真理，又通过实践而证实真理和发展真理。从感性认识而能动地发展到理性认识，又从理性认识而能动地指导革命实践，改造主观世界和客观世界。实践、认识、再实践、再认识，这种形式，循环往复以至无穷，而实践和认识之每一循环的内容，都比较地进到了高一级的程度。这就是辩证唯物论的全部认识论，这就是辩证唯物论的知行统一观。"[1] 由此可见，知行并非彼此割裂，而是相互依存、相互渗透、相互转化的。这就必然要求乐群教育遵循知行合一的规律，既重视引导教育对象以科学的乐群认知自觉指导自己的乐群行为，又要在乐群行为中深化乐群认知，促进教育对象的知行统一、知行转化、知行互促，从而牢固确立起高度的乐群性。

遵循乐群教育的知行合一规律，需要克服三重困难，即不知而行、知而不行、行而不知。傅说认为"非知之艰，行之惟艰"，孙中山先生认为"行易知难"，但事实是，知难、行难、知行转换难，没有一个环节是容易的。乐群教育的知行合一规律，一难在不知而行。行为是由认识指导的，不知或者知之不多而行，意味着行为难以顺利实施、目的难以完满实现。而知本身就很难，因世间万物是无限的、复杂的、变化的，而单个人的认识却是有限的，正如恩格斯所说："一方面，人的思维的性质必然被看做

---

[1] 《毛泽东选集》第1卷，人民出版社，1991，第296~297页。

是绝对的，另一方面，人的思维又是在完全有限地思维着的个人中实现的。这个矛盾只有在无限的前进过程中，在至少对我们来说实际上是无止境的人类世代更迭中才能得到解决。从这个意义来说，人的思维是至上的，同样又是不至上的，它的认识能力是无限的，同样又是有限的。按它的本性、使命、可能和历史的终极目的来说，是至上的和无限的；按它的个别实现情况和每次的现实来说，又是不至上的和有限的。"① 个人认识的有限性与认识对象的无限性的矛盾，正是知难所在。乐群教育作为一个新课题，很多理论尚在探索阶段，更是面临知难的问题。因此，乐群教育迫切需要全面开展理论研究，注重乐群理论教育，提高教育对象的乐群认知水平，克服不知而行的困难。二难在知而不行。有了乐群认识不代表就一定会付诸行动，知转化为行还需要很多主客观条件。如果主体对乐群的认识不深刻、对群体的情感不深厚、克服困难的意志不坚强，群体对个体不悦纳、周围环境的逆向影响，等等，都会限制知向行的转化。因此，乐群教育必须重视引导教育对象不断突破主客观条件的限制，促进知向行的转化，知之而行。三难在行而不知。行的过程也是知被检验、修正、补充和发展的过程，是行向知的转化过程。然而，行向知的转化主要难在主体在行的过程中总结经验教训，并将其抽象为科学理论，进而转化为自身认知的能力。因此，乐群教育还要注重提高教育对象的观察能力、领悟能力、思维能力等，促使行向知的转化，深化乐群认知。

总之，只有正确认识和处理好乐群认知与乐群行为的关系，才能更好地培养人的乐群性。引导教育对象正确认识和处理乐群过程中知与行的关系是乐群教育的一个重要任务。

综上所述，通过对乐群教育过程的把握，揭示出乐群教育的基本规律是群己互动规律、内外转化规律和知行合一规律。规律是有层次、有体系的，乐群教育规律也是如此。既有古今中外一切乐群教育的一般规律，也有不同社会形态乐群教育的特殊规律，还有同一形态的不同国家及其发展的不同时期乐群教育的独特规律；既有适用于所有人以及人的所有人生阶段的乐群教育的一般规律，也有适用于不同人乐群教育的特殊规律，还有适用于同一人的不同人生阶段乐群教育的独特规律。而不同层次的乐群教

---

① 《马克思恩格斯选集》第 3 卷，人民出版社，2012，第 463 页。

育规律之间又是有联系的，构成了一个具有内在关联的乐群教育规律体系。但规律是隐藏在事物现象之后的抽象的东西，难以轻易看到它的全貌，这就需要我们不断在乐群教育实践中探索，以更好地揭示、遵循和运用乐群教育规律。

第五章　乐群教育的内容构成

乐群教育内容是乐群教育者向教育对象施加教育影响的具体表现，也是实现乐群教育目标和任务的重要保证。它不仅昭显着乐群教育的性质，规定着乐群教育的范围，也制约着乐群教育的方法。因此，把握乐群教育内容是乐群教育研究的题中之意。乐群教育内容是根据乐群教育的目标任务、社会发展的现实需要以及教育对象的实际情况确定的，具有目的性、整体性、层次性、现实性和针对性。一般而言，乐群教育内容是直接由乐群教育目标决定的，是每个教育对象在每个人生阶段都需要接受的一般教育内容。乐群教育的目标是要培养人的乐群性，而要达到这一目标，就必须使教育对象深知群体对于自身的价值、高扬群体精神、增强对群体的情感、养成群体行为习惯，即"知之深，爱之切，行之坚"。这些内容要素相互联系、相互渗透、交互作用，有机构成了乐群教育的内容系统。

第一节　群体价值教育

人们的实践活动总是遵循一定的价值原则，以获得一定价值、满足一定需要为目的，并为此而调动主观能动性去认识世界和改造世界。可见，价值是人们进行实践活动的内在动力。同理，培养人们的乐群性，首先必须使其认识到群体对于自身生存和发展的价值所在，也就是群体对满足个体生存需要和发展需要的积极性和有用性，从而增强人们乐群的动力和意识，奠定乐群性形成发展的基础。因此，群体价值教育是乐群教育的首要内容。

一　群体的个体生存价值教育

人的需要是有层次的，既有生存需要，也有发展需要。生存是人的第一需要，而这一需要的满足仅靠个体的独自努力，很难保全自己、存活于世，而是需要群体的支持和保护。当个体不能满足自身需要，而只能依靠他人帮助的时候，就产生了群体。群体就是个体因不能自存而不得不寻求联合互助的产物。群体能为个体的生存提供生活保障、安全守护和情感寄托。因此，群体价值教育首先是群体的个体生存价值教育，使教育对象认识到群体对于自身生活、安全和情感所具有的积极意义。

（一）群体的个体生活价值教育

个体生存的前提是能够生活，满足人们最基本的生理需要，如吃喝、穿衣、住所、性等方面的需要。因此，群体的生存价值教育，首先在于使教育对象认识到群体的个体生活价值，即群体为个体的生活创造了必要条件。

一方面，群体为个体生活资料的生产创造了必要条件。马克思、恩格斯说："一切人类生存的第一个前提，也就是一切历史的第一个前提，这个前提是：人们为了能够'创造历史'，必须能够生活。但是为了生活，首先就需要吃喝住穿以及其他一些东西。因此第一个历史活动就是生产满足这些需要的资料，即生产物质生活本身"①。也就是说，人们为了生存，首先必须进行生活资料的生产和再生产，以维持自身的生理需求和生命活动。然而，个人力量的有限性迫使人们不得不结为群体，进行生活资料的生产和再生产。因此，马克思说："人们在发展其生产力时，即在生活时，也发展着一定的相互关系"②。而人们在生产生活中结成的这种相互关系的凝结，实际上正是一定的社会群体，如家庭、生产互助组等。也就是说，维持个体生存的生活资料的生产离不开群体，群体能为个体生活资料的生产提供必要的物质条件、技术支持和人力援助等。例如，在农忙时节，由

① 《马克思恩格斯选集》第 1 卷，人民出版社，2012，第 158 页。
② 《马克思恩格斯选集》第 4 卷，人民出版社，2012，第 413 页。

于自家农具有限、人手不足，亲朋邻里之间互相借用农具、相互帮助打理田间农活的情况很常见。尤其在今天这样一个人员流动迁移十分频繁的现代社会，青壮年进城打工、求学、工作、婚嫁的现象十分普遍，导致农村常住人口数量减少，农村人口结构失衡，很多村庄成了老人村、儿童村、妇女村。农村劳动力的严重流失，给农业生产造成了巨大冲击，致使农民结成生产互助群体的内在需求更加强烈，也使农业生产互助群体的价值更加凸显。

另一方面，群体为个体生活资料的获得提供了必要条件。这种情况主要是针对家庭对儿童的养育。儿童作为尚不能独立生产生活的个体，要想存活，显然只能依靠成人群体直接提供生活资料，尤其是家庭群体的照顾和抚养。否则，离开群体，只能任其自灭。即使是在个别极端情况下，如狼孩、猪孩等，也不是真正的独自存活，而是依靠狼群、猪群的喂养。

（二）群体的个体安全价值教育

吃饱、穿暖并不是个体生存的全部需要，获得安全稳定的生存环境，也是个体生存的基本需要。马斯洛认为，安全需要是人的基本生存需要，包括"安全、稳定、依赖、免受恐吓、焦躁和混乱的折磨，对体制、秩序、法律、界限的需要；对于保护者实力的要求，等等"[1]。如人身和财产安全、职业稳定、收入和养老有保障等，都是人的安全需要的具体表现。"如果其他因素相同，安全需要的满足会特别产生一种主观上的安全感，更安稳的睡眠、危险感消失、更大胆、勇敢等。"[2]

然而，随着科技的高速发展和社会的快速变迁，经济、政治、文化、环境、信息等社会生活的方方面面都在发生日新月异的变化，这种变动不居带来的不确定性、日趋激烈的竞争以及经济社会发展过程中不断涌现出的种种问题，如就业、住房、教育、医疗、养老、食品药品安全、社会治安、环境质量、信息安全等问题，都在困扰着现代人，导致人们的不安全感与日俱增。因此，人们将现代社会定义为"风险社会"，也是不安全社会。这种不安全感使人们变得悲观消极，脆弱敏感。人们对世界充满了不

---

[1] 〔美〕马斯洛：《动机与人格》，许金声、程朝翔译，华夏出版社，1987，第44页。

[2] 〔美〕马斯洛：《动机与人格》，许金声、程朝翔译，华夏出版社，1987，第71页。

信任，对人怀疑、冷漠、敌视、疏远，时常因感到威胁和危险而陷入焦虑、担忧之中，进而感到孤独、被冷落、被遗忘，于是想要牢牢抓住一切能让自己感到安全的东西：权势、金钱、爱情，等等。[①]

在这样一个人人自危、焦虑不安的"风险社会"，如何才能获得安全感呢？这就需要我们找到安全感的来源。安全感的根本来源是外在客观环境的安定、和谐、富足，人们才能产生主观上的确定感、安定感、信任感和依赖感。同时，安全感也来自人们面对未知和危险时所表现出来的乐观、自信、勇敢、坚强的精神品质。但是，在规避、化解、降低风险，提升人们安全感的过程中，无论是客观环境的营造还是精神力量的壮大，仅靠个体自身的力量显然是不够的，而是要靠群体的力量。群体不仅能为个体的安全提供物质保障，还能提供心灵慰藉。个体安全所需的客观环境既有个人生活的小环境，如健康状况、家庭氛围、社区安全、人际关系等，也有个体所在的社会大环境，如就业形势、金融安全、信息安全、政治局面、社会治安、生态环境、国家安全、国际态势等。安全的小环境和大环境的创建和优化，都需要群体的资源、技术、人员等方面的合力。例如，有些农村地区为了当地居民的安全，自发组织夜间巡逻队。同时，身在群体中，能让人因群体力量的强大而感到踏实，因群体成员之间的扶持而感到温暖，并在群体成员的安慰、鼓励和帮助下，增强个体自身的自信、勇气和动力，从而提高个体的安全感。尤其是家庭，能给予个体更多安全感。总之，群体对于个体的安全及其安全感的获得与提升，具有重要价值。

（三）群体的个体情感价值教育

个体为了维持自身的生存，不仅有生活需要和安全需要，还有情感需要，亲情、友情、爱情等情感，都是人所向往和追寻的。马斯洛说："假如生理需要和安全需要都很好地得到了满足，爱、感情和归属的需要就会产生……个人空前强烈地感到缺乏朋友，心爱的人，妻子或孩子。也就是说，他一般渴望同人们有一种充满深情的关系，渴望在他的团体和家庭中

---

① 〔英〕威廉姆·布鲁姆：《淡定的力量 2——安全感》，王瑨译，同心出版社，2013，第 1~4 页。

有一个位置，他将为达到这个目标而作出努力。"① 情感需要是人的基本生存需要，情感需要的满足程度直接决定着人的身心健康程度。情感需要的不满或满足程度低，不仅容易直接造成人的心理问题和心理疾病，还会间接诱发生理疾患。

情感需要不满或满足程度较低，容易引起人们的孤独感，甚至诱发焦虑症、自闭症、忧郁症、人格异常等心理疾病，更有甚者会产生自杀倾向。尤其在现代社会，人员的广泛流动造成了"熟人社会"的逐渐解体，"陌生人社会"的到来使人们彼此更加孤立疏远。人员流动直接造成家庭结构的急速变迁，家庭的范围越来越小，越来越支离破碎，流动家庭、单人家庭、空巢家庭大量涌现，由此带来的农村留守儿童、城市流动儿童、空巢老人、失独老人、独居老人等人群出现严重的情感缺失。同时，快节奏的生活方式使人们彼此频繁而深入交流的机会越来越少，发达的信息技术使人们从"天涯若比邻"到"咫尺若天涯"，人们的关系看似近了，实则远了。但另外，激烈的竞争和巨大的生存压力又使现代人需要更多的情感支持和抚慰。结果，现代人就在这种情感不满日趋严重和情感需要日益高涨的巨大张力中，陷入深深的孤独。第一届中国国际积极心理学大会上，一项6.9万人参与的调查结果显示，其中90%的人有孤独感。②

情感需要不满或满足程度较低，不仅容易造成心理问题，还会诱发生理疾病。积极健康的心理状态是维持人们健康体魄的基础，反之，心理疾患则会累及身体健康。因此，我国自古就有"百病由心生"的说法。情感需要不满或满足程度低而造成的孤独感，就是诸多生理疾病的重要杀手。"美国杨百翰大学一项涉及30万人的研究表明，孤独感的危害相当于酗酒或每天吸烟15支。美国芝加哥大学心理学系教授约翰·卡西奥波指出，孤独感会增加人体压力激素皮质醇的分泌水平，从而削弱免疫系统，使人更容易生病，孤独者的血压比正常人高出30毫米汞柱，心脏病和脑卒中的患病率是正常人的3倍。美国、芬兰和瑞典三国联合研究发现，孤独的生活方式使癌症的发病率增加2~3倍。美国加州大学一项针对60岁以上老人的调查发现，常感孤独的人，寿命减少6年。"③

---

① 〔美〕马斯洛：《动机与人格》，许金声、程朝翔译，华夏出版社，1987，第71页。
② 张杰：《经营自己 战胜孤独》，《生命时报》2014年7月4日。
③ 张杰：《经营自己 战胜孤独》，《生命时报》2014年7月4日。

　　由此可见，促进人的身心健康，维持人的基本生存，必须满足人的情感需要。毫无疑问，情感需要是一种社会性需要，无论是情感的发生与满足，还是情感的付出与接受，都不是一个人能够完成的，而是必须在群体中，在与他人的交往中才能实现。因此，个体情感需要的满足离不开一定的群体，群体能为个体创造人际交往的场域，提供情感交流的机会，给予情感归属的依托。可见，群体对于满足个体的情感需要，维系人的生存所需的身心健康，具有重要价值。

　　总之，个体的每一种基本生存需要的满足，都依赖于群体。正如马斯洛所说："只有通过他人，这些基本需要大致才可以得到满足，因此，（治疗）多半必须在一种人际基础上进行。一系列基本需要（其满足物构成了基本治疗药物，如安全、归属关系、爱和尊重等）只能从他人那里获得。"① 群体的个体生存价值教育，就是要让教育对象深刻认识到，自身的生存始终离不开群体的庇佑和支持，群体能够通过不同方式、不同程度地满足个体维系生存的生活需要、安全需要和情感需要，从而使教育对象认识到群体对于自身生存的重要价值，自觉地乐群合众。

二　群体的个体发展价值教育

　　人的发展需要是比生存需要更高层次的需要，当生存需要得到满足后，发展需要就会逐渐高涨。人的需要是无限发展的，为了满足不断发展的需要，人们必须不断提高为此所需的各方面素质和能力。因此，人的发展，实质上就是人为了满足自身不断发展的需要而所应具备的素质和能力的不断提升。马克思说："人们的社会历史始终只是他们的个体发展的历史，而不管他们是否意识到这一点。"② 历史和现实都表明，谋求发展是人的本质力量的彰显，是个体人生价值的永恒追求。个体的发展是一个从片面到全面、从低级到高级、从出生到死亡的永无止境的变化过程，在这一过程中，个体总是要依靠特定群体的支持和扶助，才能顺利实现个体的不断发展。奥斯特洛夫斯基说："谁若认为自己是圣人，是埋没了的天才，

---

　　① 〔美〕马斯洛：《动机与人格》，许金声、程朝翔译，华夏出版社，1987，第288页。
　　② 《马克思恩格斯选集》第4卷，人民出版社，2012，第409页。

谁若与集体脱离，谁的命运就要悲哀。集体什么时候都能提高你，并且使你两脚站得稳。"① 与个体生存相比，个体发展更需要群体的支撑，群体的个体发展价值更为突出。群体能为个体的发展提供必要的资源、条件、空间等，促进个体的全面发展、充分发展、持续发展。所以，群体价值教育还包括群体的个体发展价值教育，使教育对象认识到群体对于自身全面、充分、持续发展的意义所在。

（一）群体的个体全面发展价值教育

个体的发展，首先是个体的全面发展。个体的全面发展主要是就个体发展内容而言的，是个体逐渐超越发展内容的片面性，实现发展内容的全面性与丰富性的过程。个体发展内容的全面性与丰富性，关键在于个体素质和能力的全面发展。而个体素质和能力的全面发展，始终离不开人与人之间的交往实践及其在此过程中形成的社会群体。"只有在共同体中，个人才能获得全面发展其才能的手段"②，社会群体对于促进个体的全面发展具有重要价值。

群体之所以能促进个体的全面发展，最重要的在于群体能为个体的全面发展提供智力支持。个体发展的过程不仅是个纵向过程，也是个横向过程。所谓纵向过程，是指个体的发展贯穿于个体从出生到死亡的整个生命历程。所谓横向过程，是指个体的发展始终与他人的发展密切相关，他人发展的宽度与深度决定着个体自身发展的宽度与深度。如马克思和恩格斯所言："一个人的发展取决于和他直接或间接进行交往的其他一切人的发展"③。每个人的成长经历、关注点、兴趣点等各不相同，导致每个人的发展方面和发展程度也各不相同，各有所长，各有所短。当人们往来互动时，就会相互影响、相互作用、相互塑造。对于一定的群体而言，更是如此。群体的交往性、稳定性，使群体成员之间的相互影响更加深远，也更有利于群体成员之间取长补短、互通有无，从而促进个体的全面发展。尤其是那些谦虚自知，又善于发现和学习他人优点与长处的个体，身在群体

---

① 《奥斯特洛夫斯基两卷集》第 2 卷，王语今、孙广英译，中国青年出版社，1956，第361 页。

② 《马克思恩格斯选集》第 1 卷，人民出版社，2012，第 199 页。

③ 《马克思恩格斯全集》第 3 卷，人民出版社，1960，第 515 页。

中，更能充分利用群体的人才资源，积极向其他群体成员学习，取他人之长，补己之短，使自身更为完善。因此，《吕氏春秋》道："物固莫不有长，莫不有短。人亦然。故善学者，假人之长以补其短。故假人者遂有天下。"①

此外，群体还能为个体的全面发展提供必要的财力、物力支持以及实践锻炼的机会。个体的全面发展不仅需要群体的智力支持，也需要物质支持。例如，有些群体能为个体提供学习、受训、交流所需的资金、技术、场所等条件，这些都是个体全面发展必不可少的物质支撑。实践锻炼是个体全面发展的根基，人的素质和能力从根本上说是在实践中生成发展的，而群体能通过共同的群体活动历练个体的素质和能力，从而促进个体的全面发展。例如，学校举办大型的国际学术交流会议，不仅能提高承办会议人员的学术水平，还能提高其策划能力、组织能力、沟通能力和协调能力等。

（二）群体的个体充分发展价值教育

个体的发展，不仅包括个体的全面发展，还包括个体的充分发展。个体的充分发展主要是就个体发展水平而言的，是个体的素质和能力不断从低水平到高水平的提升和跃进，实现发展的充分性与完满性的过程。个体的全面发展是个体发展的广度与宽度，个体的充分发展则是个体发展的深度与高度。个体的全面发展离不开群体，个体的充分发展同样也离不开群体。

群体对于促进个体充分发展的价值，首先在于群体通过共同目标的指引和激励，激发个体发展的内在动力，开掘个体的各项潜能，提高个体的进取之心，从而促进个体素质和能力的充分发展。个体发展的关键在于其发展的内在动力，没有发展的动力，就没有发展的行动，也就没有发展的实现。因此，要推动个体发展，首要的是激发个体发展的动力，而激发个体发展动力的重要途径就是确立发展目标。有了目标，才会有动力。每个群体都有自己的共同目标，这一目标能激励群体成员为了实现目标而不断完善自己、积极进取，从而充分发展自身的素质和能力。

---

① 《吕氏春秋·孟夏纪第四》。

其次，通过群体成员之间的相互学习使个体的素质和能力得以强化提升。群体成员之间的相互取长补短，不仅是互通有无、增益其所不能的过程，也是互相强化、增益其所不善的过程。也就是说，群体成员之间的相互学习，不仅能促进个体素质与能力的全面发展，也能促进个体素质与能力的充分发展。例如，在一个舞蹈社团中，有的成员可能只会跳一种舞蹈，有的成员可能会跳多种舞蹈。在相互的切磋交流中，会一种舞蹈的成员可能通过向其他成员学习，而掌握了多种舞蹈。也有的成员可能向同跳一种舞蹈但技高一筹的成员学习，而使自己的舞艺更加精湛。后一种情况就是个体某项才能充分发展的过程。总之，群体成员相互学习的过程，就是相互促进、充分发展的过程。

最后，通过群体成员之间的相互竞争而激发个体的发展活力。群体中定有竞争，而竞争能激发个体的斗志，使个体不得不提升自己的各项素质和能力，以在激烈的竞争中胜出。

此外，群体也能为个体的充分发展提供必要的财力、物力支持和实践历练。

（三）群体的个体持续发展价值教育

个体发展是一个多维立体的系统，既有发展内容上的全面性，也有发展水平上的充分性，还有发展历程上的持续性。人并不是既定的、完善的、封闭的存在物，而是未确定的、有限制性的、开放的存在物。因此，无论是人的全面发展还是充分发展，都是相对的，都是未完成的，人的发展是一个持续不断的过程，贯穿于个体成长发展的生命始终。个体的持续发展同样也离不开群体。

群体对于促进个体持续发展的价值，一方面表现为不同群体通过各自的不同职能促进处于不同人生阶段的个体的发展。通常来说，人们并不是仅仅属于一个群体，而是同时属于多个群体，并且每个人在不同的人生阶段都会加入不同群体。例如，当人一出生时，就先在地从属于一个家庭群体、社区群体；当他成长为少年儿童时，可能会入学接受教育而从属于不同层次的学校群体，在学校群体中，他又从属于一个特定的班级群体，并和周围同学结为玩伴、朋友群体；当他成长为青壮年时，不仅从属于更高一级的学校群体，与人结为新的朋友群体，与志同道合的同伴结为社团，还会与恋人组成新的家庭群体，加入特定的工作群体；当他到了老年时，可能会从一些群体如工作群体退出，但大多都还身在家庭群体、朋友群体等。总之，人们在成长过程中，会获得多种群体成员身份，扮演多重社会角色，而每一个群体都会为特定成长阶段的个体创造一定的发展条件和空间，把握个体发展的各个节点，保证个体发展的连续性，促进个体循序渐进地发展。

另一方面，群体对于促进个体持续发展的价值还表现为同一群体通过不断制定和实现新的目标以及群体内外的持续竞争等，不断激发个体的潜能，从而促进人的持续发展。人的持续发展过程，实际上是人的潜能不断开发、人的主体力量不断释放、人的发展能量持久供应的过程。人的潜能是无限的，但出于主客观的原因，使每个人的潜能都在不同程度上受到制约和压抑，能够发挥出来的能力十分有限。而群体则为个体不断突破潜能释放的限制，调动个体的积极性、主动性和创造性，最大限度地开掘个体蕴藏的无限潜能提供了必要条件。群体目标是群体存在和发展的根据，群体总会不断制定新的目标，并动员全体成员为之努力奋斗。持续不断的目标感以及为实现共同目标而从事的共同活动，是不断激发个体潜能的巨大动力。同时，在竞争日益激烈的现代社会，群体内部成员之间的竞争、群体之间的竞争也会越来越激烈，持续升级的竞争则会持续激发个体的潜能。

总之，个体的全面发展、充分发展和持续发展都需要群体的支持，群体对于个体的发展具有重要价值。群体的个体发展价值教育，就是要让教育对象深刻认识到，自身的发展始终离不开群体的帮助和扶持，群体能够满足个体不断发展的需要，为个体的发展提供源源不断的智力支持、物质保障和实践依托，促进个体全面、充分而持续地发展，从而使教育对象认识到群体对于自身发展的重要价值，为进一步培养教育对象的乐群性奠定根基。

第二节　群体精神教育

群体精神是群体在长期的群体实践中积淀而成的较为稳定的、群体成员所共同具有的态度倾向、价值观念和理想追求等。群体精神是群体文化的精髓，也是群体生命力的源泉，能潜移默化地影响群体成员的思想和行为，具有激励、凝聚和规约作用。因此，IBM 的开拓者小托马斯·沃森说："一个伟大的组织能够长久生存下来，最主要的条件并非结构形式或管理技能，而是我们称之为信念的那种精神力量，以及这种信念对于组织的全体成员所具有的感召力。……一个组织与其他组织相比较取得何等成就，主要决定于它的基本哲学、精神和内在动力，这些比技术水平，经济资源，组织结构，革新和选择时机等重要得多。"① 可见，群体精神是群体的灵魂。所以，乐群更深层次的表现在于乐群体的精神，也就是内化和形成群体精神，在精神上加入群体。每个群体都有属于自己的独特精神，如松下电器公司的生产报国、光明正大、亲爱精诚、奋斗向上、遵守礼节、顺应同化、感恩图报的"松下七精神"②；也有所有群体共同拥有的一般精神，如群体的进取精神、团结合作精神、奉献精神等，这些精神是维系群体生存发展的必要条件，是每个群体都应当具备的精神特质。本书所讲的群体精神主要是群体的一般精神，且进取、团结、合作、奉献本身就是乐群的重要表现。因此，进行群体精神教育，有利于促进教育对象乐群性的形成发展，是乐群教育内容的重要构成。

一 群体进取精神教育

进取精神是人类在认识世界和改造世界的过程中所展现出来的主观能动性，是人类本质力量的彰显。群体进取精神则是群体为求得生存和发展而表现出来的积极性、主动性和创造性。生存和发展是群体的第一要务，而群体要生存和发展，就必须具备进取精神。原因在于，一方面，进取精神是群体的动力之源，能激发群体的积极性、主动性和创造性，充分挖掘群体成员的智慧和潜能。另一方面，进取精神是群体的活力之源，能使群体成员热情高涨、斗志昂扬、思维活跃。进取精神通过激发群体的动力和活力，提高群体成员认识世界和改造世界的能力，进而推动群体不断发展

---

① 转引自〔美〕托马斯·彼得斯、小罗伯特·沃特曼《寻求优势：美国最成功公司的经验》，管维立译，中国财政经济出版社，1985，第139页。

② 〔日〕松下幸之助：《经营人生的智慧》上册，任柏良、陆虹主编，延边大学出版社，1996，第3页。

向前。因此，群体精神教育最基本的是进行群体进取精神教育，包括自强不息、勇于竞争和开拓创新精神的教育，使教育对象关心群体的前途命运，养成群体进取精神，充分发挥自身的主观能动性，推动群体的发展进步，这也正是乐群的首要表现。

（一）群体自强不息精神教育

群体自强不息精神主要表现为群体奋斗不止、勤勉不懈、坚韧刚毅等精神状态。"人类总是不断发展的，自然界也总是不断发展的，永远不会停止在一个水平上。因此，人类总得不断地总结经验，有所发现，有所发明，有所创造，有所前进。停止的论点，悲观的论点，无所作为和骄傲自满的论点，都是错误的。"① 因此，我国自古就有"天行健，君子以自强不息"② 的民族精神。同样，群体也要有这种自强不息的精神。

群体自强不息精神首先表现为群体奋斗不止的精神，即是说，群体要始终有立志有为、积极向上、一往无前、永不停歇的方向感和目标感，不安于现状、不满足于已有的成绩，不断追求新的愿景和更高的目标，从而获得持续发展的动力。

群体自强不息精神也表现为群体勤勉不懈的精神。自强不息靠的不单单是一个又一个目标的制定和指引，目标的实现靠的是脚踏实地、勤勤恳恳、永不懈怠的奋斗拼搏。人是有惰性的，不克服惰性，人便难以自强有为。因此，群体自强不息精神内在地要求群体成员必须勤勉不懈、永不怠惰，为群体目标的实现共同奋斗。

群体自强不息精神还表现为群体坚韧刚毅的精神。通往成功的道路从来都不是畅通无阻的坦途，而是布满荆棘的险途。同理，群体在为共同愿景而奋斗的征程中，也会不断遇到各种困难和挑战。这就需要群体展现出勇敢无畏、吃苦耐劳、刚毅顽强、坚韧不拔、锲而不舍的精神，不怕苦、不服输、不放弃，攻坚克难、持之以恒，直至胜利。只有这样，才能磨炼群体的意志，提高群体的能力，促进群体的发展。这种坚韧刚毅的精神在现代社会尤为重要。平静的湖面练不出精悍的水手，安逸的环境造不出时

---

① 《毛泽东文集》第 8 卷，人民出版社，1999，第 325 页。
② 《周易·乾》。

代的伟人。环境艰苦更能激发人的斗志，环境安逸则容易使人懈怠。由于社会生活条件的不断改善和逐步提升，人们越来越缺乏吃苦耐劳、艰苦奋斗、坚韧不拔的精神，惧怕失败、知难而退、半途而废、怨天尤人的情形随处可见。2008年，中国青少年研究中心、中国青少年研究会和北京市新英才学校，以"'80后'青年职场状况及其评价"为研究主题，对北京两千多名在职"80后"青年和四百多家用人单位进行了调查研究。研究显示，逐渐成为社会主力的"80后"，在职场中最欠缺的就是吃苦耐劳精神，且"眼高手低"和"跳槽"的现象比较普遍，有部分青年还缺乏攻坚克难的勇气和毅力。[①] 可见，当代青年缺乏坚韧刚毅精神的问题较为突出，迫切需要加以应对和转变。

因此，乐群教育必须培养教育对象作为群体成员所应具备的自强不息精神，不断开拓进取，奋斗不止、勤勉不懈、坚韧刚毅，与所有群体成员携手并肩，共同致力于群体的发展进步。

（二）群体勇于竞争精神教育

物竞天择、适者生存的斗争规律，不仅存在于自然界，从某种程度上说，这一规律在人类社会也发挥着一定作用。梁启超说："物竞天择势必至，不优则劣兮不兴则亡。"[②] 作为人类主体的群体实际上同样时刻面临着竞争的压力和生存的威胁。尤其在今天这样一个日新月异、飞速发展的社会，竞争日趋激烈，群体的生存和发展面临越来越多的挑战和压力。在这种社会环境下，群体犹如逆水行舟，不进则退。群体必须勇于竞争、敢于挑战、奋力拼搏、不断进取，才能生存发展，使自己立于不败之地。

例如，在市场经济条件下，对于一个企业而言，商场如战场，大浪淘沙的残酷现实驱使企业只能面对竞争，迎难而上，不断创新突破，锐意进取，否则就会成为商战中的牺牲品。正如习近平所说："市场竞争是一个动态过程，如果稍有懈怠，原有的先发优势就会削弱，已有的比较优势也会失去。……机遇总是垂青勇于竞争的人。面对激烈的市场竞争，我们决不能有丝毫懈怠，不能满足于现状，一定要有谦虚的态度，树立不进则

---

① 邓希泉、杨长征：《"80后"青年职场状况及其评价研究》，《中国青年研究》2009年第7期。

② 《梁启超全集》第9册，北京出版社，1999，第5427页。

退、慢进也是退的竞争意识"①。同样，面对竞争的压力，群体也必须敢于
接受挑战，勇于竞争，不停地进取向前。因此，群体进取精神教育内在地
要求群体勇于竞争精神的教育，并引导教育对象将竞争这种外在压力转化
成内在斗志，激发教育对象的无限潜能，从而使自身和群体不断走向
胜利。

（三）群体开拓创新精神教育

群体在奋斗不止、勇往直前的过程中需要勇于竞争、直面挑战，而在
激烈的竞争中要脱颖而出、取得胜利需要开拓创新精神，一种敢于打破常
规、革故鼎新、开创新局面的胆气、英气、锐气。群体开拓创新精神是群
体进取精神的核心与支点，因为只有开拓创新才能累积优势，占领群体竞
争的制高点，进而使群体获得更多发展的资源、条件和空间，取得更多更
大的成就。

以联想集团为例，联想一直追求"拼搏创新"的联想精神，包括市场
创新、组织创新和模式创新。② 同时，联想更强调"拼搏创新"的联想精
神的核心——"创业创新"的联想基本价值观，其基本内涵被界定为：
"我们永不满足，勇于拼搏，不断地超越自我；我们做岗位的主人，主动
承担责任，灵活地应对变化和挑战；我们坚持学习与开拓，在可承受的风
险内大胆地尝试新方法和新事物，持续地改进工作。"③ 而为了坚持"创业
创新"的基本价值观，联想提出，员工必须具备三种心态。"一是主人心
态，即由上级驱动变为客户驱动和目标驱动；从被动的打工心态变为主动
体现价值的主人；对领导负责到对自己负责。二是赤贫心态，即强烈的危
机意识；艰苦奋斗的拼搏精神；谦虚低调的为人处世之道；勇于承担风
险，不为名利所累。三是求变心态，即不安于现状，勇于尝试，主动寻求
突破；不断超越对手，超越自己；逆水行舟不进则退。"④ 联想的"拼搏创
新"精神和"创业创新"价值观深深熔铸在联想的发展历程中，并驱动着
联想不断创造一个又一个辉煌。联想从第一个拳头产品联想汉卡，到成功

---

① 《习近平〈之江新语〉文章选登（十二）》，《思想政治工作研究》2013 年第 12 期。
② 刘明、师至洁：《联想：文化缔造传奇》，中信出版社，2004，第 26 页。
③ 刘明、师至洁：《联想：文化缔造传奇》，中信出版社，2004，第 33 页。
④ 刘明、师至洁：《联想：文化缔造传奇》，中信出版社，2004，第 34～35 页。

推出自主品牌微机，发展成为中国信息产业领域内的翘楚。联想成功的重要原因之一在于其所拥有的开拓创新精神，不断创新是联想的发展之源。联想的发展表明，开拓创新是群体发展的引擎。因此，乐群教育要重视培养教育对象的开拓创新精神，使其树立创新意识、增强创新热情、训练创新思维、激发创新潜能、迸发创新活力、提高创新能力，不断开创群体发展的新局面。

此外，培养教育对象的群体进取精神，必须注意克服教育对象安于现状和骄傲自满的倾向，因为这两种倾向都容易使群体止步不前、僵化保守甚至走向毁灭。我国历史上长期存在的小农经济和与之相适应的封建统治，使人们普遍具有安于现状、思想怠惰、惧怕变革、墨守成规的思想倾向，如"不求有功，但求无过""比上不足，比下有余"等，都是这种思想的体现。尽管斗转星移，世事变迁，这种安于现状的惰性思想却是相当稳固，依然禁锢着很多现代人的思想。因此，十二届三中全会通过的《中共中央关于经济体制改革的决定》强调："要努力在全社会振奋起积极的、向上的、进取的精神，克服那些安于现状、思想懒惰、惧怕变革、墨守陈规的习惯势力。"① 这种安于现状、不求上进的思想显然是与进取精神背道而驰的，进取精神是一种不断渴求突破旧框架，渴望变革和前进，实现突破和超越，具有一定批判性和革命性的力量。② 因此，培养教育对象的群体进取精神，必须注意克服教育对象的这种惰性思想。同时，还要使教育对象克服骄傲自满的思想倾向。毛泽东同志说："虚心使人进步，骄傲使人落后，我们应当永远记住这个真理。"③ 对于一个群体而言也是如此，虚心会使群体进步，骄傲会使群体落后。因为骄傲使群体看不清自己的缺点和不足，看不到其他群体的优势和长处，从而逐渐使自身丧失自我完善和不停前进的动力，也逐渐丧失与其他群体相比的竞争力。因此，当群体取得一点成绩、实现一定目标时，不能安于现状，更不能骄傲自满，否则就会使群体故步自封、画地为牢。

总之，群体进取精神是群体生存发展的力量之源，乐群首先就是认同、形成和高扬群体进取精神，自强不息、勇于竞争、开拓创新，关心群

---

① 《十一届三中全会以来重要文献选读》下，人民出版社，1987，第 794 页。
② 董鸿扬：《论当代青年的进取精神》，《青年研究》1985 年第 4 期。
③ 《毛泽东文集》第 7 卷，人民出版社，1999，第 117 页。

体、建设群体、发展群体，推动群体的不断前进，这正是乐群的深层表现和真意所在。因此，群体进取精神教育是群体精神教育的重要内容。

二　群体团结合作精神教育

群体团结合作精神是群体成员为实现共同的群体目标而勠力同心、协调一致、密切配合的精神品质。一个群体要生存、发展、壮大，不仅需要进取精神，更需要团结合作精神。群体进取精神不是单个群体成员的个人英雄主义，而是全体成员的团结奋斗、共同前进。没有团结合作，就无法真正实现进取。群体若是貌合神离、离心离德，则力量耗散、一盘散沙、名存实亡。故而，团结合作是群体精神的核心。只有团结合作，群体才有吸引力、凝聚力，才能聚精会神、形成合力，才能不断发展壮大，获得强大的生命力和改造世界的伟力。同时，团结合作是乐群的核心表现，乐群突出表现为乐于团结群体成员并能与之互助合作。因此，群体精神教育的核心是培养教育对象的群体团结合作精神，包括顾全大局精神、团结一致精神和互助合作精神。

（一）顾全大局精神教育

清末文人陈澹然道："自古'不谋万世者，不足谋一时；不谋全局者，不足谋一隅'。"① 顾全大局不仅是一个群体发展应当具备的战略胸襟，也是群体团结合作的基础和前提。群体成员只有顾全大局，才能自觉摒弃个人的、局部的、眼前的利益得失，而与其他成员团结一心、精诚合作、共谋发展。因此，群体团结合作精神教育的首要内容是进行顾全大局精神的教育。

认识大局。顾全大局的前提是要清楚地认识和把握大局，才能有的放矢，顾全应顾之局。大局是分层次的，有群体内部的大局，还有群体外部的大局。群体内部的大局又有群体整体的大局、群体各职能部门的大局、群体各职能部门内的各团队的大局等。群体外部的大局有群体所关系的国家发展大局和世界发展大局。因此，要让乐群教育对象认清和把握群体内

---

① 《寤言·迁都建藩议》。

外不同层次的大局。乐群首先是顾全群体内部的大局，但并不是说群体外部的大局就不重要，更不是说群体内部的大局不如群体外部的大局重要。相反，当群体的发展与国家的发展相逆行时，不能搞小团体主义，而是要顾全国家发展的整个大局，根据国家发展大局来调整群体自身的发展走向，以适应国家的整体利益。在国家发展大局面前，群体的发展是小局。顾全大局的主体既是群体内的单个成员，也是整个群体。可见，准确把握大局是顾全大局的基础，如将小局当大局，则保不全小局，更失了大局。

服从大局。认识大局是顾全大局的起点，认识大局的目的是找准方向，更好地服从和服务于大局。群体的大局关涉所有群体成员的根本利益，关涉群体的前途命运。服从大局就是要求教育对象时刻以群体的整个发展局面、发展形势着眼，处理好个体利益与群体利益、局部利益与整体利益、当前利益与长远利益的关系，以群体利益、整体利益、长远利益为重，以所有群体成员的根本利益和群体的前途命运为本。在社会主义条件下，全体人民的根本利益是一致的，群体内部成员的根本利益也是一致的。因此，邓小平指出："在社会主义制度之下，个人利益要服从集体利益，局部利益要服从整体利益，暂时利益要服从长远利益，或者叫做小局服从大局，小道理服从大道理。我们提倡和实行这些原则，决不是说可以不注意个人利益，不注意局部利益，不注意暂时利益，而是因为在社会主义制度之下，归根结底，个人利益和集体利益是统一的，局部利益和整体利益是统一的，暂时利益和长远利益是统一的。我们必须按照统筹兼顾的原则来调节各种利益的相互关系。如果相反，违反集体利益而追求个人利益，违反整体利益而追求局部利益，违反长远利益而追求暂时利益，那末，结果势必两头都受损失。"[1] 顾全大局精神的实质，就是要求群体成员将群体视为一个利益共同体、命运共同体，将自身的利益、命运与群体的利益、命运结合起来，在实现群体利益、促进群体发展的过程中实现自身的利益、促进自身的发展。唯有如此，个体才能放下个人偏见和私利，团结在群体大局之下。相反，群体成员若都只顾自己的小局、眼前的小利，各怀私心、各行其是，群体就会四分五裂、一盘散沙、一事无成。

服务大局。如果说服从大局是要求群体成员形成统一的意志，那么，

---

① 《邓小平文选》第 2 卷，人民出版社，1994，第 175～176 页。

服务大局就是要求群体成员开展统一的行动。顾全大局归根到底是要求教育对象服务于群体的大局，也就是说，要求教育对象与其他群体成员齐心协力、团结合作，为了群体的大局而共同奋斗。而在共同行动、服务大局的过程中，又会进一步强化教育对象的团结合作精神。

总之，乐群教育必须使教育对象自觉认识、服从和服务于群体发展的大局，才能使教育对象更好地团结在大局之下，逐渐养成群体团结合作精神。

（二）团结一致精神教育

团结一致精神是团结合作精神的灵魂，团结一致是合作的前提，群体成员只有团结一心、协调一致，才能展开真诚合作、有效合作、深入合作。团结一致是同心、齐情，也就是群体成员要心往一处想，情往一处牵，群体如一人。只有这样，才能劲往一处使，积聚起强大的群体合力。所以，俗语有云："人心齐，泰山移。"《淮南子》云："千人同心，则得千人力；万人异心，则无一人之用。"团结一致则有力。当然，千人同心所获得的力量超过千人之力的机械总和，是群体创造出来的一种新的、更大的力量。因此，群体团结合作精神教育的另一重要内容是进行团结一致精神教育。

每个人的生活环境和经历不同，其性格特征、思想观念和生活方式自然也就不同，身在一个群体中，难免会发生矛盾和冲突。不仅群体成员之间存在矛盾，成员个体与群体之间也存在矛盾。这些矛盾和冲突如果长期得不到有效控制和化解，就会破坏群体团结。正如周恩来所说："团结是在矛盾中形成和发展的。人心不同，各如其面。人们的智慧、才能、性格各有不同，相互之间有时是有矛盾的。团结就是在共同点上把矛盾的各方统一起来。善于团结的人，就是善于在共同点上统一矛盾的人。钢铁和水泥是性质不同的物质，把它们结合起来，就变成钢骨水泥那样强有力的东西。"[1] 可见，团结的实质是矛盾的化解，是把分散的、对立的思想和情感整合为统一的、共同的思想和情感，使群体成员达到思想上一致、情感上共鸣，使群体凝结为一个高度亲和、紧密结合的整体。因此，培养教育对

---

① 《周恩来选集》下卷，人民出版社，1984，第 29~30 页。

象的团结一致精神，就要引导教育对象自觉认识和处理好群体内部的各种矛盾关系。

群体内部的矛盾关系有两重，一是教育对象个体与其他群体成员之间的矛盾关系，主要是二者在利益、思想、性格等方面的矛盾。乐群教育者要引导教育对象与其他群体成员求同存异、相互包容、团结友善、和谐共处、利益共享。二是教育对象个体与群体之间的矛盾关系，主要是个人利益与群体利益、个人自由与群体纪律的矛盾。乐群教育者要使教育对象认识到，群体是一个利益共同体，一荣俱荣，一损俱损。因此，教育对象个体要将个人的特殊利益统一到群体的共同利益上来，与群体合而为一，为了共同的利益和目标而与其他群体成员紧密团结、一道奋斗。

此外，团结分为群体内部的团结和群体之间的团结。群体内部的团结是首要的，是小团结；群体之间的团结也很重要，是大团结。讲团结不能只讲群体内部的团结，也要讲群体之间的团结。大团结是由小团结组成的，小团结则依靠大团结得以维持。社会是由千千万万个群体构成的，群体之间若是不团结，群体内部的团结也会失去和谐稳定的外部环境，从而引发群体内部矛盾甚至危及群体的生死存亡。因此，群体之间的矛盾和斗争也要有效应对，促进群体之间的团结，进而保障各个群体的发展和社会总体力量的提升。也就是说，乐群教育者还要使教育对象正确处理好群体内部团结和群体之间团结的矛盾关系、小团结与大团结之间的矛盾关系，"以一身对于一群，常肯绌身而就群；以小群对于大群，常肯绌小群而就大群。"①

（三）互助合作精神教育

互助合作精神是团结合作精神的重要内容，互助合作是团结一致的具体表现，团结一致是互助合作的内核。团结合作就是齐心协力，就是同心同德、群策群力。团结一致是齐心，是同心同德，是思想上和情感上的一致；互助合作则是协力，是群策群力，是组织上和行动上的一致。因此，互助合作精神也是群体团结合作精神教育的重要内容。

培养乐群教育对象的互助合作精神，首先要使其与群体成员守望相

---

① 《梁启超全集》第 1 册，北京出版社，1999，第 429 页。

助。要使教育对象认识到，个体在求得生存发展的过程中，定会遇到各种阻力和挑战，而仅以自己有限的智慧和能力难以应对。因此，个体必须寻求他人的帮助，与人结为群体，通过群体获得更大的力量。正如梁启超所说："人者，动物之能群者也。置身物竞之场，独力必不足以自立，则必互相提携，互相防卫，互相救恤，互相联合，分劳协力，联为团体以保治安。"① 同样，在群体中，各个成员是相互依存、相互作用的，需要互帮互持、守望相助。

其次，要使教育对象善于合作。人各有长短，术业有专攻，群体成员只有密切合作，发挥所长，增益所短，取长补短，才能促进群体成员的共同进步、群体活动的顺利开展、群体力量的有机整合和群体实力的整体提升。如马克思所说："单个劳动者的力量的机械总和，与许多人手同时共同完成同一不可分割的操作（例如举起重物、转绞车、清除道路上的障碍物等）所发挥的社会力量有本质的差别。在这里，结合劳动的效果要么是单个人劳动根本不可能达到的，要么只能在长得多的时间内，或者只能在很小的规模上达到。这里的问题不仅是通过协作提高了个人生产力，而且是创造了一种生产力，这种生产力本身必然是集体力。"② 可见，群体合作不是单个力量的简单相加，而是不同力量的有机整合，会创造出更大的力量。在其他条件相同的情况下，群体合作的程度决定着群体发展的程度。因此，无论是自身的发展还是群体的进步，都要求教育对象善于合作。

再次，要使教育对象正确认识和处理好合作与竞争的关系。竞争与合作总是相伴相生，群体内部既有合作，又有竞争。但是，群体是一个共同体，群体成员之间利益相关、命运相连。因此，群体不能走向对抗性竞争，而是要争取合作性竞争；不能走向零和博弈，而是要争取正和博弈。这就要求乐群教育者引导教育对象认清此间之理，在竞争中合作，在合作中竞争，在竞争与合作中，相互学习、相互扶持、立人立己、达人达己、促进人、己、群的共进共赢。

最后，要使教育对象克服个人英雄主义。互助合作精神提倡个体的

① 《梁启超全集》第 2 册，北京出版社，1999，第 1078 页。
② 《马克思恩格斯全集》第 44 卷，人民出版社，2001，第 378 页。

独立个性与个人才华，但反对个人英雄主义，因为个人英雄主义与互助合作精神是背道而驰的。在一个群体中，有些人会产生个人英雄主义倾向，尤其在竞争的促使下，为了脱颖而出、鹤立群体，不愿甚至不屑与他人协商合作，而喜单打独斗，待有一日一鸣惊人。但是，这种个人英雄主义显然有违事实，夸大了自己的能力和作用，轻视了他人的才华与作用。长此以往，必定陷己于自缚手脚、孤立无援、游离于群体之外的境地。因此，乐群教育者要帮助教育对象正确认识和评价自己与其他群体成员，正视和承认自己的不足与他人的优势，并在此基础上乐于同其他群体成员相互扶持、友好合作，成为群体中不可缺少的一员，共同创造出更大的成绩。

此外，培养教育对象的群体团结合作精神，还要注意引导教育对象克服和改变中国传统文化中不善团结合作的基因。由于历史上中国经历了十分漫长的封建社会洗礼，自给自足的小农经济、皇权专制统治和宗法等级结构形成了一种不善团结合作的民族性格和传统文化，主要表现为自私自利、宗派主义、小团体主义和窝里斗等倾向。"传统是一种巨大的阻力，是历史的惯性力"①，这种不善团结合作的传统文化基因跨越千年，遗传至今，依然在无形中支配着很多现代人的头脑，使人们无意识地对其顺从。因此，要培养乐群教育对象的团结合作精神，还必须使其自觉地、有意识地克服这种不善团结合作的传统文化基因的影响。而要克服这种文化的不良影响，就要找到形成这种文化的主因。因私心太重，个人可以为了自己的眼前小利而罔顾团体的根本利益，人人自顾自，整个团体就难以真正团结合作起来。宗派主义、小团体主义和窝里斗倾向实质是权力的攀附、利益的交换和群体内部不同利益主体之间的斗争，是为了一部分人的小局而牺牲群体的大局。毫无疑问，这些倾向使群体分裂为相互对立的不同部分，破坏群体内部的团结合作，涣散人心，耗散力量，从而逐渐销蚀和瓦解群体。可见，要团结合作，必先去私。因此，乐群教育者要高度重视引导教育对象认识到我国传统文化中这种根深蒂固的不善团结合作基因的危害，自觉加以克服，剔除这种文化基因的无形支配，而克服和剔除的关键在于去私，转而谋群体的大局。

---

① 《马克思恩格斯选集》第 3 卷，人民出版社，2012，第 772 页。

三　群体奉献精神教育

群体奉献精神是群体成员为了群体的根本利益而自觉、自愿、真诚地付出，不计较个人得失和回报多寡的高尚品格。群体奉献精神对于奉献者和奉献对象都有重要意义。对于群体而言，群体成员的奉献精神是群体生存发展的巨大精神力量。群体是由每个个体构成的，如果群体成员都只图索取、攫取私利、不思奉献，群体终会分崩离析。群体成员只有具备奉献精神，各自贡献一分力量，群体才能获得强大的感召力、凝聚力、整合力和生命力。而群体发展壮大了，群体的共同利益实现了，群体中的个体自然也会受益。不仅如此，群体奉献精神也是奉献者精神需要的满足和人生价值的实现。人有利他之心，看到自己的奉献使他人和群体受益，奉献者会获得精神上的愉悦体验和满足感。人生的真正价值在于奉献，在于为大多数人谋幸福。正如江泽民所说："人为什么而活着？如果只是为自己、为家庭而活着，意义是很有限的。只有为国家、为社会、为民族、为集体、为他人的利益，尽心竭力地工作，毫无保留地贡献自己的聪明才智，这样的人生才有真正的意义，才是光荣的人生、闪光的人生。"[1] 因而，奉献群体使奉献者的人生价值得到了彰显。同时，奉献群体是乐群的最高境界，愿为群体真诚付出，行有利于群体、有利于群体成员之事，不计较一己得失，就是对群体最真实的"乐"、最深沉的爱。因此，群体精神教育最根本的是要培养教育对象的群体奉献精神，包括爱岗敬业精神、自我牺牲精神和大公无私精神。

（一）爱岗敬业精神教育

群体奉献精神是有层次的，既可以是伟大而崇高的，也可以是平凡而可敬的；既可以是董存瑞那般为群捐躯、英勇就义、轰轰烈烈般的，也可以是雷锋那般兢兢业业、默默付出、润物无声的。人的能力有大小，但只要全心全意地付出，贡献不论多寡、不论大小，都是值得尊敬的。平凡孕育伟大，点滴创造奇迹。爱岗敬业精神是群体奉献精神最基本、最广泛的

---

[1] 《十四大以来重要文献选编》中，人民出版社，1997，第 1127～1128 页。

表现形式，每个群体成员在自己的岗位上认真负责、精益求精、勤勤恳恳、任劳任怨、踏踏实实、埋头苦干，出色地完成群体赋予的使命，为群体成员提供优质的服务，就是对群体最首要、最基本的奉献。群体成员只有具备爱岗敬业这种最基本的奉献精神，群体活动才能顺利、有序、高效地开展，群体才能生存发展下去。因此，培养乐群教育对象的群体奉献精神，要从培养其爱岗敬业精神开始。

需要强调的是，虽然群体奉献精神并不是高不可攀的，但也不是轻而易举的。群体奉献精神不同于履行群体义务，而是超出群体成员应尽义务之外、应得回报之外的额外付出，是付出多于回报甚至不求回报的高尚情操。因此，爱岗敬业精神不是按酬付劳，视群体给多少回报，自己就付出多少劳动；也不是按劳取酬，视自己有多少贡献，就向群体索取多少回报。爱岗敬业精神是不计群体回报自己多少，却愿意身心投入、全心付出。因此，乐群教育者要引导教育对象正确认识和定位爱岗敬业精神，鼓励教育对象从群体内部的本职工作做起，尽职尽责、兢兢业业、全心付出、鞠躬尽瘁，积小善成大善，从爱岗敬业开始，从小处、实处做起，不断为群体做出更多更大的贡献。

（二）自我牺牲精神教育

在社会主义条件下，个人与群体的根本利益是一致的，但在具体利益上难免发生冲突和矛盾，这时就需要个体勇于牺牲自我，甘愿让渡或舍弃个人利益以维护群体利益。人恃群而生，个人与群体是存亡与共、荣辱与共的。因此，当个人利益与群体利益产生矛盾时，当个人的小局与群体的大局发生冲突时，就需要个体存奉献之念，行利群之举，牺牲自我、成就群体，牺牲小我、成就大我。这种自我牺牲精神是群体奉献精神的重要表现。因此，自我牺牲精神教育是群体奉献精神教育的重要内容。

自我牺牲精神的表现形式有很多，包括牺牲时间、金钱、精力甚至生命。其中，付出生命是自我牺牲精神的最高境界。在过去艰苦卓绝的革命战争时期，牺牲精神常常意味着以英雄的鲜血和生命换取组织的安全、战争的胜利和革命的成功。如今，当群体面临存亡危机时，如发生重大火灾，牺牲精神也体现为群体成员不顾个人安危，誓死保护其他群体成员的人身安全和群体的财产安全。但这样危如累卵的时刻毕竟不是常态，牺牲生命也不再是牺牲精神的代名词，自我牺牲精神普遍表现为个体在日常的群体生活中，为了群体的发展壮大和群体成员的福祉而在时间、金钱、精力、健康等方面所作出的牺牲。因此，乐群教育者对教育对象自我牺牲精神的培养，首先是使教育对象准确把握自我牺牲精神的内涵及其具体表现形式。

此外，提倡自我牺牲精神，并不是无视和否认个体的正当利益。一方面，在社会主义社会，个人利益与群体利益在根本上是一致的。牺牲小我，成就大我，大我既成，反过来又有利于小我。俗话说："大河涨水小河满，大河无水小河干。"个人的牺牲精神换取的是群体的不断发展，而群体的发展最终受益的还是它的成员。另一方面，在社会主义初级阶段，要重视个人正当利益的满足和对个体牺牲奉献的适当回报，将个人利益与群体利益、个人奉献与群体回馈、自我牺牲精神的先进性与广泛性结合起来。邓小平强调："不讲多劳多得，不重视物质利益，对少数先进分子可以，对广大群众不行，一段时间可以，长期不行。革命精神是非常宝贵的，没有革命精神就没有革命行动。但是，革命是在物质利益的基础上产生的，如果只讲牺牲精神，不讲物质利益，那就是唯心论。"① 社会主义初级阶段的欠发达性决定了自我牺牲精神与利益原则的兼顾性、统一性。因此，进行自我牺牲精神教育，既要倡导将群体的利益置于首位，又要尊重和保护个体的正当利益。唯有如此，才能充分调动教育对象自我牺牲、奉献群体的积极性、主动性和创造性，从而更好地推动群体进步。

（三）大公无私精神教育

大公无私精神是群体奉献精神的最高境界，是一切从群体的整体利益出发，全心全意为群体成员服务，毫不利己、专门利群利人的崇高品质。这种大公无私的奉献精神是共产主义道德的集中体现。

在社会主义初级阶段，我国实行公有制为主体、多种所有制经济共同发展的基本经济制度，实行按劳分配的原则，这就决定了我国倡导以为人民服务为核心、以集体主义为原则的社会主义道德。具有大公无私、无私奉献精神的人，并不是绝大多数。但另外，"社会主义是向共产主义高级

---

① 《邓小平文选》第 2 卷，人民出版社，1994，第 146 页。

阶段前进的历史运动。我们社会的先进分子，为了人民的利益和幸福，为了共产主义理想，站在时代潮流前面，奋力开拓，公而忘私，勇于献身，必要时不惜牺牲自己的生命，这种崇高的共产主义道德，应当在全社会认真提倡。"① 也就是说，社会主义初级阶段的道德建设，要将先进性要求与广泛性要求统一起来，鼓励先进，兼顾多数，以先进带多数，从而促进整个民族道德境界的提升。

在现阶段提倡共产主义道德并不是"超越了历史阶段"，而是社会历史发展的必然要求。道德是经济基础的反映，但道德作为意识形态的重要内容，具有一定的独立性，不一定与经济发展水平完全同步，并对经济社会发展具有一定的能动作用。例如，纵使在封建社会，依然有"天下为公""老吾老以及人之老、幼吾幼以及人之幼"等此类超越社会阶段的先进道德思想。而这种超越现实社会的先进道德思想，如一面精神大旗，引领人们不断跃向更高的道德境界，推动社会不断迈向更高的发展阶段。在革命和建设时期，更是涌现出无数闪耀着共产主义道德光辉的模范人物，如董存瑞、黄继光、雷锋、焦裕禄、孔繁森、郭明义等众多道德标杆，鼓舞、感染和带动着更多人民群众树立无私奉献的崇高品质。在向共产主义前进的征程中，从社会主义初级阶段发展到更发达的阶段，更加需要提倡大公无私的奉献精神，鼓励更多人民群众为了共产主义理想而拼搏奋斗、攻坚克难、勇于牺牲、无私奉献，我们距最高理想才会越来越近。正如列宁所言："道德是为人类社会上升到更高的水平，为人类社会摆脱对劳动的剥削服务的。"② 理想要高远，道德同样要高远。我们绝不是要等到人们的道德品质普遍提高、共产主义业已实现了才去提倡大公无私的共产主义道德，而是要将这种道德原则贯穿于社会主义和共产主义建设过程的始终，有计划、有侧重、循序渐进地进行教育，引领人们不断提升道德境界，从而积聚起磅礴的人民之力，大步跃向共产主义。因此，现阶段的道德建设，既要重点进行社会主义道德教育，也要提倡共产主义道德。同样，培养乐群教育对象的群体奉献精神，也要将先进性要求与广泛性要求结合起来，既尊重个人的正当利益，更要提倡发扬大公无私精神，为群体

---

① 《十二大以来重要文献选编》下，人民出版社，1988，第 1181 页。
② 《列宁选集》第 4 卷，人民出版社，1995，第 292 页。

贡献更多力量，为群体成员谋更多福利，这正是乐群的根本所在。

第三节　群体情感教育

群体情感是群体成员在共同的群体生活中、在与其他群体成员的交往互动中形成的对群体的态度反应和倾向。群体情感是维系群体成员团结奋斗的精神纽带和推动群体繁荣发展的精神力量，是一个群体生存发展必不可少的精神条件。因此，乐群不仅体现为具备一定的群体精神，还体现在对群体的深厚情感上。对群体的深厚情感既能使教育对象深化对群体价值的认知和群体精神的升华，又能推动和调节教育对象的群体行为，并促进教育对象的乐群认知、乐群精神向乐群行为的转化。情感是认识转化为行为的催化剂，"情感在所有的层面上，从面对面的人际交往到构成现代社会的大规模的组织系统，都是推动社会现实的关键力量。"[①] 因此，群体情感教育是乐群教育内容的题中之意。

一　群体归属感教育

群体归属感是群体成员在思想、情感、行为等方面对自身与特定群体从属关系的划定、认同和维系，主要表现为群体成员对群体的认同感、忠诚感和主人感等。群体归属感是群体成员对自我身份和角色的确认，是对所属群体的认可、依恋、忠诚和守护，群体成员归属感的强弱直接关乎群体的内聚力和生命力的大小，甚至于群体的生死存亡。群体成员的群体归属感强烈，就会对群体产生认同感、忠诚感和主人感，群体就会团结凝聚、积极进取，形成强大的群体力量。反之，群体成员的群体归属感匮乏或缺失，则容易对群体产生疏离感、游离感甚至排斥感，进而造成群体的涣散甚至解体。因此，群体归属感对于群体的生存发展影响深远，是一种十分重要的群体情感。然而，现代社会的急速变迁和人员的频繁流动，致使群体的流动性和变化性也愈加凸显。越来越多人离开自己的固有群体，

---

① 〔美〕乔纳森·特纳、简·斯戴兹：《情感社会学》，孙俊才、文军译，上海人民出版社，2007，第 2 页。

如家乡、亲人、朋友、同事,而飘零异乡、异地、异群。这种从原有群体的不断抽离以及频繁的群体流动,造成人们普遍存在漂泊无定之感,归属感随之弱化,人们的归属需要也更加强烈,亟须重建和深化自己的群体归属感,这使群体归属感教育更具现实意义。同时,从身份到心理全方位归属群体也是乐群的应有之意。因此,进行群体情感教育,首要的是进行群体归属感教育。

(一) 群体认同感教育

群体认同感是群体成员对群体认可和接受的情感。具体而言,群体认同感是群体成员依据社会的评价标准和自身的实际需要、思维方式、价值观念、兴趣偏好等,对群体的目标、结构、制度、文化、活动、条件以及群体成员的素质、能力等方面的认可和接受。认同群体是归属群体的前提。群体成员只有在选择特定群体的基础上对其加以认可和接受,才能牢固确立起自己所属群体的成员身份和角色,并进一步自觉地融入群体中,进而形成群体归属感。因此,人们只有先认同群体,才会从心底里归属群体。群体认同感是群体归属感形成的前提,群体归属感教育的首要内容是群体认同感教育。

培养群体认同感,一是要使教育对象全面认识和了解所在的群体。认同群体始于了解群体,包括了解群体的发展历史、共同愿景、具体任务、组织结构、制度规范、文化环境、福利待遇等,还要了解群体成员的构成情况、素质能力、性格特点、行为方式等。教育对象在了解群体的基础上才能进行辨别和分析,找到群体属性与自我要求的相符之点、相宜之处,进而认可和接受群体,形成初步的群体认同感。

二是要使教育对象积极参与群体、融入群体。实践出真知,教育对象只有亲身参与群体事务和群体活动,才能更加深入地了解群体。同时,教育对象参与群体的过程,也是与群体成员交流互动、融为一体的过程。教育对象在参与群体的过程中对群体的共同利益、共同目标、共同活动、共同文化等有了更深刻的认识,在与其他群体成员交往互动的过程中相互影响、相互塑造,群体成员之间有了越来越多相同的思想、情感和行为。教育对象在潜移默化中接受群体的影响,越来越多地打上群体的烙印,对群体也有了更深厚的感情。随之而来的则是对群体的认同感和依恋感的增加，甚至会产生爱屋及乌的倾向，以往对群体某些方面的不认同也会转为认同。这种在长期的群体共同生活和实践中积淀起来的群体认同感更加深沉而牢固，正所谓"水是家乡好，月是故乡明"，其间之意正在于此。

（二）群体忠诚感教育

群体忠诚感是群体成员对群体真心诚意、尽心竭力、始终如一、不离不弃的深厚情感。忠诚于群体是归属于群体的核心表现，是群体成员对群体从身份和角色上的归属转向心理上的归属，从表层上的归属转向深层次的归属。"忠诚敦厚，人之根基也"①，亦是群之根基也。有了忠诚感，群体成员就能牢固认同和确立起自己的群体身份与群体角色，自觉接受和内化群体的目标和价值观，在心理上融入群体，与群体合而为一，视自己为群体中不可缺少的一分子，并为群体的发展壮大殚精竭虑、真心付出、坚定不移。因此，群体成员的忠诚感使群体如同构筑起了内部坚不可摧、牢不可破的堡垒，使群体更加团结有力。反之，若成员皆是徘徊歧路、二三其德、敷衍塞责，群体则离心离德、散乱无力、行之不远。因此，乐群教育者在培育教育对象群体认同感的基础上，还要加强群体忠诚感教育，以进一步巩固和深化教育对象的群体归属感。

进行群体忠诚感教育，一是要使教育对象为群体尽心尽力做贡献。"忠，敬也。敬者，肃也。未有尽心而不敬者。……尽心曰忠。"② 因此，忠诚于群体首先表现为群体成员以群为家、一心为群、奉献群体的情感，尽心尽力、尽职尽责，服务群体、建设群体、发展群体。需要强调的是，现实的人总是归属于多重群体。然而，不同群体有不同的利益、目标和任务，对群体成员有不同的要求。当一人身在多群时，就意味着他要扮演不同的角色，承担不同的责任，履行不同的义务。这些角色、责任和义务会时常发生矛盾，对不同群体的忠诚感就会发生冲突，让人难以抉择取舍，但又不得不择一而忠、择一先忠，这时要倡导教育对象忠大群、舍小群的牺牲精神。

二是使教育对象对群体不离不弃。忠诚于群体更表现为无论群体成员

---

① 《琼琚佩语》。
② （汉）许慎撰，（清）段玉裁注：《说文解字注》，中州古籍出版社，2006，第502页。

拥有更好的选择还是群体遭遇发展挫折时,对群体都能矢志不渝、追随始终。社会之大,群体之多,让人应接不暇。每个群体都有各自的优势和吸引人之处,人们有很多群体可以选择,但是,一旦选定某一群体,则要尽力做到一心一意、忠诚笃定,而不是心猿意马、三心两意,这山望着那山高,山山都比脚下好。频繁更换群体,于己于群都无利。既干扰群体运行的稳定性和有序性,也影响自身发展的连续性和积淀性。因此,乐群教育者要提倡教育对象慎重择群,一旦选定,则要有坚守本群、埋头苦干、持之以恒的精神,才能更好地实现个人价值和群体价值。另外,对群体不离不弃的忠诚感还表现在,当群体遇到困难时,教育对象要有同舟共济、共渡难关的勇气和精神。

(三) 群体主人感教育

群体主人感就是群体成员以群为家、以己为群的主人,将自己的命运和利益与群体的命运和利益结合起来,把群体的事业当做自己的事业,充分发挥自己的主人翁精神,关心群体、爱护群体、建设群体、奉献群体的情感。一个群体并不是仅凭群体领袖的运筹帷幄就能发展好的,而是要靠每一个群体成员主体性的发挥,共同关心群体,群策群力。这就需要群体成员具备群体主人感,这种主人感是群体成员真正将自己融入群体、归于群体、实现群己合一的深厚情感,是群体归属感的根本表现。同时,群体主人感能充分激发群体成员的主体智慧和力量,充分调动群体成员建设群体的积极性、主动性和创造性,从而提高群体的整体实力。因此,乐群教育者要引导教育对象树立强烈的主人翁意识,形成群体主人感。

培养乐群教育对象的群体主人感,一是培养教育对象的主人翁责任感。主人感最重要的是一种责任感,作为一群之主,就要爱群如家,承担起作为主人应当肩负的职责。一方面要使教育对象以主人翁的姿态思想行事,以群体的事业为自己的事业,以兴盛群体为己任,尽己所能,积极为群体的发展出谋划策、大胆创新、开拓进取、艰苦奋斗、奉献牺牲。另一方面,要爱群如家,爱群体成员如爱自己的家人一般,关心、帮助和团结群体成员。要有"一花独放不是春,百花齐放春满园"的大情怀,促进群体成员共同幸福的实现。还要如爱自家财产一样爱惜群体的共同设施和财物,勤俭节约,杜绝浪费,并敢于与侵害群体利益的行为作斗争。同时,要使教育对象克服对群体漠不关心、无所用心、冷眼旁观、消极被动的旁观者心态。

二是培养教育对象的主人翁权利感。权利与义务是相伴相生的，群体成员有作为群体主人的责任和义务，自然也拥有作为主人的权利。培养教育对象的主人翁权利感，就是要引导教育对象自觉运用和行使当家作主的权利，通过多种途径积极参与群体的管理、监督等群体事务，并争取和维护自己的正当利益。

三是培养教育对象的主人翁自律感。拥有主人感并不是我行我素、为所欲为。相反，作为群体的主人，更要以身作则、带头示范，遵规守纪、严于律己。要在群体的统一要求和规章制度下发挥自主性，行使主动权，坚持民主与集中、自由与纪律的统一，维护群体的组织性、纪律性，营造良好的群体秩序。

综上所述，群体归属感教育以群体认同感、忠诚感和主人感为主要内容。值得一提的是，群体归属感的形成并不是纯粹建立在主体的主观意愿上的，而是在群体的客观属性与群体成员的主观世界相互关联、相互作用中形成的。群体归属感往往建立在群体对成员个体的尊重、认可、接纳和支持的基础上，缺少这些条件，群体成员的归属感则很难形成或者归属感不强。比方说，如果群体成员长期被群体忽视，甚至被打击、排挤，何以形成归属感？不过，即便如此，并不妨碍群体成员发挥主观能动性，为群体归属感的形成积极创造条件，比如改变自己、完善自己，以获得群体的认可和接纳。

二　群体荣誉感教育

群体荣誉感是群体成员将个人荣誉融入群体荣誉中，视群体荣誉为个人荣誉，并愿为争取、创造和捍卫群体荣誉而奋斗的情感。群体荣誉感具体表现为，当群体没有取得荣誉时，群体成员为之不懈奋斗；当群体取得荣誉时，群体成员感到骄傲和自豪；当群体失去荣誉或者受到批评和惩罚时，群体成员感到羞愧和不安。[1] 群体荣誉感是群体生存发展的重要精神

---

① 吴灿华：《道德新篇》，华中师范大学出版社，1986，第60页。

力量。首先，群体荣誉感是一种精神推动力，促使群体成员自觉履行群体义务，并为了群体荣誉而积极进取、拼搏奋斗、勇往直前，从而推动群体的发展。其次，群体荣誉感是一种精神凝聚力，使群体成员为了群体荣誉而团结一心、精诚合作、共同奋斗，从而凝聚群体的力量。最后，群体荣誉感是一种精神约束力，使群体成员为了群体的荣誉而自我约束和管理，避免做出有损群体荣誉的言行。可见，群体荣誉感关乎一个群体的兴衰荣辱，是群体生存发展应具备的重要情感要素。群体荣誉感也是乐群的题中之意，为群体荣誉而奋斗是乐群的重要内涵。因此，群体荣誉感教育是群体情感教育的重要内容，乐群教育者要使教育对象认识到，个人与群体是休戚相关、荣辱与共的共同体，故而要树立群兴我荣、群衰我辱的意识，并将在外的荣誉感转化为自我奋斗的内在力量，为群体争取荣誉、创造荣誉、捍卫荣誉。进行群体荣誉感教育，具体包括群体自尊感、群体耻感和群体自豪感等方面的内容。

（一）群体自尊感教育

群体自尊感就是群体尊重自我，并期望受到他人、群体和社会尊重的情感。实质上，群体自尊感是群体荣誉感产生的根源，群体荣誉感则是群体自尊感的表现。如苏霍姆林斯基所言："自尊感是一个人的荣誉感、名誉感、健康的自爱心的最强大的源泉之一。"① 同样，群体自尊感也是群体荣誉感的最强大源泉之一。同时，群体自尊感也是群体不断走向成功的动力之源，促使群体成员为了建设一个更优秀、更完善、更令自己骄傲和被人尊敬的群体，而不断拼搏进取、团结奋斗、严于律己、改过迁善，以赢得更多荣誉，维护群体和个人的尊严。反之，如果群体成员没有群体自尊感，就会有群不关己、高高挂起的漠然，无视群体的兴衰荣辱，缺乏自尊心、上进心和团结精神，群体也会毫无生机和前途。因此，群体荣誉感教育最根本的在于培养教育对象的群体自尊感，激发教育对象建设群体、为群争光的精神动力。

培养教育对象的群体自尊感，首先要引导教育对象正确看待个体自尊

---

① 〔苏〕瓦·阿·苏霍姆林斯基：《给教师的建议》（修订本），杜殿坤编译，教育科学出版社，1984，第421页。

感与群体自尊感的密切关系。群体自尊感实际上是与个体自尊感相联系而形成的一种情感，而个体的自尊感则是个体自尊需要与社会评价关系的反映。自尊需要是人的一种高级的社会性需要，马斯洛认为："除了少数病态的人之外，社会上所有的人都有一种获得对自己的稳定的、牢固不变的、通常较高的评价的需要或欲望，即一种对于自尊、自重和来自他人的尊重的需要或欲望。这种需要可以分为两类：第一，对实力、成就、权能、优势、胜任以及面对世界时的自信、独立和自由等的欲望。第二，对名誉或威信（来自他人对自己的尊敬或尊重）的欲望，对地位、声望、荣誉、支配、公认、注意、重要性、高贵或赞赏等的欲望。"① 可见，自尊需要源于人们对自我价值的确证和他人对自我价值的肯定。但是，现实的人总是生活在一定群体中，个体的自尊感常常与群体的自尊感相伴相生、交织缠绕、相互作用、难解难分。尤其在社会主义条件下，个体与集体的根本利益一致，群体往往以集体的形式呈现。如此一来，个体与群体俱荣俱损、荣辱与共，个体自尊感与群体自尊感一体共生，个体自尊感是群体自尊感的来源，群体自尊感则是个体自尊感的凝结。因此，乐群教育者要引导教育对象将个体自尊感与群体自尊感统一起来，通过为群体争光而维护自我尊严，而不能为了追逐个人荣誉就无视甚至不惜损害群体荣誉，结果只能是损群不利己。

其次，使教育对象通过正当途径维护群体尊严、赢得群体荣誉。俗话说："绣花要得手绵巧，打铁还须自身硬。"群体自尊的获得靠的不是自我标榜和沽名钓誉，群体自重、自律、自强，才是赢得外界对群体尊重的根本。正如马斯洛所说："最稳定和最健康的自尊是建立在当之无愧的来自于他人的尊敬之上，而不是建立在外在的名声、声望以及无根据的奉承之上。"② 即是说，建设更强大的群体才是获得尊严和荣誉的关键。

最后，引导教育对象准确定位群体自尊感，避免走向自负和自卑两个错误极端。"自尊需要的满足导致一种自信的感情，使人觉得自己在这个世界上有价值、有力量、有能力、有位置、有用处和必不可少。然而这些

---

① 〔美〕马斯洛：《动机与人格》，许金声、程朝翔译，中国人民大学出版社，2012，第28页。
② 〔美〕马斯洛：《动机与人格》，许金声、程朝翔译，中国人民大学出版社，2012，第28页。

需要一旦受到挫折，就会产生自卑、弱小以及无能的感觉。"① 这时，就需要调节群体成员的心态，要有胜不骄、败不馁的从容。当群体取得荣誉时，自信但不自负，并继续寻求更高的荣誉；当群体受到挫败时，自省而不自卑，更不能自我贬低、自我放逐、一蹶不振，而是要重整旗鼓、东山再起、再创荣誉。相反，陷入群体自负、自卑的深渊只能使群体离尊严和荣誉越来越远。

（二）群体耻感教育

群体耻感是群体成员因自己、其他群体成员或者整个群体的动机和行为不符合或者背离一定社会的价值观念和道德规范而感到使群体尊严受损时的耻辱羞愧之感。群体耻感源于成员个体的耻感，是个体耻感的凝结，群体耻感与个体耻感相互联系、相互作用、相互转化。例如，在一场团体比赛中，当一个团队中有成员严重违纪时，整个团队都会因此感到蒙羞。

从群体耻感形成的缘由看，群体耻感主要包括耻于不善和耻于不才两方面内容。耻于不善是群体以背离一定社会的伦理道德标准为耻，如群体以挥霍浪费、制假售假等为耻。耻于不才是群体以自身的不足和落后于其他群体为耻，如群体以生产效率、产品质量等不如其他群体为耻。

群体耻感实际上源于群体自尊感，群体耻感恰是群体自尊需要没有得到满足时的情感体验。同时，群体耻感又是群体追求荣誉、赢得尊严的不竭动力。只有知耻远耻、避耻求荣，才能获得自尊感。因此，苏霍姆林斯基说："羞耻心是对于卑劣的、丑恶的东西的强有力的抗毒剂；形象地说，它是能浮载荣誉感、良心和自尊感的大船的深水。"② 群体耻感有利于群体有所为有所不为。群体耻感的产生基于一定的是非、善恶、荣辱标准。因为知耻，群体就会自觉避免或停止不正当的行为，从而有所不为。因而，朱熹说："人有耻，则能有所不为。"③ 同理，群有耻，则能有所不为。反之，群无耻，则无所不为。群体耻感在使群体有所不为的同时，又使群体

---

① 〔美〕马斯洛：《动机与人格》，许金声、程朝翔译，中国人民大学出版社，2012，第28页。

② 〔苏〕瓦·阿·苏霍姆林斯基：《给教师的建议》（修订本），杜殿坤编译，教育科学出版社，1984，第363页。

③ 《朱子语类》卷十三。

有所为。群体耻感是一种否定性情感，但又蕴藏着肯定性的潜能。它既约束群体不行错事、做错即止，又能激励群体以耻为鉴、拼搏奋斗、以雪前辱、远耻向荣。因此，马克思说："羞耻是一种内向的愤怒。如果整个民族真正感到了羞耻，它就会像一头蜷身缩爪、准备向前扑去的狮子。"[1] 如果群体自尊受挫，感到耻辱，也会下定决心、积蓄力量、紧密团结、发愤图强，以洗前耻、争得荣誉。也就是说，知耻才能有为，耻于不善才能至于善，耻于不才才能至于才。总之，群体耻感有利于群体向善远恶、改过迁善、进取向上。无耻感，群体则无道德约束、无进取动力，也就远离了荣誉。因此，群体耻感是立群、治群、兴群之大端，群体耻感教育是群体荣誉感教育的重要内容。

培养乐群教育对象的群体耻感，首先要使教育对象辨是非、明善恶、知荣辱。人们只有先知晓判断荣辱的标准，知道何为耻、何为荣，才能形成耻感，才能知耻远耻、趋善求荣。改革开放以来，人们的思想道德领域发生了深刻变化，荣辱标准混乱，出现了一些是非不明、善恶不辨、美丑不分的现象，人们的耻感意识受到巨大冲击。在此背景下，胡锦涛提出了坚持"以热爱祖国为荣、以危害祖国为耻，以服务人民为荣、以背离人民为耻，以崇尚科学为荣、以愚昧无知为耻，以辛勤劳动为荣、以好逸恶劳为耻，以团结互助为荣、以损人利己为耻，以诚实守信为荣、以见利忘义为耻，以遵纪守法为荣、以违法乱纪为耻，以艰苦奋斗为荣、以骄奢淫逸为耻"[2] 为主要内容的社会主义荣辱观，从而明确了是非、善恶、美丑的界限和标准，为人们进行价值判断和道德选择指明了方向，也为群体耻感的培养奠定了基础。当然，"每个社会集团都有它自己的荣辱观"[3]，群体还要在社会主义荣辱观的大方向下，确立适合自身特点和发展要求的具体的群体荣辱观，比如，对于一个企业而言，倡导以爱岗敬业为荣、以敷衍塞责为耻，以开拓创新为荣、以因循守旧为耻等。群体成员明确了是非、善恶、荣辱的界限和标准，才能形成群体耻感，并远耻趋荣。

其次，还要使教育对象正确运用群体耻感的力量。群体耻感本就蕴含着自我否定倾向，若不能走出耻辱，就容易从耻感走向自轻自贱、自暴自

---

① 《马克思恩格斯全集》第47卷，人民出版社，2004，第55页。
② 《胡锦涛文选》第2卷，人民出版社，2016，第430页。
③ 《马克思恩格斯全集》第39卷，人民出版社，1974，第251页。

弃，如此一来，就会使群体走向歧途。"自觉心是进步之母，自贱心是堕落之源，故自觉心不可无，自贱心不可有。"[1] 群体耻感教育的目的不是使教育对象一味沉浸于羞耻惭愧之中，而是以耻激励人向善进取。因此，当群体蒙辱时，不能气馁和自我放逐，而要重整旗鼓，争创荣誉，赢回尊严。

（三）群体自豪感教育

群体自豪感是群体成员因所属群体拥有优于其他群体的良好条件或取得重大成就而产生的光荣感和满足感。如果说群体耻感是一种群体自我否定性的情感，那么群体自豪感则是一种群体自我肯定性的情感。但无论是群体耻感还是群体自豪感，都是群体自尊感的体现。同时，群体耻感和群体自豪感又都是群体荣誉感形成的重要条件。群体耻感有利于群体从自我否定的情感基调上反弹为积极奋斗的力量，群体自豪感则有利于群体从自我肯定的情感基调上强化和激励更加进取向上的力量。二者殊途同归，共同推动群体对荣誉和尊严的渴求和获得。其中，群体自豪感对群体荣誉感形成的作用机理表现为，一方面再次强化群体产生令人自豪的行为，另一方面又激励群体在此基础上向往和寻求更大的成功和自豪。可见，群体自豪感是群体拼搏进取、勇往直前、奋斗不息的信念支撑和驱动力量，是群体不断取得光辉成就、赢得更大荣誉的必要条件。因此，群体自豪感是群体荣誉感教育的重要内容。

培养乐群教育对象的群体自豪感，一是要使教育对象了解所属群体引以为傲的具体内容，比如说所在群体辉煌的发展历程、卓越的现实成就、广阔的发展前景，高效的工作机制、优质的劳动成果、和谐的成员关系、先进的群体文化，等等，都可以成为激发教育对象作为其中一员的群体自豪感。

二是要使教育对象与群体一道不断创造令群体引以为傲的资本。并不是所有群体都有自豪的资本，例如一个刚刚建立的群体尚未崭露头角，或者一个表现平平的群体尚无优势可显。但是，没有资本，可以创造资本。这样的群体反而给教育对象提供了大展拳脚的舞台，有利于激发教育对象

---

① 邹韬奋：《韬奋文录》，三联书店，2011，第57页。

的无限潜能，开创群体发展的新局面。而教育对象正是在参与群体、建设群体并取得成就的过程中，才能更加牢固地确立起群体自豪感，因为群体成就熔铸了自己的智慧和汗水。同时，当教育对象所属的群体取得引以为傲的资本时，不仅要使教育对象加以了解和认同，以濡养其群体自豪感，更重要的是，应当使教育对象在群体现有成绩的基础上继续奋斗。群体自豪感虽是一种自我肯定性的积极情感，却又潜藏着否定性的危机。它既能激励群体再接再厉、再创佳绩，也可能使群体从自信自豪堕入自大自负的深渊，从而使自己故步自封、止步不前。自信与自负仅一线之隔，结果却是天地之差。任何成绩和荣耀都会成为历史，当成绩和荣耀逝去，群体自豪感也会慢慢褪去。因此，群体不能满足于眼前的荣耀，而是要不断超越自我，创造更多奇迹，赢得更多更大的荣誉。

三　群体责任感教育

群体责任感是群体成员对群体赋予的职责和义务持有自觉履行、认真负责态度而产生的内心体验。群体责任感表现为群体成员圆满完成任务时会感到安心满足，若是未能尽到责任则会感到羞愧不安。这就促使群体成员在明确自己所肩负的职责和义务后，无论是否愿意或是多么艰难，都能积极创造条件，克服重重阻碍，自觉践履和承担应尽的职责与义务。若群体成员都能各司其职、各尽其责，群体活动就能有序开展，群体职能就能有效发挥，群体目标就能顺利实现。因此，群体责任感是群体生存发展必要的精神条件。同时，群体责任感有利于群体获得更多社会信任、尊重和荣誉，进而得到更多发展的机遇和资源。对于群体成员自身而言，高度的责任感也是个体安身立命的重要品质，是个体获得群体尊重和认可、实现人生价值的重要条件。不仅如此，具有群体责任感也是乐群的充分体现，乐群最基本的要求就是自觉承担群体赋予的使命，完成群体交付的任务，促进群体的发展。因此，群体责任感教育是群体情感教育的应有之意，也是乐群教育的重要内容。进行群体责任感教育，主要是培养教育对象的群体使命感、群体担当感和群体义务感。

（一）群体使命感教育

群体使命感是群体成员对群体重大发展责任的感知、承担和履行，具有强烈的目标感和意义感。在日常生活中，人们常常将使命、责任、义务等同视之，但严格说来，使命并不等同于一般意义上的责任和义务。其一，就层次而言，使命比责任和义务更高。使命是重大的责任与任务，是最高责任、终极任务，责任和义务则较为具体。群体成员的使命是群体赋予成员的重大责任和任务，往往与群体的整体利益和兴衰存亡的前途命运息息相关，说到底，就是促进群体职能的充分发挥和群体兴旺发达的终极责任与任务。群体成员的责任和义务则是由其所在群体中的身份地位和具体角色决定的，角色不同，责任和义务自然不同，但使命却是共同的，都致力于群体的发展进步。其二，使命的终极性决定了使命的完成往往不是一蹴而就、轻而易举的，是任重道远的。责任和义务则具体而明确，较之使命容易实现。

虽然使命与责任、义务并不相同，但又密切相关。群体成员使命的逐步完成，靠的正是其对待具体群体事务的认真负责。群体成员只有具备群体使命感，才会表现出群体责任感，责任感是对使命感的决心和执行。有了群体使命感，群体成员就有了明确的目标感和方向感，它能指引群体成员往何处前进、向何处发力；有了群体使命感，群体成员就有了强烈的意义感，切实感到自己奋斗的价值；有了群体使命感，群体成员就有了强大的动力、自觉的奋斗和拼搏的激情，使命召唤自己、激励自己永不懈怠、永不止步；有了群体使命感，群体成员就有了坚定的信念和顽强的意志，在完成使命的过程中攻坚克难，勇往直前；有了群体使命感，群体成员就有了脚踏实地、认真负责的态度，积跬步以成千里，积小功以成大业。可见，群体使命感不仅有利于成员群体责任感的形成，更有利于群体的发展强大。因此，培养教育对象的群体责任感，先要使其拥有强烈的群体使命感。

培养教育对象的群体使命感，首先要使其清楚地认识到人人皆有群体使命。人生来就从属于一定群体，群体为人的生存发展提供了庇佑，反过来，人也就同时背负了对于群体的使命。正如马克思和恩格斯所说："作为确定的人，现实的人，你就有规定，就有使命，就有任务，至于你是否意识到这一点，那都是无所谓的。这个任务是由于你的需要及其与现存世界的联系而产生的。"[①] 个人需要的满足往往要靠一定群体的力量，这样，

---

① 《马克思恩格斯全集》第 3 卷，人民出版社，1960，第 329 页。

个人的利益与命运和群体的利益与命运就联结起来。个人只有为了群体的利益和命运奋斗，以群体的兴旺发达为使命，才能实现个人的利益和人生价值。因此，人人都有一定的群体使命，都有需要承担的责任和任务，这是由人的本质决定的。所以，教育对象要有群体兴亡、人人有责的使命感。从这一意义上说，群体使命感是群体成员主人感的具体表现。

其次，要使教育对象进一步明确自己对于所属群体的使命。虽然群体成员的使命最终都指向群体的兴旺发达，但表现在不同的群体使命上又有不同的具体内容。例如，对于一个家庭而言，家庭成员的使命就是创造温暖安定、相亲相爱、幸福和谐的家庭氛围；对于一个大学而言，教师的使命就是立德树人、承扬人类文明、提高学校的科研实力和教学水平，等等。因此，要形成群体使命感，就要知道自己所负的使命究竟是什么。

最后，要使教育对象时刻铭记群体使命并决心为之奋斗。群体使命具有一定的高远性，这一特性容易使其淹没在主体日常繁杂的具体事务中，而被逐渐淡忘。这就要求教育对象须时刻提醒自己，不忘使命，孜孜以求，在不懈的奋斗中逐渐增强自己的群体使命感。

（二）群体担当感教育

群体担当感是群体成员自觉接受和承担群体的使命与责任的情感倾向。群体成员的担当包括两方面内容，一方面是担当起群体赋予的使命和与自己在群体中的角色相适应的职责，另一方面是担当起因失责而造成的不良后果。知晓自己的群体使命和责任并不代表就形成了群体责任感，根本的还在于群体成员能够一肩担起、负重而行。责任的关键在于担当，群体责任感的核心在于群体担当感。对于个体而言，群体担当感是群体成员涵养德性、激昂斗志、战胜困难、尽职尽责、历练自我、赢得赞誉、实现价值的重要品质。对于群体而言，群体担当感是群体精诚团结、披荆斩棘、一往无前的重要精神条件。在一个群体中，每个成员都有自己的使命和责任，若是人人害怕担当、敷衍塞责、相互推诿，群体就无法开拓进取、团结一心、有序运转，继而变得散乱不堪、软弱无力、前途暗淡。因此，进行群体责任感教育，还要培养乐群教育对象的群体担当感。

培养乐群教育对象的群体担当感，首先要使教育对象乐于担当。之所以要乐于担当，是因为群体担当感是群体成员对自己所负使命和责任的忠诚、坚守和承担，也是对自己群体主人翁身份的感知、认同和扮演，是每个群体成员应当具备的品质。乐于担当，就是要有当仁不让、舍我其谁的魄力，自觉承担责任，积极推动群体发展；还要有责无旁贷、甘愿付出的精神，尽心尽力奉献群体。如此，才能不辱群体使命、不负主人翁的角色地位。

其次，要使教育对象勇于担当。使命和责任重于泰山，任重而道远。因此，担当需要勇气。勇于担当，表现为不因循守旧、座庙守摊、明哲保身，而是勇于大胆探索、开拓创新、不怕失败；不避难就轻、见利就上、见事就躲，而是勇于挺身而出、迎难而上、攻坚克难，敢于担大任、揽重活、解难题；不推诿塞责、文过饰非、寻找借口，而是勇于推功揽责、补救过失、完善自我。

最后，要使教育对象能于担当。担当不仅需要勇气，更需要智慧和能力，否则只能是操刀伤锦、有心无力。因此，教育对象不仅要勇于担当，还要能于担当。能于担当就是要求教育对象不断提高自身的素质和能力，既要提高做好本职工作的专业素质和能力，又要提高交往能力、管理能力、危机应对能力等，促进自身的全面发展。教育对象要以过硬的素质和能力担当，在担当中提升素质和能力。

总之，教育对象只有乐于担当、勇于担当、能于担当，才能称得上具备了群体担当感。

（三）群体义务感教育

群体义务感是群体成员对群体应尽义务的觉悟和认识，是对群体规定的角色及其所内蕴的群体期望和要求的认同与接受而产生的情感体验。群体义务感实际上是群体成员将群体赋予的责任具体化为应尽的义务，是对群体责任的自觉践履。群体义务感是由群体责任感决定的，是群体责任感的表现，反过来又会深化群体责任感。群体义务感根源于人的本质。人有生存发展的需要，但不能自足，故转而寻求他人的帮助和支持。人们就在相互需要、相互联系、相互作用、相互依存中结为一定的群体，并意识到群体成员只有各尽本分、相互服务、我为人人、人人为我，群体才能正常运转，个体需要才能得以满足，个体才能自存、自立、自强，在群体利益与个人利益根本一致的情况下更是如此。于是，人人都有应尽的群体义务，群体义务正是在人们的交往关系中、在群己互动中、在互助合作中、在给予和获得的交错中形成的，群体义务感是个体群体化、社会化的重要表现。因此，群体义务感是群体成员必须具备的基本品质。群体成员只有深刻认识到自己在群体中所扮演的角色及应当履行的义务，各司其职、爱岗敬业、认真负责，群体才能井然有序、高效运行、和谐安定，群体职能才能充分发挥，群体的整体利益才能实现和保证。反之，如果缺失群体义务感，人们就容易出现懈怠散漫、玩忽职守、敷衍塞责等问题，就会使群体及其成员的利益受到损害，甚至危及群体的兴衰存亡。因此，群体义务感是群体责任感的深层表现，是群体生存发展所需的最基本的情感因素，也是乐群教育的重要内容。

培养乐群教育对象的群体义务感，首先要使教育对象明确自己应当担负的群体义务。不同群体有不同的义务，如政治义务、法律义务、职业义务、道德义务、宗教义务等，并且同一群体通常同时具有多种义务，或者同一义务具有多重性质，例如，父母抚养子女、子女赡养父母既是道德义务也是法律义务。只有清楚地知晓自己应尽之义务，才能更好地承担。

其次，妥善处理不同群体义务之间的矛盾。现实的人总是身在多个群体，肩负多种义务，而这些义务之间有时是冲突的。比如，一名飞行员因工作需要不得不经常离家远行，对家庭的义务不能完全尽到。这就要求教育者引导教育对象正确看待不同群体义务的冲突，要使其认识到，冲突在所难免，尽义务就会有奉献，正因人人奉献，才会有群体成员共同的幸福。在此基础上，还要妥善处理义务冲突，分清轻重缓急，坚持小义务服从大义务、缓义务服从急义务的基本原则。

再次，尊重和允许教育对象享有正当的群体权利。权利和义务是相伴相生的，"没有无义务的权利，也没有无权利的义务。"[①] 法律义务有明确的权利对应，道德义务虽主观上不以获得权利为目的，但客观上会得到他人、群体和社会给予的赞誉和回报。因此，培养教育对象的群体义务感一方面倡导履行义务不一味以回报为目的，另一方面也不排斥教育对象对应得权利的享有，如此才能提高教育对象履行群体义务的积极性。

复次，提高教育对象履行群体义务的道德自觉。群体义务的履行既有

---

① 《马克思恩格斯选集》第 3 卷，人民出版社，2012，第 172 页。

来自外部的压力，如法律的、群体内部的规章制度的强制力，又有主体内部自制力的约束，如对履行义务的信念和意志。培养教育对象的群体义务感，应当更加注重引导其对义务的履行由外在制约转向内在自觉，才能使教育对象形成承担群体义务的内生动力和坚定信念。

最后，要引导教育对象在做好本职工作中塑造群体义务感。从根本上来说，教育对象的群体义务感是在做好本职工作中、在无数次尽义务中逐渐形成的。要引导教育对象在此过程中切实感受人与人之间的高度依存关系，用心体悟每个群体成员包括自己对责任和义务的坚守、勤勉的劳动为他人所带来的幸福，从而产生义务感的源泉——感激之情①，并深刻领悟到履行义务对于自己、他人和群体的真正意义，从而更加自觉地履行义务。

第四节　群体行为教育

这里所说的群体行为并不是社会学中的专有术语，而是指群体成员在群体活动中相互作用、相互适应所形成的反映一定群体利益要求、价值观念和职能特色的行为取向，也是群体成员所持有的一定群体认知、群体精神和群体情感的综合表现。群体行为是群体机能发挥的基础，也是群体发展状况的反映。群体行为主要包括群体交往行为、群体生产行为和群体生活行为三大领域，不同群体有不同的行为特征和行为规范，也有一些共同的群体行为要求，如遵规守纪、协调一致等。群体成员遵循一定的群体行为规范，表现出有利于群体整体利益和健康发展的行为，是保证群体活动正常开展、群体秩序安定和谐和群体目标顺利实现的现实条件。所以，乐群不仅体现在高扬一定的群体精神、深怀一定的群体情感，更表现为付诸一定的群体行为。乐群最终要体现在行为上，乐群行为是教育对象的乐群认知、乐群精神、乐群情感的外在表现，也是乐群性形成的根本标志。反过来，教育对象在乐群行为中又能进一步深化乐群认知、乐群精神和乐群情感，从而牢固确立起乐群性。因此，培养乐群教育对象良好的群体行为

---

① 〔苏〕瓦·阿·苏霍姆林斯基：《家长教育学》，杜志英、吴福生等译，中国妇女出版社，1982，第 190 页。

习惯是乐群教育的旨归。

一　群体交往行为教育

群体成员之间相互接触、相互沟通、相互了解、相互作用的交往行为是群体行为的核心，群体本身就是在人与人的交往中建立起来的，也是在人与人的交往中维持和发展的。群体交往是群体生存发展的根基，群体成员交往行为的表现以及在此基础上建立起来的交往关系状况直接关乎群体的吸引力、凝聚力和战斗力。因此，群体行为教育的首要内容是群体交往行为教育，使教育对象学会与人相处，既乐于与人交往结群，又善于与人和谐相处，逐步形成在群体交往中所应具备的良好品质，建立和谐的群体交往关系。而乐于交往、善于交往也是乐群的基本要求和题中之意。

（一）交往意愿教育

交往意愿教育就是使教育对象乐于交往。乐于交往是乐群的基本表现，乐群首要的是乐于与人交往结群。群体都是由相互联系的个人组成的，人们先要乐于和个人交往，才有进一步结群、乐群的可能。交往是增进人与人之间思想沟通和情感互动的桥梁和纽带，只有喜欢并经常而深入地交往，才能加深人们之间的理解和情谊，进而被人喜爱、被群体接纳，并顺利融入群体中，成为群体的一员。同样，处群之中，也要乐于和群体成员交往相处，积极促成融洽的人际关系，才能始终与群体融为一体。再者，乐于交往也是善于交往的前提。从根本上说，人际交往的经验正是在主体不断的交往实践中逐渐感悟和总结的，人际交往的基本规范是在交往实践中学习和获得的，人际交往的技巧也是在交往实践中形成和提高的。因此，乐于交往是善群、合群的基础，是群体交往行为的第一步，也是乐群教育的内在要求。

虽然人们普遍有交往、合群的需要，但并不是所有人都乐于与人交往，现实生活中不喜交往、离群索居的大有人在。不愿与人交往大体出于性格孤僻、个人主义思想浓厚和交往受挫等原因，因此，提高教育对象的交往意愿，使其乐于交往结群，主要是克服性格、思想和意志等方面的问题。

第一，克服性格孤僻问题。"人心之不同，如其面焉。"① 每个人都是独特的个体，都有各自的性格。但不能简单地判定哪种性格是优，哪种性格是劣，不同性格对于不同事情都有各自的优势和不足，要具体情况具体分析。单就交往意愿方面来说，开朗外向的性格较之孤僻内向的性格显然更有优势。开朗外向的人热情主动，喜好交际，交往意愿较强。孤僻内向的人则大多内心封闭，喜欢独处，不愿与人交流，不合群，严重的甚至患上自闭症。性格孤僻会影响正常的人际交往，甚至存在人际交往障碍，不利于人际关系的和谐。因为交往本身就是人与人之间的信息、情感等方面的双向互动，孤僻意味着信息和情感的堵塞和阻滞，容易造成人与人之间的疏离、淡漠与隔阂，是良好人际关系形成的巨大障碍，更是乐群性形成的一大阻碍。因此，提高教育对象的交往意愿，促进教育对象乐于交往结群，要注意优化具有孤僻内向性格特征的教育对象，促使其朝着开朗外向、乐于交际的方向转变。

人的性格是在主客观因素的综合作用下形成的，具有一定的稳定性，但同时又具有可变性和可塑性。比如说，一个原本开朗外向的人可能因为遭遇重大挫折或不幸而变得寡言少语，一个腼腆内向的人可能因为丰富的团体活动而变得活泼开朗起来。因此，转变性格不仅是必要的，而且是可能的。乐群教育者要在了解教育对象实际性格特点的基础上，有针对性地加以引导和转变。对于性格由开朗外向变得沉默寡言的教育对象，要及时了解其性格发生变化背后的原因，并施以思想疏导和切实帮助，使其重新变得开朗。对于性格始终较为孤僻的教育对象，则要有计划、有耐心地帮助其调整和优化性格。性格虽可转变，却绝非易事，需要一个长期的渐变过程。教育者既要通过优化和营造外部环境来影响教育对象的性格，比如开展小组学习、体育竞赛、才艺表演、户外郊游等丰富多彩的群体活动，为教育对象提供更多交往机会和平台，并鼓励教育对象积极参与其中，主动与人交流。另外还要使教育对象充分发挥自己的主观能动性，有意识地进行性格的自我调整和优化。总之，要通过主客观的共同作用、主客体的共同努力，逐渐转变教育对象孤僻内向的性格特征，积极与人交往互动，更好地融入群体。

---

① 《左传·襄公三十一年》。

需要指出的是，性格虽然对交往意愿的影响较为明显，但并不是影响乐群性形成的决定性因素。一则性格是可以改变的，二则人的乐群性的形成是综合因素的作用结果，性格只居其一。开朗外向的人不一定乐群，他可能乐于交往，但不喜深交，缺乏对群体的忠诚感和奉献精神。反之，性格孤僻内向的人可能不喜广泛交际，但对群体却可能有更强烈的归属感和更坚定的责任感。因此，不能得出性格与乐群呈正相关的结论。

第二，克服个人主义倾向。出于市场经济的发展、社会结构的变迁、西方文化的影响等原因，个体不断崛起，社会逐渐出现个体化趋势，个人主义价值观流行。个人主义在彰显人的独立性、主体性和自由性的同时，容易使人夸大对自身力量的认知，忽视自身的局限性，进而产生无所求于人，独自便可随心所欲掌控自身命运的想法。① 这种错误认知往往使人以自我为中心，自命不凡，孤傲清高，特立独行，独来独往，单打独斗，不愿或不屑与他人为伍，不喜与人交往合作，人际关系也不甚和谐，乐群性较低。个人主义思想不仅容易使人的交往意愿降低，更使得人们过分关注个人利益而忽视甚至罔顾他人利益、群体利益和社会利益，是培养人的乐群性的巨大思想障碍。因此，进行乐群教育，必须注意克服教育对象的个人主义思想倾向，引导其正确看待和处理个人与他人、群体、社会之间的关系，乐于与人交往，积极融入群体，在群体的共同奋斗中塑造和完善自己的本质，彰显个人的主体性，实现自我价值、群体价值和社会价值。

第三，克服交往受挫造成的心理障碍。如果说性格孤僻导致人们无意识地自动离群，个人主义导致人们有意识地主动离群，那么，交往受挫则是人们被动离群的原因。现实生活中有很多人并非不愿与人交往，也不是自愿地离群索居和忍受孤独寂寥。相反，他们从内心来说是渴望与人交往的，但可能出于种种原因，其在人际交往中频频遭受挫折，从而产生交往的压抑心理、自卑心理、恐惧心理、抵触心理、封闭心理等，进而不愿与人多接触，逃避人群。如此一来，又使其交往变得更加困难，人际关系越发紧张，陷入恶性循环。因此，提高乐群教育对象的交往意愿，必须使其克服交往受挫造成的心理障碍。

首先要使教育对象正视交往受挫的问题并积极寻求解决。在人际交往

---

① 〔法〕托克维尔：《论美国的民主》下册，董果良译，商务印书馆，1988，第627页。

过程中，出现交往失败、交往矛盾和冲突的经历是很常见的情况，问题的关键在于找到失败的根源，并积极进行调适，而不是知难而退。交往受挫的原因有很多，有交往主体的不良个性原因，比如个性强势、自尊心极强的人在交往中容易争强好胜、斤斤计较，从而引发人际矛盾和冲突。性格腼腆内向、寡言少语的人在交往中则容易受到忽视和冷落，从而使其陷入自卑失落、与群体格格不入的情绪；有交往主体认知错误的原因，比如认为人心险恶、不足信之的人在交往中容易疑心重重、堤防戒备、不愿深交，使得自己也难以获得他人的信任和好感，从而受到他人的疏远和孤立；还有交往主体交往技能匮乏的原因，比如说话把握不好分寸、缺乏基本的礼貌、不懂得尊重对方的感受等，都会影响人际关系的和谐。因此，教育者要帮助教育对象找到交往受挫、人际关系不和谐的具体原因，并多从自己找原因，不过于苛求他人，责己恕人，从完善自我开始，优化性格、调整认知、提高交往能力，敞开心扉，接纳他人，建立和谐的交往关系。同时，还要提高教育对象承受交往挫折的能力，提高交往的意志力，勇于面对交往困难和障碍，并努力寻找方法加以应对，回归人群，融入群体。

总之，在现实生活中，出于性格特点、思想观念和交往经历等原因，人们不愿与人交往的现象十分普遍。很多人要么远离群体、独来独往，要么身在群体却如同隐形人，孤立于人群。不乐交往，何以乐群？这一问题必须予以高度重视和积极应对，是乐群教育首先要面对和解决的。

（二）交往技能教育

交往技能教育就是使教育对象善于交往。乐于交往是群体交往行为的第一步，但良好群体交往关系的建立、乐群性的形成并不是单靠强烈的交往意愿就能实现的，还需掌握一定的交往技能。因为乐群并不是简单地流于喜欢与人交往的层面，而是要能与人友好相处，被人理解和接纳，并顺利融入群体之中。乐于交往只是提供了和谐交往的可能性，善于交往则是和谐交往的必要条件。善于交往意味着个体深谙人与人之间的相处之道和交往艺术，并将其灵活运用于人际交往中，一切都表现得恰到好处，拿捏到位，使交往双方都能感到心情愉悦、自在舒畅、气氛融洽。如此，个体自然也就容易受人欢迎，被群体接纳，人际关系和谐。相反，即使有交往的意愿，却无交往的技能，只有乐群的愿望，却无善群的本领，不知如何与人相处，在相处中就会遭受挫折，得不到他人的接受和赞赏，难以融入群体，也难以真正形成乐群性，反而会打消乐群的积极性。因此，只有同时具备乐于交往的主观愿望和善于交往的客观能力，才能现实地形成和谐的交往关系，才能形成乐群的基础。善于交往是乐群的必然要求，也是乐群教育的重点内容。乐群教育不仅要"授人以鱼"，即引导教育对象认识个人与群体的关系以及个人融入群体的价值，更要"授人以渔"，注重传授正确的交往之道、处群之道，使教育对象掌握与人交往过程中所须遵循的交往礼仪、交往原则和交往艺术，并在现实的交往活动中体验、感悟和修炼，逐渐学会与人和谐相处，善于与人和谐相处。

第一，交往礼仪教育。交往礼仪是人们在交往活动中共同遵守的礼节和仪式，是表达礼貌和尊敬的行为规范与准则。作为上层建筑的一部分，交往礼仪反映着一定社会的思想观念和道德标准①，既具有历史继承性，又具有鲜明的时代特色。它明确规定着人们在不同的交往情境中应当有怎样的行为表现，又该避免何种不恰当的行为。故而，交往礼仪对于规范和约束交往主体的言行，传达彼此的敬意和善意，增进彼此的了解和情谊，调节人与人之间的关系，促进群体关系的和谐，维护群体秩序的稳定，具有无可替代的作用。无礼则不和，不和则诸事难成。因此，交往礼仪是交往技能最基本的构成，也是群体交往行为教育最基本的内容。善于交往首先表现为人们在交往中大方得体、礼貌敬人，如此才能获得他人和群体的尊重与认可。

进行交往礼仪教育，首先要使教育对象系统了解和掌握交往礼仪内容。交往礼仪包括交往中个人的仪表礼仪，如个人的仪表容貌、表情神态、言行举止、服饰配饰等方面的规范；面对面交流中的基本礼仪，如称呼、介绍、握手、交谈等方面的规范；通信交流中的礼仪，如电话交谈、书信往来、网络互动等方面的规范；还包括特殊交往场合的礼仪，如宴会、晚会、舞会、比赛、拜访、探病等方面的规范。交往礼仪是一套十分繁杂而细致的行为规范，每个交往细节都有具体的礼仪要求，需要教育对象全面而系统地学习和掌握。

---

① 劳动部教材办公室：《交际礼仪》，中国劳动出版社，1995，第 1 页。

其次，要引导教育对象坚持交往礼仪的入乡随俗原则。交往礼仪具有一定的普遍性，如在交谈中，微笑通常表示友好和善意。同时，交往礼仪又有很大的差异性，不同国家、不同地区和不同民族的交往礼仪各有特色。拿见面时打招呼的方式来说，大部分欧洲人见面会亲吻脸颊或拥抱，美国人见面多是握手或碰拳头，印度人和泰国人见面则是双手合十，韩国人见面多是鞠躬。我国是多民族国家，不同民族也有不同的礼仪。以宴请宾客时敬酒的礼仪为例，蒙古族人宴请时，将酒斟在金杯、银碗或牛角杯中，置于哈达上，同时唱起动人的敬酒歌；土族人宴请时，客人进门时先敬"进门三杯酒"，客人入席时再敬"吉祥如意三杯酒"，客人离开时敬"上马三杯酒"；苗族人宴请时，则有"双杯酒""转转酒"等酒礼。如此丰富多彩、风格各异的交往礼仪传达的都是敬意和善意，需要教育对象入乡随俗，以礼回敬，才能与人融洽相处。反之，若不了解或不尊重不同国家、地区和民族交往礼仪的差异，则容易引起误会、矛盾甚至冲突。

最后，要引导教育对象遵循交往礼仪的适用原则。交往礼仪具有情境性，不同情境、不同场合对礼仪有不同的要求。以着装为例，家庭生活中的着装可以舒适自然，工作时的着装一般要求严肃端庄，参加舞会时的着装可以个性时尚。在何种场合就要有何种礼仪表现，要迎合此时、此景、此情。若是不顾情境、不分场合，僵化地运用礼仪，则会起到适得其反的效果。例如，参加葬礼时打扮得花枝招展，出席舞会时打扮得运动休闲等，都是不合时宜的做法。因此，教育对象必须坚持适用原则，注意交往礼仪运用的场合和情景。

第二，交往原则教育。交往原则是人们在交往过程中应当遵循的反映人际交往规律的行为准则。交往礼仪只是人际交往的第一步，是人际交往的具体形式，还未真正涉足人际交往的实质性内容。交往原则是人们依据人际交往规律制定的相应准则，是指导交往实践的基本法则，遵循并灵活运用交往原则是建立和维系良好人际关系的必要条件。因此，交往原则是交往技能的核心，是善于交往的根本表现，也是群体交往行为教育的核心内容。

人际交往中最根本的一条原则是忠恕之道，即在交往中要推己及人、待人如己，换位思考、将心比心，要做到"己欲立而立人，己欲达而达人"①，"己

---

① 《论语·雍也》。

所不欲，勿施于人"①。交往原则教育最根本的内容就是忠恕之道，而这一根本原则又表现为许多具体的交往原则。其一，平等互尊原则。平等交往、相互尊重是交往的基础，是最基本的交往原则。平等互尊意味着无论交往双方的身份、地位、体貌、财富、才智多么不同，在人格上却是平等的，没有上下等级之别，没有高低贵贱之分，都应予以尊敬，才能建立起健康的关系。相反，以权势压人、以财富辱人、以才智凌人、以相貌轻人，同样也得不到对方的尊重，更无法建立或维系良性的人际关系。

其二，诚实信用原则。诚实信用原则要求教育对象在交往中真诚实在、言必信、行必果。诚信是为人之本，人不诚则不交，人无信则不立。在交往中若无诚信，就会失去对方的信任和尊重，也就失去了交往的根基。因此，诚信被纳入社会主义核心价值观，也是人际交往应遵循的重要原则之一。

其三，责己恕人原则。责己恕人原则要求教育对象在交往中以"责人之心责己，恕己之心恕人"②，严格要求自己，包容宽恕他人。这是忠恕之道的重要体现。与人相处只有自律克己、宽容他人，心胸宽广、心境豁达，有宽人之度、有容人之量，不偏狭刻薄、不斤斤计较，才能减少摩擦、缓和矛盾、解决问题，建立和谐的人际关系。

其四，互惠互利原则。互惠互利原则要求教育对象在交往中能惠泽彼此、利及双方，而不是只顾自己、损人利己。实际上，交往的根本目的就在于满足彼此的需要，交往就意味着有物质和精神的往来互动、双向给予。例如，为了摆脱孤独而交往，双方都得到了精神上的抚慰和满足；为了生产而合作，双方都得到了物质产品。如果长期牺牲一方的利益，交往就难以为继。因此，在交往过程中，教育对象必须懂得礼尚往来、投桃报李、美美与共的道理，实现互利共赢的局面。

其五，适当有度原则。适当有度原则要求教育对象在交往中把握分寸、注意尺度、适可而止。具体包括言语有度、行为有度，热情有度、忍让有度、信任有度，等等。万事皆有度，交往同样有度，即使是最亲密无间的两个人也要坚持适度原则，否则就会造成过犹不及的后果。

---

① 《论语·颜渊》。
② 《增广贤文》。

第三，交往艺术教育。人际交往不仅是一门学问，更是一门艺术。交往艺术是对人的心理活动规律、人际交往规律的深刻认知与把握，也是对交往礼仪和交往原则的创造性发挥与灵活运用。交往艺术是交往技能中的最高境界，是善于交往的最高表现，也是群体交往行为教育的重要内容。

只要用心学习和总结，交往中处处都有艺术。首先，不同的交往主体有不同的交往艺术，如家庭交往的艺术、同学交往的艺术、师生交往的艺术、朋友交往的艺术、两性交往的艺术、同事交往的艺术等。以两性交往艺术为例，最根本的是交往尺度的艺术，包括交往频率的艺术、交往时间的艺术、交往空间的艺术等。拿情侣交往来说，可以亲密，但不能"无间"，也就是要适当保持距离，给对方适度的空间。正所谓"距离产生美""小别胜新婚"，适当的距离反而会让恋人彼此更加眷恋。

其次，不同的交往媒介有不同的交往艺术，如形象的艺术、语言的艺术、行为的艺术等。以语言艺术为例，语言是人与人之间进行沟通交流的中介，是交往中最应掌握的艺术，也是最微妙的交往艺术。秦国宰相张仪单凭三寸不烂之舌就能说服众国，不费一兵一卒而瓦解六国联合抗秦的联盟，在六国之间纵横捭阖。可见，高超的语言艺术有时胜过千军万马。语言艺术包括说服的艺术、话题主导的艺术、倾听的艺术、安慰的艺术、赞美的艺术、批评的艺术、拒绝的艺术、幽默的艺术、自嘲的艺术，等等。拿说服艺术来说，苏格拉底的说服艺术毫无疑问是最炉火纯青、登峰造极的。他是世界公认的最机智的诱导者和说服者，他的机智在于，不直接否定对方并将自己的想法强加于人，而是从双方一致认同的问题出发，不断获得对方肯定的答案，并使对方不知不觉否定自己的先前立场和观点，而转到自己的立场和观点上来。

最后，不同的交往场合也有不同的交往艺术，如宴请的艺术、拜访的艺术、参会的艺术、竞赛的艺术等。以宴请艺术为例，宴请是拉近人际关系、增进人际情感的重要方式。宴请艺术包括确定宴请人员范围的艺术、座席位置安排的艺术、宴请环境营造的艺术、菜品搭配的艺术、敬酒的艺术、调动气氛的艺术，等等。拿菜品搭配来说，最主要的是考虑客人的数量、需求和感受，清楚客人的饮食偏好和禁忌，基本要求是做到菜品丰富独特、荤素搭配、营养健康等。

总之，乐群教育者的任务就是要将以往人们在长期的交往实践中创造的交往艺术传授给教育对象，提高教育对象的交往技能，从而使其能在交往中从心所欲、游刃有余，与人和谐相处，被人喜爱和接受，融入群体之中。当然，交往的艺术仅靠外在的理论教育是不够的，还需要教育对象在实际交往过程中进行体悟、总结和修炼。最深刻的认识源于亲身实践，最高境界的交往艺术源于交往实践。

二　群体生产行为教育

群体生产行为是群体成员进行物质财富和精神财富创造的活动，是群体存在的根据和意义，也是群体职能发挥的必要条件。群体生产活动的秩序、效率以及产品的质量关系到群体的生命力和竞争力，决定群体的兴衰存亡和前途命运。因此，群体生产行为教育是群体行为教育的重要构成，就是要使教育对象学会如何共事、如何共同生产，这也是乐群的重要表现。群体生产行为教育主要包含以下内容。

（一）群体分工合作教育

群体生产行为主要表现为群体成员之间的分工合作。"到目前为止的一切生产的基本形式是分工"[①]，群体内部的生产自然也有分工，既有不同部门之间的分工，也有同一部门内部不同事务的分工。单个人的时间和精力总是有限的，因此，一人不能身兼百技、事事皆能，而总是各有擅长、各有短缺。这就使分工不仅变得必要，而且存在可能。有分工就有合作，分工就意味着合作。群体分工合作有利于群体成员各尽其才、优势互补，从而促进群体生产活动的有序开展，实现群体生产力的整合与提升。随着生产社会化趋势的不断加强，群体内部的分工也日益细化，对群体成员分工合作的意识、能力和水平也提出了更高要求。因此，进行群体生产行为教育的核心是进行群体分工合作教育，使教育对象发扬和践行群体团结合作精神，学会与群体成员合作共事，共同促进群体生产的发展。

群体分工合作教育的首要内容是使教育对象明确自己的职责所在并倾力为之。教育对象先要清楚地认识到自己的优势和专长，并结合群体生产

[①] 《马克思恩格斯选集》第 3 卷，人民出版社，2012，第 677 页。

的需要，确定自己的岗位和职责，以最大限度地发挥自身所长，实现自身价值，并为群体做出更大贡献。确认了自己的岗位和职责，就要认真负责，尽心尽力，做好自己的分内之事。群体成员只有各司其职、各尽其能，才能保证分工合作的顺利开展和卓有成效。在分工过程中需要注意的是，教育对象不仅要做好自己所属的工作，还要信任其他群体成员完成各自工作的能力，尊重其他群体成员的劳动成果。作为群体领导人物的教育对象更应如此，若不给予成员充分的信任和自由发挥的空间，而是事必躬亲，或者事事过问、吹毛求疵，最终不仅会令自己分身乏术、焦头烂额，专属的本职工作没有做好，又干扰了其他成员的工作，更会挫伤成员的自尊心，打消其工作的积极性，从而使分工陷入僵局，生产陷入困境。因此，信任是群体内部分工的基石，是对彼此的尊重，也是教育对象应当持有的信念。

其次，还要求教育对象注意与其他群体成员之间的沟通协调与真诚合作。分工与合作是一体的，分工必然要求合作。分工本就是群体成员各自从事不同却又密切相连的工作，如果只讲分工，不讲合作，每个部门、每个人都各行其是，只顾自己的部门、只顾自己所辖之事，甚至在交叉事务或工作接洽中相互推诿、搁置拖延，群体生产链条就会断裂错位、运行不畅。分工是为了合作而不是为了分化，是为了整体而不是为了局部。因此，教育对象在生产过程中必须要有整体意识和大局观念，不仅要明确自己的分工、承担自己的职责，还要注意与其他成员的沟通协调与真诚合作，关心整个群体的生产运行和群体的整体利益。只有这样，才能维护群体的生产秩序，促进群体共同利益的实现。

最后，还要引导教育对象处理好分工合作过程中出现的矛盾和问题。在群体生产过程中难免发生诸如分工中的职责不清、界限不明、难易不同、多少不均等问题，合作中又存在性格不合、思想分歧以及发生过失由谁承担、获得利益如何分配等问题。此类问题若得不到妥善解决就会引发群体成员之间的矛盾和纠纷，进而影响分工合作的进程。对此，要倡导教育对象在尊重群体安排和要求的前提下，承担起与自身能力相适应的工作，既不避难就轻，也不褚小怀大，而是量力而行，同时积极协调和承担那些职责不清、界限不明的工作，为了群体共同的事业而勇于承担，不斤斤计较。对于合作过程中出现的性格不合与意见分歧，教育对象要有宽广的胸襟和容人的气量，既能包容他人的缺点，又能欣赏他人的优点，吸收正确的意见，在协商中消除分歧、达成共识；对于合作中的失误，教育对象应责己恕人，敢于担当；在利益分配面前，只取应得之份，不争名夺利，坚持利益共享。只有如此，才能减少分工合作过程中出现的摩擦和冲突，化干戈为玉帛，创造友好祥和、紧密团结的群体氛围。

（二）群体正当竞争教育

群体成员在生产过程中不仅有基本的分工合作行为，还有经常性的竞争行为。竞争是自然界和人类社会运行的基本法则，群体的生存发展自然也遵循这一法则。但人类社会中的竞争毕竟不完全等同于自然界中的竞争，后者是完全自发的、无道德色彩的，前者则是自觉的、有道德色彩的。其中，竞争手段就是评判竞争是否符合道德的一个重要标准。以竞争手段为标准，群体竞争可分为正当竞争和不正当竞争。就群体内部竞争而言，正当竞争是群体成员在生产过程中采用合乎法律法规、群体规章制度和道德原则的正当手段进行竞争的行为，相反，那些在竞争中利用有违道德伦理、背离群体规章制度甚至触犯法律的不正当手段谋取私利的行为就是不正当竞争。不正当竞争往往表现为，为了争得一己私利，一些群体成员在竞争中不择手段、损人利己，如弄虚作假、行贿弄权、勾结作恶、暗箭伤人等。

竞争性质不同，对于个人和群体的发展也会产生截然不同的效果。正当竞争能激发人的进取心和斗志，促使群体成员不断开拓进取、奋发有为、自我完善、自我超越，进而推动群体的发展。同时，正当竞争还有利于群体内部资源的优化配置和群体的不断创新，进而提高群体生产效率。总之，正当竞争能激发个体和群体的前进动力、奋斗激情和生命活力，促进个体与群体不断进步、永不停歇。相反，不正当竞争不仅会限制群体成员个人的眼界和潜力的开发，还会耗费群体资源和力量，扰乱群体生产秩序，败坏群体风气，破坏群体团结，降低群体生产效率，损害群体的整体利益，拖住群体前进的脚步，可谓害人、害群、害己。因此，进行群体生产行为教育，必须高度重视培养教育对象正当竞争的意识和行为，防止和反对不正当竞争。

首先，要鼓励教育对象积极参与群体内部的正当竞争。竞争激烈是现代社会的特质，群体内部同样如此。在激烈的竞争面前，不进则退，不胜则汰。竞争中蕴藏着无限的机遇，也潜伏着失败的风险。逃避竞争就会失去机遇，迎接竞争就有失败的风险。然而，人们要获得生存发展的有利条件，塑造更加完善的自我，创造人生无限的可能，就必须奋力争取机遇，勇于竞争，敢于挑战，不怕失败。因此，乐群教育者要鼓励教育对象积极参与正当竞争，在竞争中创造未来。

其次，要引导教育对象正确认识和开展正当竞争。竞争当积极，但须竞之有道。其道在于，一是依靠提高自身本领赢得竞争，而不是投机取巧、损害他人。在竞争中获胜的关键在于强大自己、超越自己。教育对象不仅要全面审视自己的比较优势与不足，进而强化优势、弥补不足，同时还要善于向竞争对手学习，最终通过真才实学而不是为人所不齿的手段赢得胜利。二是要有合作共赢、互利共生的高境界，而不是鱼死网破、你死我活的小格局。对于一个群体而言，正当竞争并不是自然界中的弱肉强食、你死我活，而是竞争中的相互促进、依存共生。要维持后一种局面，就必须通过合作来保证高质量的竞争，通过互利互惠来避免毁灭性竞争，提高群体的整体实力。相反，群体成员如果只讲竞争不讲合作，只讲利己不讲惠人，尔虞我诈、明争暗斗、相互排挤、相互打压，结果只能是个人与群体的双双受损，显现"螃蟹效应"。经验证明，用窄口竹篓装螃蟹，只放一只螃蟹就必须盖上盖子，因为它能轻而易举地爬出来。若是有多只螃蟹，就无需盖盖子，因为每只螃蟹都会争先恐后地向外爬，同时又会相互钳制、踩压，最后，在激烈的纠缠和打压下，无一能逃。群体内部的竞争与此类似，在合作中竞争、在竞争中合作，才能共同进步、实现双赢，否则便是两败俱伤。总之，群体是共生的，他人的落后并不能使自己进步，他人的进步却能激励自己不断前进。失去竞争对手，就失去了奋斗的激情；失去了优秀的竞争对手，就失去了无限发展的可能。最善于竞争者也最善于合作。因此，教育对象必须要有合作共赢、互利共生的大格局，在竞争中互促，在互促中打造精英群体。

（三）群体生产纪律教育

群体生产纪律是群体成员在群体的共同生产过程中所须遵守的行为准则，如服从管理、履行岗位职责、严守群体机密、遵守工作时间规定和生产质量要求等。无规矩不成方圆，无纪律不成群体。任何一个群体都需要制定相应的纪律，约束和规范群体成员的言行。群体生产纪律是维持群体生产秩序、提高群体生产效率的基本保证。有了纪律，群体成员才能组织起来，才能协调一致、统一行动，共同完成群体生产任务。相反，群体若是纪律松弛，群体成员随心所欲、自由散漫，无组织、无纪律，群体生产就会陷入混乱甚至瘫痪，生产效率也会下降。因此，群体生产行为教育必然要求进行群体生产纪律教育，使教育对象自觉而严格地遵守群体生产纪律，维护群体生产的秩序和效率。

进行群体生产纪律教育，首先要使教育对象明确纪律范围、掌握纪律要求，并在此基础上进行细致的调查研究，积极建言献策，不断推动反映生产纪律要求的相关规章制度的建立健全，使群体成员在生产中有章可循、有据可依。

其次，要引导教育对象自觉遵守生产纪律。既是纪律，就必然有一定的强制性，违之则受惩罚。然而，真正对人的行为产生约束作用的并不是外部压力，而是内生动力。外在压力只能使人们表面服从、暂时守纪，外力一小或消失，纪律就会松弛。相反，内生动力是人们对纪律的坚定信念和忠实坚守，无论外力有无，都会自觉守纪。正如斯大林所说："只有自觉的纪律才能成为真正铁的纪律。"[1] 因此，群体生产纪律教育的根本任务就在于，使教育对象从外在的强制要求而守纪转变为内在的自主自觉守纪，从知晓不该做什么，到明确该做什么、为何要做以及如何自觉地做好，形成以遵守生产纪律为义务的觉悟。而要使教育对象做到这一点，前提是必须使其正确认识到个人利益与群体利益的根本一致、个人命运与群体命运的高度相关，从而将群体的事业当成自己的事业，将遵守群体生产纪律看作为自己而守。因此，列宁说，农奴制的社会劳动组织靠棍棒纪律来维持，资本主义的社会劳动组织靠饥饿纪律来维持，共产主义的社会劳动组织则靠劳动群众本身自由的自觉的纪律来维持，而且愈向前发展就愈要靠这种纪律来维持。[2] 社会主义社会劳动组织的自觉纪律性，正是源于劳动人民与组织的根本利益的一致性。同理，教育对象只有认识到自我与

---

[1] 《斯大林选集》上卷，人民出版社，1979，第 269 页。
[2] 《列宁选集》第 4 卷，人民出版社，2012，第 10 页。

群体利益的根本一致性，才能形成自觉纪律性、铁的纪律性。

最后，还要提倡教育对象积极监督和维护群体生产纪律。群体生产纪律不仅要靠每个群体成员的自觉坚守，还要靠每个群体成员的积极监督与维护。见到有人违反纪律，不能事不关己，高高挂起，听之任之，放任自流，而是要有群体主人翁的觉悟和姿态，不仅自律自制，还要敢于监督和纠正其他成员的违纪行为，维护群体生产秩序和整体利益。

三 群体生活行为教育

这里所说的群体生活行为是狭义上的，主要是群体成员在日常家庭生活、休闲生活和娱乐生活等领域中的共同行动和交往行为。具体而言，群体生活既有生活群体的群体生活，如家庭生活本身就是群体生活，还有正式群体在群体正式工作之外的日常生活，如企业员工下班后的聚会活动等。群体生活与正式的群体交往和生产虽有相互投射和交叉，但又有独特之处，它更加丰富而细腻，"是人对人，即心灵对心灵、思想对思想、欢乐对痛苦、欢乐对欢乐、幸福对惊慌和失望等千万次最偶然、最微妙的接触"①，是群体成员之间培养情感的重要领域。尤其对正式群体而言，群体生活行为是群体成员在群体活动之外的交往延伸，群体成员在群体生活行为中建立起来的交往关系又会反过来影响其正式群体活动中的关系。比如说，同事之间因在私下生活中成为要好的朋友，到了工作单位也容易结成亲密的合作伙伴。可见，群体生活行为是群体行为不可或缺的领域，直接影响群体的整体关系状况。因此，群体生活行为教育是群体行为教育的重要内容，使教育对象学会与人共同生活，关心他人、帮助他人、与人分享。而学会共同生活不仅是"21世纪教育的四大支柱"之一，更是乐群的重要表现和必然要求。

(一) 关心他人

在群体生活上，相互关心是对群体成员最基本的要求。"爱人者，人

---

① 蔡汀、王义高主编《苏霍姆林斯基选集》第 1 卷，教育科学出版社，2001，第 606～607 页。

恒爱之。"① 只有相互关心，才能增进群体成员彼此之间的了解和理解，进而拉近彼此的距离，加深彼此的情感，从而形成亲密友好的群体关系，增强群体的凝聚力。因此，群体生活教育的首要内容是使教育对象学会关心人。

具体而言，关心他人就是要求教育对象以群为家，以群体成员为家人。表现在生活中，就是要积极地、热情地、真诚地关心其他群体成员，而不能作为冷漠的旁观者，对于群体成员的欢乐与忧愁视而不见、听而不闻，置之不理、无动于衷。在实际生活里，很多群体中都有这类冷漠者。然而，与人相交，贵在以心换心。只关心自己的人同样也得不到别人的关心，他们常常被群体当作"隐形人"，被排斥在群体之外。而要回归群体，首先要从学会关心他人开始。予人一丝温暖，人赠你整个春天。其次，关心他人还要有推己及人、换位思考的能力，乐他人之所乐、忧他人之所忧。只有这样，才能与人共情，切身感受到他人的幸福与疾苦，进而才能做到对人真正关心、精准关心，而不是隔靴搔痒、无的放矢。最后，关心他人要求教育对象切实了解和关心他人的方方面面，无微不至，包括关心他人的兴趣爱好、健康状况、生活处境、现实需要、发展诉求、实际困难等。

（二）帮助他人

关心并不是只关注和了解他人的生活境遇，切实的关心常常表现为在了解他人现实需要的基础上能适时提供必要的帮助，以助人更好地满足需要、达成愿望，帮助他人是关心他人的集中体现。助人者，人恒助之。群体成员在相互帮助、相互扶持中才能相互促进、共同发展、携手走向幸福，也只有在相互帮助、相互扶持中才能建立起亲睦团结、稳固坚实的群体关系。因此，帮助他人是群体生活行为教育的核心内容，具体要求教育对象在生活中积极主动地向他人提供物质帮助和精神帮助。

生活并不总是尽如人意，人们总会遇到各种各样的难题，如病痛缠身、经济窘迫、升学压力、感情受挫、工作繁重等，进而常常被失落、紧张、焦虑、恐惧、无力、绝望、孤独、忧愁、悲伤等负面情绪所困扰，忍

---

① 《孟子·离娄下》。

受着精神上的煎熬与折磨。尤其在现代社会，快节奏的生活、激烈的竞争以及各种现代化的风险，让人们普遍感到压力倍增、精神紧张，人们的精神世界面临着更大挑战，承受着更多苦痛。因此，人们更加渴求精神上的抚慰和关爱。这就要求教育对象及时了解和关心他人的情绪状态和情感需要，并在此基础上真心诚意地给予他人精神帮助，包括倾听人、安慰人、提建议、解疑惑，在必要时对其进行思想疏导和心理调适。精神帮助是一种十分重要的助人手段，哪怕只是一句真诚的鼓励和赞赏，对于身处困境中的人来说，都会是一种莫大的安慰和鼓舞，从而使其产生巨大力量，迎接挑战。

在向他人提供精神帮助的同时，还要鼓励教育对象尽己所能，适当地提供物质帮助。物质是精神的基础，很多精神困扰都源于现实的物质窘境。例如，资金一时周转不开而导致的苦闷情绪，生病而耽误了工作上的事务而造成的焦虑情绪，等等。类似情况下，如果教育对象能够量力而行，提供必要的物质帮助，就是从根源上助人，不仅直接解决了对方的物质难题，精神困扰也会随之烟消云散。因此，物质帮助是最基本的助人手段。

不仅如此，物质帮助和精神帮助还是相互转化的。物质帮助能使人解除精神之忧，精神帮助则能催人产生改变物质的力量。

总之，要提倡教育对象结合他人的实际情况以及自己的实际能力，在物质和精神上给予他人必要的帮助，助人渡过难关，收获的定是他人的感恩和情谊。

（三）与人分享

与人分享也是群体成员在群体生活中应有的表现。独乐乐不若与人乐乐，与少乐乐不若与众乐乐。因为分享是一种智慧，更是一种境界。其智慧在于：分享看似付出，实则是收获。每个人所拥有的物质和精神都是有限的，相互分享就是将各自所有进行相互交换、互通有无、取长补短，结果就是每个人收获了自己所没有的、增进了自己所不足的，实现共有共赢。因此，分享不会使自己的所得减少，而是增多。人类文明正是在相互分享中才能繁荣发展、绵延至今，而没有因为独占失传而使每一代人都从头开始创造历史。其境界在于：分享是一种爱心。每个人都是需要关心、支持和帮助的，分享是冬日的阳光、夏日的清风，能给他人的生活带去更多美好。分享也是一种感恩。每个人的所得所获不仅源于自己的努力，还有赖于与自己直接和间接相联系的每个人的帮助和支持。因此，与人分享成功的喜悦和胜利的果实，就是对曾有恩于己的人的深切感激。也正是在互通有无、相互促进、相互关爱、相互感激的分享中，人们才能彼此收获真情，建立起深厚的人际关系。相反，独占是一种短视，更是一种狭隘。独占者得到的只是眼前的一分一毫，失去的却是整个世界。总之，人生因分享而精彩，群体因分享而团结进步。因此，乐于与人分享是群体生活行为教育的重要内容，是每个教育对象应当具备的高尚品行。

生命中有很多事物可以与人分享，比如个人的情感、智慧、资源和利益，等等。首先，教育对象要乐于分享情感。情感分享主要是快乐与忧愁的分享。情感分享的妙用在于，"如果你把快乐告诉一个朋友，你将得到两个快乐，而如果你把忧愁向一个朋友倾吐，你将被分掉一半忧愁。"① 当人们将欢乐传递给他人时，他人也会感受到欢乐，在相互感染中，快乐就会被放大；当人们将忧愁诉说给他人时，他人会回以真诚的安慰、劝导和帮助，忧愁就会被减少。情感分享不仅会使自己的情感得以释放宣泄和妥善安放，还会使对方感到被信任、被需要，从而拉近彼此的距离，促进和谐的群体关系的形成。

其次，乐于分享智慧。智慧表现在很多方面，有思想、经验、技能等。每个人的思维方式不同、思考角度不同、思想界域不同，思想的相互分享就是思想的相互交流、相互碰撞、相互启发、相互激励、促进创新的过程。相反，每个人的思想都是有局限性的，独自沉浸在自己的思想世界而不愿与人交流分享，就是抱残守缺、故步自封，使自己陷于思想僵化孤陋的境地。经验是人们在日常生活实践中获得的智慧，每个人的生活经历不同、感悟不同，所得经验自然也就不同。同样，每个人所掌握和擅长的技能也不同。相互分享经验和技能，就是相互学习、互通有无、共同进步的过程。总之，智慧的分享就是智慧的相互启迪和共同提升。

再次，乐于分享资源。资源是个人与群体生存发展必不可少的条件，资源的相互分享就是发展机会的共创和生命质量的共升。资源的分享，主

---

① 〔英〕弗兰西斯·培根：《培根随笔选》，何新译，上海人民出版社，1985，第34页。

要是物质资源、精神资源、信息资源和人脉资源的分享。

最后，乐于分享利益。利益分享是分享的核心，也是分享的实质。群体是一个利益共同体，群体的利益是群体成员共同创造的，也应共同享有。共享并不排斥竞争，教育对象应在竞争中互利互惠、学会分享。

此外，教育对象还要注意因人分享和分享有度。因人分享是指要在了解和确认对方的实际兴趣爱好和现实需要的基础上进行分享，才能达到分享的目标和效果。若非人所好、非人所需，分享就会出现适得其反的效果。比如，对于一个厌恶摇滚乐的人来说，一味向其分享和推荐摇滚乐，只会使分享的愿望落空。分享有度是指教育对象在与人分享的过程中要注意分寸、把握尺度。一则，分享是一种呈现，而不是炫耀；分享是一种推荐，而不是强迫；分享是一种诉说，而不是抱怨。不注意分享的方式方法反而会引起别人的反感。二则，分享并不是随意的展露，个人的隐私不能分享，他人的隐私和八卦传闻也不应肆意传播。

第六章　乐群教育的路径

乐群教育路径是教育者和教育对象为了达到特定的乐群教育目的而采用的途径、手段和方法。乐群教育路径的选择，直接关系到乐群教育的实际效果和乐群教育目的的实现程度。因此，乐群教育路径是乐群教育系统的重要构成。乐群教育路径是根据人的乐群性形成发展规律和乐群教育规律、乐群教育对象的实际状况、乐群教育的内容和时代发展的特点与要求而制定和选择的，具有一定的客观性、针对性、灵活性、适用性和时代性。一般说来，乐群教育主要有理论教育、实践锻炼、社会交往、心理教育和自我修养等几个路径。

第一节　理论教育

理论教育是乐群教育者有目的、有计划地向教育对象传授乐群思想，以启发教育对象乐群的自觉性，提高教育对象乐群认知水平的路径。之所以将理论教育作为乐群教育的基本路径之一，是因为人的乐群实践活动总是受到一定乐群思想的指导和支配，并且只有以自觉、正确、全面而深刻的乐群思想为指导，才能更顺利地开展乐群实践活动，更完满地塑造自己的乐群性。然而，人的乐群思想并不是与生俱来的，而是在后天的实践、教育和环境的综合作用下形成发展起来的。在此过程中，既有自发影响，也有自觉影响。而自觉、正确、全面而深刻的乐群思想，只有通过科学系统的乐群理论教育才能形成。若无自觉的理论教育，或者人们根本不知乐群为何物，从而不行乐群之事。即使行着乐群之事，却又不知此行之意；又或者人们在日常交往中隐约感受到乐群给自己带来的益处，而不同程度地产生了乐群意识。但这种乐群意识往往是有局限的，具有自发性、浅表性、片面性和碎片性；再或是由于社会领域内错误思想的影响而干扰和阻碍了人们乐群思想的形成。尤其在思想多元化的今天，各种非乐群、反乐群思想泛滥，如个人主义、利己主义、自由主义等，都在无形中侵蚀着人们的思想，不利于人们乐群性的形成和发展。所以，塑造人们自觉而完善的乐群思想，必须依靠科学而系统的理论教育，使其对乐群的认知从不知到知、从知之不全到知之全、从知之不深到知之深。如此才能指导教育对象自觉而科学地开展乐群实践活动，使其自觉乐群、科学乐群、有效乐群，逐渐培养起乐群性。理论教育有理论讲授和理论交流两种最基本的方式，不同的理论教育方式又有不同的教育方法。

一 理论讲授

理论讲授是乐群教育者通过口头语言向教育对象传授乐群思想的方式。理论讲授主要是针对集体教育对象的集体讲授法。集体讲授法主要有课堂教学、讲座报告、理论培训等几种形式。课堂教学就是通过课堂进行系统正规的乐群理论教育，是学校教育系统最常采用的教育方法。讲座报告是由特定的主讲人围绕乐群领域中的某一主题而展开的讲解和探讨。理论培训则是教育者通过举办培训班有计划地向教育对象系统讲授乐群理论的方法。上述三种集体讲授法的最大区别在于，课堂教学强调乐群理论的科学性、系统性和全面性，讲座报告强调乐群理论的前沿性、深入性和探讨性，理论培训则强调乐群理论的专题性、针对性和实用性。有效运用集体讲授法，首先要求突出这三种不同方法的理论特色。同时，还需要注意以下几方面共性问题。

一是讲授内容的说服性。理论教育的直接任务在于以理服人。"理论只要说服人，就能掌握群众；而理论只要彻底，就能说服人。所谓彻底，就是抓住事物的根本。"① 所谓抓住事物的根本，就是抓住事物的本质和规律。同样，乐群理论要说服人，就必须抓住乐群的本质和规律，提高乐群理论的科学性和系统性，才能使教育对象深受启发、大为叹服。另外，理论教育的根本任务在于以理导人，也就是要使教育对象自觉内化乐群理论

---

① 《马克思恩格斯选集》第 1 卷，人民出版社，2012，第 9 ~ 10 页。

并用以指导自己的乐群实践活动。而要实现这一点，理论不仅要有科学性，还要具有价值性，即让教育对象感到乐群理论的现实性和有用性。为此，讲授内容不能停留于抽象的理论阐释，而是要紧密联系实际。不仅要联系古今中外的乐群实践，道中言外、谈古论今，更要联系教育对象的现实生活，寓理于事、以事明理。教育者只有将理论讲透、讲实、讲活，教育对象才能对理论真信、深信、真用，达到理论教育的最终目的。

二是讲授语言的生动性。语言是思想的外壳，是理论的表达。再深邃的思想、再高深的理论，若没有恰当的语言形式来表现，也难以吸引人、启迪人。从根本上说，教育者讲授语言的风格要切实结合具体的教育内容和教育对象的接受特点。一般说来，讲授语言要言之有物、深入浅出、新鲜活泼、生动形象、机智幽默、不拘一格，使教育对象听得懂、喜欢听。让教育对象听得懂是讲授语言最基本的要求，听不懂等于无效教育。这就需要教育者善于将抽象的理论转化成可触可感、通俗易懂的语言，切忌语言抽象空洞、艰深晦涩。深刻的思想不需要晦涩语言的刻意伪装，需要的是平实语言的自然流露。故弄玄虚不过雕虫小技，深入浅出方显大智慧。讲授语言不仅要让教育对象听得懂，更要使其喜欢听。喜欢听才能听得进。这就要求教育者善于运用教育对象喜闻乐见、易于接受的语言形式传授理论，包括适应信息化时代流行起来的各种网络语言，还有那些生活气息浓厚又满载经验智慧的俗语、谚语、歇后语等，如"鱼不能离水，雁不能离群""好虎架不住群狼"等，都是寓意乐群的灵动话语。同时，还要求教育者具有丰富多变的语言风格，时而气势磅礴、饱含激情，时而慢条斯理、娓娓诉说；时而生动活泼、机智幽默，时而真诚恳切、朴实无华，切忌语言呆板生硬、枯燥无味、单调无趣、重复啰唆。总之，乐群教育者不仅要科学选择讲授内容，还要高度重视讲授形式，内容与形式的完美结合，才能增强乐群理论的感染力、说服力和影响力。

三是讲授方式的多样性。理论讲授需要教育对象精神高度集中，这就要求乐群教育者运用丰富多样的讲授方式，充分唤起教育对象的注意力，调动教育对象思考的积极性，避免走入单向注入和满堂灌的误区，使教育对象精神疲累、反感抵触。理论讲授要科学设计讲授程序和方法，最重要的是善用启发式教学，使教育对象在教育者的启发诱导下，注意力高度集中，认真听讲，并开动脑筋积极思考，以期达到对乐群理论的学思结合、举一反三、融会贯通、活学活用的效果。启发式教学最常用的方法是设问。"思维永远是由问题开始的。简单劝告自己或别人'要思考',这是不能够引起积极的思维工作来的。必须在一个人的面前提出了一个必须'思考'才能解决的问题,要使他感到了解决这一问题的需要。"[1] 问题引发思考。因此,教育者必须善于围绕乐群理论巧妙设问,包括提问、反问、追问,通过步步设问、循循善诱、层层深入,才能引起教育对象的注意,激活教育对象的思维,促使其不停思考,寻找答案,从而培养起教育对象的学习兴趣,加深教育对象对理论的理解,提高教育对象分析问题和解决问题的能力。[2] 此外,启发式教学还要善用情景模拟、典型案例、问题讨论、恰当比喻、正反对比等方法启发教育对象的思想,促进教育对象对乐群理论的积极接受、内化和运用。

四是讲授工具的现代性。飞速发展的信息技术已经改变了人们的生产生活,也改变了教育的方式方法,教育信息化已经成为现代教育发展的必然趋势。乐群教育同样要适应这一趋势,充分吸收、转化和运用发达的信息技术手段,借助数字化、网络化、智能化和多媒体化的信息技术手段呈现和传递乐群教育信息和内容,最常用的如图片、动画、视频等,让理论讲授变得更加精彩纷呈、引人入胜、易于接受,从而有效提升理论教育的效果和质量。现代信息技术手段是对单一的口头讲授的重要补充,因为视、听是人们获取信息的两种基本途径,信息工具与口头讲授的科学结合是促进教育对象完整获取和消化吸收教育信息与内容的有效方式。但另外,诸事过犹不及。过于依赖信息技术或者信息技术使用不当,反而容易分散和转移教育对象的注意力,弱化教育对象的思考力和想象力,使人有浮光掠影、雁过无痕之感,热闹过后却没有给教育对象留下深刻的印象,没有引发教育对象长久的思考,违背了技术应用的初衷。

此外,良好的理论讲授效果不仅需要教育者的言传,还需要与之配套的教材。要求乐群教育者将科学、系统的乐群理论编写成优质教材,并结合教育对象的实际情况,进一步转化成具体的教学内容。

---

[1] 〔苏〕捷普洛夫:《心理学》,赵璧如译,人民教育出版社,1953,第125页。
[2] 靳乃铮:《启发式教学》,陕西人民出版社,1984,第44、60页。

二　理论交流

理论讲授主要是教育者对教育对象的单向作用过程，理论交流则主要是教育者与教育对象、教育者与教育者、教育对象与教育对象之间的多向作用过程，包括教育者与教育对象进行乐群理论交流和讨论的座谈会、教育者之间进行乐群理论研究和探讨的研讨会、教育对象之间进行乐群理论学习和讨论的学习会。在理论交流的过程中，每个人展示出各自独特的乐群思想，在不同乐群思想的相互激荡中，能够启发各自的思想，拓展各自的视野，从而激发出更多新思想和新观点，并在相互学习、相互激励中提升各自的乐群理论素养。因此，乐群理论交流是一种群体自我教育、相互启迪、共同进步的有效方法，也是推动乐群理论创新和乐群实践发展的不竭动力。

运用理论交流的教育方式，应当遵循以下原则。

一是明确交流主题。无论是座谈会、研讨会还是学习会，都应有明确的主题，并在会议中紧密围绕主题集中进行理论交流、讨论和学习。理论交流首先要选择一个特定的主题，重点选择那些具有重要交流价值和意义的主题，如乐群理论中的大问题、新问题、急问题。确定主题之后，与会人员应当始终围绕主题准备发言和交流讨论。因为只有紧扣特定主题，才能将与会人员的注意和思维集中到一个共同点上，通过对同一主题的共同思考，得出不同视角、不同程度的结论，才能真正达到相互启发、相互学习、深化理论、解决问题的交流目的。相反，若是会议的主题包罗万象、模糊不清、似是而非，与会人员就会各说各话、几无交集，或者口若悬河却离题万里，就失去了理论交流的意义。因此，教育者或会议的主持者要慎重选定会议主题，并在会议过程中注意把握交流的方向，力求将理论交流引向集中而深入的状态，保证交流的实际效果。

二是丰富交流方式。在明确交流主题之后，选择交流方式也很重要。交流方式直接决定交流的广度和深度，影响交流的质量和效果。理论交流主要有发言、讨论、辩论等几种方式，不同的交流方式有不同特点。一个会议可以只采用一种交流方式，也可以同时采用两种以上的交流方式。通常来说，要提倡理论交流方式的多样化，以实现不同交流方式的优势互补，达到更好的交流效果。但具体交流方式的确定，还要综合考虑会议的主题、与会人员的数量、会议时间的安排等因素。例如，如果参会人员过多，可以采用重点发言和分组讨论的交流方式；如果参会人员较少，可以采用轮流发言兼有适当讨论和辩论的交流方式。

三是调节交流气氛。成功的理论交流不仅要有明确的交流主题、恰当的交流方式，还需要有井然有序、热烈却不激烈的交流气氛。秩序井然是交流应有的基本状态，有序才能交流畅达。交流更要提倡不同思想的碰撞、争论与交锋，营造酣畅热烈的交流气氛。热烈的气氛能感染和带动与会人员交流和讨论的热情与激情，从而激发与会人员的思想活力，达到思如泉涌、交互启发，新思想和新观念层出不穷，道理越讲越清、真理越辩越明的境界。同时，交流气氛要热烈有度。一方面，交流要适可而止、理明则罢，而不能重复探讨、争论不休。另一方面，交流要热烈而不激烈，也就是说，在争论、辩论的过程中切忌言行过激，而是要尽量保持心平气和、理性讨论的状态，维护和谐的交流氛围。因此，教育者或会议的主持者必须善于引领和调节交流气氛，维持有序通畅的交流状态，保证交流的质量。

四是总结交流成果。理论交流不仅重在过程，也重在结果。教育者或会议的主持者在交流过程中应当做好会议记录，包括文字记录、声音记录、视频记录，以及时捕捉和妥善保存交流过程中闪现的思想火花和结出的智慧之果，并在会议结束时进行概括总结。不仅如此，会后还要进一步整理会议交流材料和会议记录，将交流成果加以整合、提炼、转化与推广，从而丰富乐群理论体系、推动乐群教育实践，实现交流效果的最大化。

第二节　实践锻炼

实践锻炼是教育者通过组织和引导教育对象积极参与各种群体实践活动，来培养和训练教育对象乐群性的路径。培养人的乐群性，仅仅依靠理论教育启迪人的思想是难以达到教育目的的，最根本的是要通过群体实践活动来全面涵养教育对象的乐群性，在改造客观世界的同时改造教育对象的主观世界。首先，乐群实践是乐群理论教育的根本目的。乐群理论是为乐群实践服务的，乐群理论教育的根本目的就是使教育对象在学习和掌握科学的乐群理论的基础上，自觉运用乐群理论指导乐群实践，以顺利开展乐群实践活动，促进自身乐群性的形成和发展。"为学之实，固在践履，苟徒知而不行，诚与不学无异。"[①] "知而不行，则前所穷之理，无所安顿，徒费讲学之功。"[②] 因此，在乐群理论教育的基础上，教育者还要进一步引导教育对象在群体实践活动中践行乐群理论，身体力行，知行统一。其次，只有在群体实践活动中才能深化和发展乐群理论，提高教育对象的乐群认知水平和认识能力。"学之之博，未若知之之要；知之之要，未若行之之实。"[③] 理论学习只是对乐群理论的间接感知，而要了解乐群理论的丰富内蕴和实际意义，并获得更为直接和深刻的乐群认知，则要到现实生动的群体实践活动中去学习和体悟。同时，乐群实践是乐群理论形成发展的源泉、动力和检验乐群理论是否具有真理性的唯一标准，只有在群体实践活动中才能检验、修正、丰富、创新和发展乐群理论，进而提高教育对象的乐群认知水平和认识能力。最后，也只有在乐群实践中才能现实地培养个体的乐群精神、乐群情感、乐群行为。乐群本就是一种很生活化、实践化的特性，只有在群体实践活动中才有存在的意义，也只有在群体实践活动中，在与其他群体成员的相互感染带动、相互学习效仿、相互影响塑造中才能现实地形成。个体的群体进取精神、团结合作精神和奉献精神，群体归属感、荣誉感和责任感，群体交往行为、生产行为和生活行为，并不是空洞抽象的，而是深植于群体实践活动之中，并且只有在群体生活和群体经验中才能形成。总之，群体是个人的老师[④]，群体活动就是教育活动。因此，乐群教育要始终坚持乐群理论与群体实践活动相结合，注重通过群体实践活动培养人的乐群性，使教育对象在群体中学会乐群。实践锻炼主要有以下几种形式。

---

① （清）李绂：《朱子晚年全论》，中华书局，2000，第 227 页。
② （清）严如熤：《嘉庆汉中府志校勘》上，三秦出版社，2012，第 449 页。
③ 《朱子语类·卷第十三》。
④ 〔苏〕安·谢·马卡连柯：《论共产主义教育》，刘长松、杨慕之译，人民教育出版社，1981，第 56 页。

一 生产劳动

组织和引导教育对象参加生产劳动是实践锻炼最基本的形式。在人类的实践领域中，生产劳动是出现最早也是最为经常的实践活动。人类只有先通过物质生活资料的生产，满足衣食住行用等基本需要，才能求得生存发展，才能开展诸如政治、哲学、道德、科学、宗教、艺术等其他实践活动。因此，生产劳动是人类最基本的实践活动，是决定其他一切活动的活动。同时，生产劳动过程不只是人与自然之间的物质变换过程，还是人与人之间的活动互换过程。"以一定的方式进行生产活动的一定的个人，发生一定的社会关系和政治关系。"① 也就是说，人们并不是孤立地进行生产劳动，而总是在生产过程中形成一定的社会关系，并在此基础上结为一定的社会群体，否则生产劳动就无法进行，或是无法达到预期效果。生产劳动的上述特点，即基础性、经常性和社会性，决定了生产劳动必然成为乐群教育的重要途径。群体的共同生产劳动及其在此过程中发生的人与人之间的交互作用，有利于人的乐群性的形成发展，具有一定的乐群教育意义。

通过生产劳动的实践锻炼，主要为达到以下乐群教育目标。

一是通过群体生产劳动使教育对象感受到，为了群体的生存和发展，群体成员付出了辛勤汗水和不懈努力，从而激发教育对象对群体成员的尊敬与热爱之情，学会体谅他人的辛劳和不易，主动予以关心和帮助，并尊重和珍惜他人的劳动成果。同时，树立劳动光荣的观念，以投机取巧、逃避工作、坐享其成为耻辱。正如马卡连柯所说："只有参加集体劳动才能使人形成与其他人的正确的、道德的关系——对所有的劳动者保持亲人一样的爱和友谊，对懒人、逃避劳动的人表示出愤慨并进行谴责。"②

二是通过生产过程中的劳动分工与协作，使教育对象认识到个人的局限和力量的渺小、群体的无限和合力的强大，认识到个人离不开他人、群体和社会，只有团结合作，才能发挥群体的整合优势，弥补个体能力的不

---

① 《马克思恩格斯选集》第 1 卷，人民出版社，2012，第 151 页。
② 〔苏〕安·谢·马卡连柯：《儿童教育讲座》，诸惠芳译，河北人民出版社，1997，第 61 页。

足，创造出更多更大的劳动成果。因此，个人必须积极寻求融入群体，并学会与群体成员团结合作，而不是单打独斗，搞个人英雄主义。马卡连柯指出："通过劳动付出的努力不仅培养人的工作修养，还可以培养同志关系，即培养对其他人的正确态度，这将是一种道德修养。……共同努力劳动，在集体中工作，人们进行劳动互助，他们之间保持经常的劳动上的相互依存关系，才能建立人与人之间的正确的相互关系。"① 正是因为认识到人与人之间相互依存、休戚与共，才有助于教育对象积极与人建立起相互关爱、团结合作、友好融洽的同志式关系。

三是通过群体成员在生产劳动中的相互激励和启迪而激发教育对象的进取心，开掘教育对象的创造力，从而增强教育对象的群体进取精神。正如苏霍姆林斯基所言："人只有当他进入与别人的道德关系之中的时候，他才会开始感到自己的创造力和才能……每一个儿童身上都蕴藏着某些尚未萌芽的素质。这些素质就象火药：要点燃它，就需要火星。灵感、对年长或同年龄同学的技艺的热烈爱慕，就是这样的火星。在集体中劳动，——这不仅是人对于自然界、周围世界的作用，而且也是心灵、思想、信念、情感、感受、兴趣、爱好的相互作用。我们认为，教育的最重要的任务之一就是：不要让任何一颗心灵里的火药未被点燃，而要使一切天赋和才能都最充分地发挥出来。"② 正是在群体劳动中，在群体成员的相互启发、相互激励、相互作用中，个体的潜能和创造力才会得以发挥，个体劳动的积极性、主动性才能得以提升，从而使整个群体焕发进取精神和生命活力。

四是通过群体共同劳动使教育对象认识到生产劳动对于个人、群体、社会乃至整个人类生存发展的根本意义，认识到劳动成果不仅福泽他人、群体和社会，也能惠及自身，满足自己的生活需要。而这些价值的实现，需要每个群体成员完成各自分内之事，才能保证生产的顺利开展和有序进行，以此树立教育对象的群体使命感、担当感和义务感。

总之，在群体生产劳动过程中，劳动主体之间的相互作用和影响以及

---

① 〔苏〕安·谢·马卡连柯：《儿童教育讲座》，诸惠芳译，河北人民出版社，1997，第61页。

② 〔苏〕瓦·阿·苏霍姆林斯基：《给教师的建议》（修订本），杜殿坤编译，教育科学出版社，1984，第504页。

劳动成果等，都蕴藏着乐群教育的力量，通过教育者对这些力量的挖掘和发挥，能有效促进教育对象乐群性的形成和发展。

生产劳动有很多具体形式，按劳动性质分，有体力劳动和脑力劳动；按劳动范围分，有家务劳动和社会劳动；按有无酬劳分，有无酬劳动和有酬劳动；等等。每一种生产劳动的具体内容和形式虽有不同，但都可以发挥一定的乐群教育作用，需要教育者根据乐群教育要求和教育对象的实际情况进行选择。例如，家务劳动并不比社会劳动的乐群教育意义小，对青少年进行乐群教育更是如此。家务劳动是培养人的群体责任感的第一步。正所谓"一屋不扫，何以扫天下？"一个对家庭没有责任感的人，何以对其他群体和社会有责任感？正是通过洗衣、做饭、打扫卫生等这类看似琐碎的家务劳动，"儿童才会对周围的人初次确立真正合乎人情的态度，认识到自己对他们所负的责任，学习合作互助，学习关心人和敬爱人。儿童逐步掌握了每天重复着的各种简单的家务劳动，就能学习尊重自己和别人，认识到关心自己的意义，并获得真正关心自己亲人的能力和本领。"①家务劳动在现代社会更具有现实意义，家长对孩子的普遍溺爱，使孩子从小就缺乏群体责任感、关心人、帮助人等方面的锻炼，对于孩子乐群性的养成极为不利。再如，学校教育中的生产劳动锻炼也十分重要，而且在校期间是培养青少年乐群性的关键时期。通过日常生活劳动、勤工助学活动、实习劳动以及各种义务劳动、志愿服务等公益性质的劳动，都可以培养学生的乐群性。

二　科学研究

科学研究是人们为了探索和揭示自然界、人类社会和思维的变化发展规律，利用一定的手段、方法和工具所进行的调查研究、实验、试制等一系列的实践活动。科学研究的直接任务是认识世界，根本目的则是通过认识世界而改造世界，为改造世界提供科学的理论指导。因此，科学研究总是与生产实践紧密相连，也是伴随生产力发展到一定阶段而出现的实践活

---

① 〔苏〕斯瓦德科夫斯基：《儿童的劳动教育》，朱纯谟译，上海教育出版社，1958，第17页。

动。在科技成为第一生产力的现代社会，科学研究已然成为人类实践领域中极为重要的一项实践活动。随着科学的快速发展，科学高度社会化的发展趋势日益显现，"大科学"的时代特色愈加鲜明。20 世纪 40 年代以来，科学研究从以往那种依靠个人或是少数人的兴趣爱好、知识专长和资金设备从事科学研究的"小科学"时代，过渡到如今这样一个研究项目宏大、资金投入巨大、研发队伍庞大、实验设备精密复杂、跨学科交叉的"大科学"时代。在"大科学"时代，科学研究的社会化、集体化、合作化特征十分突出，日益由自由研究的个体活动走向合作研究的集体活动。科学研究的重要地位及其突出的集体合作性，为培养人的乐群性提供了重要条件，是乐群教育的重要途径。

组织和引导教育对象开展科学研究，主要为达到以下乐群教育目标。

一是使教育对象学会协同合作。通过科学研究活动，要使教育对象意识到，科学研究的探索性、创新性和艰巨性，决定了其必须是集体性的。也就是需要研究者的分工合作、协同创新，才能有效整合分散的人力、物力、财力，才能在相互启发和激励中激发研究者的研究热情和创新能力，超越个人或少数人的局限性，形成优势互补、强强联合的集体力，在科研之路上披荆斩棘、攻坚克难，取得科学研究的重大突破。相反，关起门来独自研究，是对自己的限制和封闭，在攀登科研之峰的征程中难以走得高远。因此，清末维新派人士樊锥道："天下之学，莫善于群，莫不善于独。……独学无友，孤陋寡闻，学者之大忌也。"① 只有在群体中相互启发、相互学习、分工合作，才能促进研究者的共同进步，推动科学研究任务的圆满完成。正是在科学研究过程中，教育对象才能认识到自己思想、能力和精力的局限性，认识到集体研究的力量，才能触动自己的思想，积极结群，学会合作。

二是使教育对象学会良性竞争。通过科学研究，要使教育对象认识到，在科学研究中，同一群体内部既有合作，也有竞争，不同群体之间也是合作与竞争兼而有之。为了争夺科学研究的优先权、专利权和发明权等，众多研究者、研究机构围绕同一问题各自耕耘、竞相角逐的现象十分常见。但是，无论是群体内部的竞争还是群体之间的竞争，都需要正当竞

---

① 刘泱泱：《樊锥集 毕永年集 秦力山集》，湖南人民出版社，2011，第 55 页。

争、良性竞争。正是因为有良性竞争，才能增强研究者的进取心，激发研究者的积极性、主动性和创造性，提高科学研究的效率，推动科学研究不断走向深入。同时，不同群体之间的竞争还能增强群体内部的凝聚力，团结起来一致对外。相反，为了名利而进行诸如论资排辈、拉帮结派、尔虞我诈、知识封锁等形式的恶性竞争，是对科学研究的窒息，是对人类文明的摧毁，也是对研究者科研热情和科研能力的消解。因此，这就要求教育对象积极竞争、敢于竞争、正当竞争，善于在合作中竞争、在竞争中合作，正确处理好与群体成员之间竞争、合作的关系。

三是使教育对象学会共同分享。科学研究的实践锻炼形式，还要让教育对象明白，科学研究既然是相互合作的活动，就内在地蕴含着研究资源和研究成果的共享，具体包括知识、信息、人力、资金、技术、设备和利益的共享。只有乐于分享，才能促进科学研究资源的流动、互补、整合与优化，进而推动各个研究者科学研究能力的整体提升；只有乐于分享，才能使科研成果和利益惠及更多人，从而提高科研工作者进行科学研究和协同合作的积极性；也只有乐于分享，才能促进科学的整体进步。科学正是因为人类的共享才能不断延续和进步，甚至于科研工作者研究所需的各种知识、信息、工具和手段等，都是前人或同时代人的创造和分享。因此，教育对象不仅要善于同群体成员协同合作、良性竞争，也要乐于分享。

科学研究有很多种类和形式，以科学研究的性质为依据，可分为探索性研究、发展性研究；以科学研究的目的为依据，可分为基础研究、应用研究和开发研究；以科学研究的内容为依据，可分为自然科学研究和人文社会科学研究；以科学研究的方式为依据，可分为独自研究和协同研究；以科学研究的方法为依据，可分为实验研究、调查研究和观察研究；[①] 以科学研究的主体为依据，可分为个人研究、企业研究、科研机构研究、高校研究和政府研究。具体科学研究形式的确定和选择要根据乐群教育要求和教育对象的实际特点，但无论选择哪种科学研究形式，都要求教育者引导教育对象以群体形式开展研究，注重在群体中培养教育对象的乐群性。例如在高校的科学研究中，可以组建高校内部或跨校性质的教师科研团队、学生科研小组、师生科研团体等；在企业的科学研究中，可以组建企

---

① 周新年：《科学研究方法与学术论文写作》，科学出版社，2012，第16～17页。

业内部或跨企业的同部门科研团队和多部门协同研发团队等。这些科学研究群体都是涵育相应类型教育对象的重要形式，需要教育者对其进行科学建设和指导。

三　军政训练

军政训练是新时期国防教育的重要内容，也是实践领域中的一项重要活动。2011 年，中共中央、国务院、中央军委下发了《关于加强新形势下国防教育工作的意见》（中发〔2011〕8 号），指出普及和加强全民国防教育，是一项事关凝聚全民族的意志和力量，加强国防和军队现代化建设，推进中国特色社会主义事业，实现中华民族伟大复兴的重要战略，并提出要以领导干部、青少年学生和民兵、预备役人员为国防教育的重点对象。[①]为进一步规范和加强国防教育工作，根据这一意见，国家国防教育办公室又制定并印发了《全民国防教育大纲》，对于全民国防教育的主要对象、基本内容和方式方法等作了具体规定和要求。可见，全民国防教育是一项覆盖全民的系统工程，也是实践领域中的一个重要部分，而军政训练正是全民国防教育的基本内容。军政训练是军事训练与政治教育的有机结合，不仅是对教育对象军事理论的教育和作战技能的训练，还是对教育对象思想政治素质的培养。毛泽东指出："军事整训与政治整训应该并重，并使二者互相结合。整训开始时，还应着重政治方面，着重于改善官兵关系，增强内部团结，发动干部与战士群众的高度积极性，军事整训才易于实施与更有效果。"[②] 朱德也曾说："练兵首先是练智力。政治觉悟不高，不懂得为什么打仗，就没有积极性，兵也就练不好。没有政治觉悟的勇敢，只是血气之勇，有了政治觉悟的自觉的勇敢，乃是大勇。"[③] 军政训练作为一种特殊的群体性实践活动，不仅是培养公民爱国主义精神的重要途径，也是培养人的乐群性的重要契机。具体而言，军政训练在以下几个方面有利于人的乐群性的养成。

[①] 《中共中央国务院中央军委下发〈意见〉要求加强新形势下国防教育工作》，《人民日报》2011 年 7 月 30 日。

[②] 《毛泽东文集》第 3 卷，人民出版社，1996，第 238 页。

[③] 《朱德选集》，人民出版社，1983，第 164 页。

一是培养教育对象的组织性、纪律性。军政训练要求受训人员服从指挥、遵守纪律、整齐划一、协调一致。军政训练从黎明起床集合开始，到早操、整理内务和洗漱、早检查、开饭、操课、午睡、课外活动、晚点名、就寝，一切活动都有明确规定和严格要求。以开饭为例，《内务条令》规定："按规定时间准时开饭。开饭时间通常不超过 30 分钟。听到开饭号（信号后），以班、排或连为单位带到食堂门前，由连值班员整队，待各班值日员分好菜后，按连值班员宣布的次序，依次进入食堂。就餐时要保持肃静，餐毕自行离开。"① 这就要求教育对象必须按照规定和要求，严格执行、紧张有序、雷厉风行、协调统一，从而有利于教育对象组织性、纪律性的养成。尤其是对于那些平日里群体观念淡薄、自由散漫、组织纪律性较差的教育对象来说，军政训练更具有教育意义，能够帮助其有效克服上述弱点。

二是培养教育对象的群体归属感和群体荣誉感。在军政训练中，受训对象通常以群体形式出现，如一个班、一个排、一个连、一个营、一个团等，使来自不同地方、未曾谋面的个体在共同的训练活动中相识相知，并在相互了解和交往中建立友谊，逐渐融为一个紧密的群体，从而增强教育对象的群体归属感。同时，以各级群体为单位的军政训练又能激发教育对象的群体自尊感。由于认识到自己是群体中的一员，当群体取得成绩而受到褒扬和嘉奖时便会感到光荣和自豪，当群体因过错而受到批评和惩罚时便会感到羞愧和自责，从而促进教育对象形成热爱群体、关心群体、自觉为群体争先创优的群体荣誉感。共同的军政训练活动本身就是培养教育对象群体荣誉感的过程，不仅如此，在军政训练中，常常以体能和军事技能考核、评比、竞赛的形式检验军政训练的结果，更容易激发教育对象的群体荣誉感。同时，在部队的军政训练中，参观和学习所在群体的荣誉史作为政治教育的重要内容，也有益于教育对象群体荣誉感的形成和强化。此外，通过军政训练，教育对象所形成的群体归属感和群体荣誉感又能相互渗透、相互强化，共同促进其乐群性的形成发展。

三是培养教育对象的群体进取精神和团队精神。在军政训练中，响亮的口号、整齐的队列、激烈的竞赛，无不让人朝气蓬勃、奋发有为。同

---

① 江苏省教育委员会：《国防教育概论》，东南大学出版社，1994，第 31 页。

时，军政训练不是嬉笑玩乐，严格紧张、高强度的操练需要顽强的精神、坚强的意志，需要不怕流血流汗的胆气和豪气，这对于培养教育对象拼搏进取、奋发向上、吃苦耐劳、坚忍不拔的群体进取精神具有十分重要的意义。尤其是对于现代社会中那些娇生惯养、养尊处优、懒散成性的青少年，经过训练场上的磨砺，才能成为刚健有为的真正男子汉。另外，在各种体能和军事技能的考核、评比、竞赛中，还有利于培养教育对象的团队精神。此外，教育对象在军政训练过程中形成的群体归属感和群体荣誉感，也能直接促进其群体进取精神和团队精神的形成发展。

可见，军政训练是乐群教育的一个特别途径，也是十分重要的途径。根据训练对象的不同，军政训练分为部队训练、院校训练和预备役训练三种主要形式。对于乐群教育而言，不同的军政训练形式也是对不同类别乐群教育对象的教育形式，都有助于对人的乐群性的培养。在此着重强调一下院校训练形式，也就是针对高中生和高校学生的军政训练。《教育部关于加强新形势下学校国防教育工作的意见》（教体艺〔2011〕6 号）指出，青少年学生是全民国防教育的重点，学校国防教育是全民国防教育的基础，各地教育行政部门要从维护国家主权、安全和发展的大局出发，从培养社会主义事业的建设者、保卫者和接班人的高度，加强对学校国防教育的部署和安排。并要求普通高等学校和高级中学要把学生军训作为学校国防教育的重要内容，其中，普通高等学校的军事技能训练时间为 2~3 周，实际训练时间不得少于 14 天；高级中学的集中军事训练不得少于 7 天。[1]青少年学生不仅是全民国防教育的重点，也是乐群教育的重点。青少年时期是乐群性形成的关键阶段，因此，教育者要利用学校军训的重要契机，同时开展乐群教育，使教育对象在军训中乐群，在乐群中接受国防教育、履行兵役义务。

四　社团活动

组织和引导教育对象参加社团活动，是培养其乐群性的重要实践锻炼

---

[1] 《教育部关于加强新形势下学校国防教育工作的意见》，河北经贸大学经济管理学院思想政治教育专题网，http://xgdt.heuet.edu.cn/col/1428457187476/2015/09/17/1442487170875.html，最后访问日期：2019 年 11 月 27 日。

形式。社团也就是"社会团体，是指中国公民自愿组成，为实现会员共同意愿，按照其章程开展活动的非营利性社会组织。"① 社团的主体可以是人数超过 50 的个人会员、人数超过 30 的单位会员，也可以是总人数不少于30 的个人会员与单位会员的混合体。社团依照平等、自愿原则成立，不以营利为目的，而是以共同的兴趣、爱好、职业需求、利益等为基础，有规范的名称和组织机构，有明确的活动范围及相应的专职人员，有合法的资产和经费来源，有独立承担民事责任的能力②，接受法律的监督和约束。社团活动就是依托社团所组织和开展的相应实践活动，不同类型的社团有不同种类的活动。

社团作为有别于政府组织、企业组织以及其他社会组织的特殊组织，在自我管理、自我监督、自我教育、自我服务并服务社会、促进社会各项建设等方面扮演着无可替代的角色。随着社会的发展，社团必将随之占据越来越重要的地位。正像托克维尔所说："不难预见，人们越来越不能单由自己去生产生活上最常用和最需要的东西的时代，正在来临。"③ "要是人类打算文明下去或走向文明，那就要使结社的艺术随着身份平等的扩大而正比地发展和完善。"④ 社团发展的实践正在证明这一结论。《2017 年社会服务发展统计公报》的数据显示，自 2010 年至 2017 年底，我国社团数量呈平稳上升态势（见图 6 - 1）。可见，社团将逐渐发展成为一种越来越重要的社会组织，社团活动也将成为一个愈加重要的人类实践领域。

同时，社团作为社会群体的一种形式，是乐群教育的重要载体；社团活动作为一种群体活动，是全面培养人的乐群性的重要途径。教育者引导教育对象根据自身的发展需要和社会的发展需求选择合适的社团，并积极参与社团活动，对于养成和提升教育对象的乐群性具有重要作用。通过社团活动的锻炼，有利于在以下几方面培养教育对象的乐群性。

---

① 《社会团体登记管理条例（2016 年 2 月 6 日修正版）》，中华人民共和国民政部网站，http：//www. mca. gov. cn/article/gk/fg/shzzgl/201812/20181200013490. shtml，最后访问日期：2019 年 12 月 12 日。
② 《社会团体登记管理条例（2016 年 2 月 6 日修正版）》，中华人民共和国民政部网站，http：//www. mca. gov. cn/article/gk/fg/shzzgl/201812/20181200013490. shtml，最后访问日期：2019 年 12 月 12 日。
③ 〔法〕托克维尔：《论美国的民主》下册，董果良译，商务印书馆，1988，第 637 页。
④ 〔法〕托克维尔：《论美国的民主》下册，董果良译，商务印书馆，1988，第 640 页。

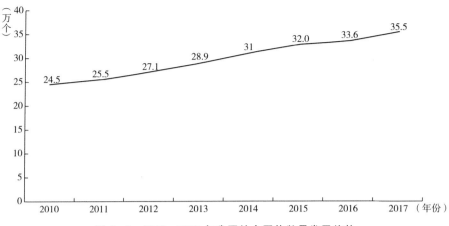

图 6-1 2010～2017 年我国社会团体数量发展趋势

注：横轴为年份，纵轴为社团数量。

资料来源：依据《2017 年社会服务发展统计公报》中的相关数据绘制。

一是培养教育对象的群体团结合作精神。正规社团都有特定的共同目标、规范的组织结构、具体而明确的分工以及相应的团体活动，尤其是大型社团，其组织结构更加复杂，内部分工更加精细。拿中国武术协会来说，作为致力于推广和发展中华武术运动、促进全民健身的全国性群众体育社团，设有传统武术委员会、科研委员会、教练委员会、裁判委员会、武术产业发展委员会、武术学校工作指导委员会和新闻委员会，不同的专业委员会内部还有更为细致的分工。社团的上述特点决定了社团成员只有团结合作，社团活动才能有序开展，共同目标才能顺利实现。组织和引导教育对象参与社团活动，正是为其提供了一个锤炼其团结合作精神的实践平台，使其在社团活动中认识到个人利益与社团利益、个人目标与社团目标的统一，感受到为实现共同利益和目标所需的团结合作的力量，学会如何与人协调一致、友好合作、密切配合，从而促进其团结合作精神的养成。

二是培养教育对象的群体敬业奉献精神。社团活动不仅能培育教育对象的群体团结合作精神，还能培育其群体敬业奉献精神。社团的每个工作岗位都有其特定职责，各个岗位如同一个个链条，在相互联结中构成一个完整的社团系统，并推动整个社团系统的畅通运行。若有一节链条断裂或错位，就会干扰整个社团系统的正常运转，给社团造成损失。因此，立足岗位、各尽其责是社团发展壮大、兴旺发达的必要条件，也是对每个社团成员的必然要求。通过社团活动，正是要让教育对象强化自己的主体意识，发挥自己的主人翁责任感，关心社团利益和前途命运，并为了社团的共同目标而自觉奋斗，爱岗敬业，恪尽职守，乐于奉献，从而促进其群体敬业奉献精神的形成发展。

三是培养教育对象的人际交往能力。人际交往能力只有在现实的人际交往过程中才能形成和提高，社团活动就是锻炼教育对象人际交往能力的重要载体，为教育对象的人际交往提供机遇和平台。社团成员可能来自各地、各族、各行、各业，拥有不同的性格特点、思想观念和行为习惯等。而这样一群各不相同、互不相识的成员，因共同的兴趣、爱好、需求和利益而聚在一起。在社团活动中，成员因共同之处而相互吸引、平等交往、深入交流，又因相异之处而相互磨合、相互适应、相互学习。无论是在哪一个交往层面，通过哪一种交往方式，都能在相互作用、相互影响中逐渐磨炼和优化教育对象的性格特质，锻炼教育对象的交往能力，包括基本的交往礼仪、交往原则和交往艺术，学会关心人、帮助人，从而使其与其他社团成员建立友好和谐的人际关系，并在此基础上更好地融入社团，形成群体归属感。

社团活动因社团种类不同自然也有丰富多样的形式。按社团活动规模划分，有小型活动和大型活动；按社团活动性质划分，有学术性活动、联合性活动、行业性活动和专业性活动；按社团活动领域划分，有科技研究活动、教育活动、文化活动、体育活动、卫生活动、法律活动、宗教活动、生态环境活动、工商服务活动、农业及农村发展活动、职业及从业活动、社会服务活动、国际及其他涉外活动和其他活动；按社团活动功能划分，有互益性活动和公益性活动。通过社团活动培育人的乐群性，要求教育者结合教育对象的实际情况和社会的现实需求来组织和引导教育对象参与一定的社团活动，提高社团活动教育形式的针对性、丰富性、生动性和实效性。

此外，就学校的乐群教育而言，则要高度重视通过学生社团培育学生的乐群性。学生社团也是社团的一种，但又不同于一般的社团。学生社团是中等学校和高等学校的学生在共同兴趣爱好的基础上自愿组建，并按照章程自主开展活动的学生组织，其成员可以是跨年级、跨专业甚至是跨学校的，是学生自我教育、自我管理、自我服务的组织，主要包括四种类型。一是理论学习型社团，以理论学习为主要活动内容，具有一定的专业背景，如理论研讨会、理论宣讲团、读书社等。二是学术科技型社团，以科学研究和技术发明为主要活动内容，如数学建模协会、软件协会、人工智能协会等。三是兴趣爱好型社团，以文艺、体育等为主要活动内容，如诗社、文学社、话剧社、动漫社、茶艺社、花艺社、摄影社、美工社、各种乐器社，旅游协会、音乐协会、舞蹈协会、武术协会、体操协会、轮滑协会、各种球类协会等。四是社会公益型社团，以服务师生、服务社会为主要活动内容，如三农协会、环保协会、动物保护者协会、志愿服务协会、职业与就业发展协会、创业协会、法律援助协会等。一般说来，学生社团是一种非正式组织，接受所在学校相关部门的管理和监督，以在校学生为主体，具有较大的随意性、松散性。但优质的学生社团对于培养学生的综合素质包括乐群素质具有重要作用。正是在共同的社团活动中，在相互交流切磋中，才能培养起学生的群体归属感、荣誉感和责任感，促进其团结合作精神的养成，提高人际交往的能力等，促进学生乐群性的形成发展和全面成长成才。因此，教育者要积极支持学生的社团活动，并加强对学生社团活动的科学指导和严格管理，促进社团活动对学生乐群性养成功能的发挥。

第三节 社会交往

社会交往是个体通过一定方式与他人接触、交流、互动，在心理、思想和行为上发生相互影响、相互作用的过程。人的乐群性的形成发展不仅源于乐群思想的启迪、群体实践活动的锻炼，还源于社会交往的涵化。只有在社会交往中，个体才能深刻认识到自己的社会本质，认识到自己的生存和发展离不开他人、群体和社会，进而愿意同他人交往，主动亲近群体，自觉融入社会，在社会交往中建立广泛而深入的社会联系，促进自身的高度社会化，从而不断塑造、发展和完善自己的社会本质；只有在社会交往中，通过与各色人等打交道，个体才能逐渐克服孤僻自闭的个性，逐渐养成外向开朗的个性，并在交往中掌握基本的交往礼仪、交往原则和交往艺术，不断锤炼和提高自己的交往能力，学会如何待人处事，也就是说，只有在交往中才能学会交往，进而与人建立和谐融洽的人际关系；也只有在社会交往中，个体才能学会关心他人、帮助他人、与人分享。而上述表现都是乐群的题中之意，可见，社会交往是培养人的乐群性的重要途径，一个与人"老死不相往来"的人，无乐群性可言。因此，教育者要高度重视通过鼓励、引导和促进教育对象的社会交往来养成其乐群性。人们总是通过一定的媒介进行社会交往，不同的交往媒介形成了不同的交往形式，而不同的交往形式对于人的乐群性形成发展的作用不同，具体情况如下所述。

一　面对面交往

面对面交往是人们以语言、神态和动作为主要媒介进行思想、情感和信息的沟通交流、往来互动的交往形式。面对面交往是最古老的社会交往形式，也是最基础、最根本、最普遍的社会交往形式，又是培养人的乐群性的基本途径。这一地位的形成，是由面对面交往所具有的超越其他一切交往形式的突出优势所决定的，即直接现实性。一方面，直接现实的面对面交往有利于交往的深入有效。由于交往双方存在于共同的时空之中，交往媒介简单直观，使交往主体、交往情境和交往信息能够较为真实、明确而完整地呈现出来，交往双方能真切地感受到彼此的所思、所想、所感，并迅速实时地进行思想、情感和信息的双向流通、反馈，还可以进行长时间的沟通交流，彼此交换更多信息，这就容易增进交往双方的理解，避免误会的发生，拓展社会交往的深度，提高交往的效度，与人建立现实而稳定的社会联系，并结成稳固的社会群体，进而促进其乐群性的养成。另一方面，直接现实的面对面交往更能锻炼人的社会交往能力。面对面交往的直接现实性，意味着交往双方所发出和传递的信息没有过多时间进行深入的思考和细致地修饰，顺利通畅、轻松愉快的交往气氛需要交往主体具备良好的语言表达能力、接受理解能力、沟通协调能力、随机应变能力和危机化解能力等。而需要的存在就容易催生个体满足需要的能力的形成，面对面交往的直接现实性及其所带来的交往难度更能锻炼人的社会交往能力。面对面交往是人的交往能力产生和提高的根本途径，而一定的交往能力是个体形成乐群性的必要条件，也是乐群的内在要求。总之，面对面交往的特点决定了无论在哪个时代、哪个社会，都有其存在的巨大价值，占据着无可取代的主导地位，是社会交往的根本形式，同时，鼓励和引导教育对象多与人进行面对面的交往也是乐群教育的基本途径。

当然，面对面交往并不是完美的社会交往形式，而是存在一定局限性。例如，对于相距较远的交往主体而言，面对面交往所需要的时间、精力和费用成本也会较多。因此，面对面交往主要适用于空间距离较近的交往主体，而这又会同时带来另外一种结果，即面对面交往的人数和范围都是有限的，多适用于小群体内部的交往。

面对面交往也有具体的交往类型，如依照交往主体的数量特征，可分为一对一、一对多和多对多的面对面交往。一对一的面对面交往就是两个人之间的面对面交往，一对多的面对面交往如授课、演讲、报告等，多对多的面对面交往如不同群体之间的联谊、联赛等；依照交往主体的身份特征，可分为纵向和横向的面对面交往。纵向的面对面交往主要是上下级之间的交往、不同代际的交往，横向的面对面交往如同级之间的交往、同辈人之间的交往；依照交往的性质，可分为正式和非正式的面对面交往。正式的面对面交往是通过群体明文规定的渠道进行与群体事务密切相关的往来活动，如业务洽谈、会议、谈判等，非正式的面对面交往则是交往主体之间的私人会面和往来，如谈心、聚会等。通过不同类型的面对面交往，会形成不同类型的社会群体，不同类型的面对面交往又会锻炼人们不同方面的交往能力。比方说，正式交往更能锻炼人们能言善辩、沟通协调和随机应变的交往能力，非正式交往则更能锻炼人们人际感受、人际理解和人际融合的交往能力。因此，教育者要鼓励和引导教育对象积极开展不同类型的面对面交往活动，使教育对象乐于交往、愿意结群，并在全面的交往中全面锻炼和提高教育对象的社会交往能力，使其善于交往、长于处群，进而促进其乐群性的形成发展。

此外，鼓励和引导教育对象积极开展面对面交往以培养其乐群性的方法，还要求教育者一方面引导教育对象自觉运用所学的乐群教育理论，尤其是关于交往礼仪、交往原则和交往艺术方面的理论，指导面对面交往的实践活动。另一方面，还要使教育对象在面对面交往中有意识地总结交往的新鲜经验和失败教训，进一步改进自己的交往方式，提高自己的交往能力。总之，面对面交往方式就是要让教育对象在面对面交往中学习交往、练习交往、学会交往、喜欢交往，进而涵养其乐群性。

二 传统通信交往

交往形式是与一定社会的生产力发展水平相适应的，又与一定社会的科技发展状况直接相关。在人类社会初期，人口分布密集，社会群体存在的物理空间和地域范围十分有限，社会交往都是面对面的交往形式。随着生产力的发展，人口数量不断增多，人类生活的地域范围逐渐扩大，人口流动也变得频繁起来，直接导致人与人的空间距离拉大，这就给面对面交往带来了阻碍。但是，社会交往是人类社会存在的方式，即使人们之间的空间距离在不断扩大，但并不能阻止人们的往来互动，人口的远距离存在必然催生远距离交往的需要。而"社会一旦有技术上的需要，这种需要就会比十所大学更能把科学推向前进。"① 远距离交往的需要推动了交往媒介的创新发展，从口信、书信、贺卡、电报、传真、固定电话、传呼机、手机到互联网，这些不断发展的交往媒介使社会交往变得更加简单、快捷、普遍，人与人之间的联系也变得更加紧密，从而提升了社会交往的层次和水平。通过上述媒介进行社会交往的形式可统称为通信交往，这种交往形式不同于以语言、神态和动作等主体自有的属性为媒介的面对面交往，而是借助于主体自身以外的工具和手段进行远距离或是不见面的社会交往形式。由于互联网的出现带来社会交往的巨大变革，以互联网为通信媒介的社会交往迥异于其他形式的通信交往，因此，本书将以互联网为通信工具的交往形式称为网络交往，或者是现代通信交往，而以其他通信工具为媒介的交往形式称为传统通信交往，以示区分。

传统通信交往是对面对面交往形式的重要补充，也是社会交往的重要形式，在推动人类社会交往的普遍发展方面发挥了巨大作用。同时，传统通信交往也是乐群教育的一个主要途径，对于培养人的乐群性具有十分重要的作用。首先，传统通信交往有利于提高社会交往的效率。生产生活的需要以及交通工具的发展进步，使现代社会呈现出巨大的流动性。可以说，现代社会就是一个流动社会，因求学、工作、婚恋、探亲、访友、旅游等目的而出现的跨省市、跨地区、跨国性的社会人员流动十分常见。这

---

① 《马克思恩格斯选集》第4卷，人民出版社，2012，第648页。

就产生了流动人口与原住地具有社会联系的人员之间的交往需要，如与家乡的亲朋好友、同学师长之间的交往需要，而这种远距离交往需要的满足显然难以通过单一的面对面交往形式获得。同时，分工的深入发展和生产的高度社会化，使得不同国家、不同地区、不同城市、不同单位、不同部门之间的交往与协作也渐成常态，这种交往与协作也非单一的面对面交往形式所能满足的，而是需要及时便捷的交往形式。因此，远距离的交往需要催生了传统通信交往形式的产生。另外，传统通信交往形式的出现也是与快节奏的现代社会生活步调相适应的，特别是以手机为媒介的交往，已经成为须臾不可缺的交往形式。即使是相距不远的人们，为了节约时间和费用，也常常会选择用手机联络。总之，与面对面交往相比，尤其是对于远距离的交往主体来说，传统通信交往能缩短交往成本，电话和手机的出现，更使远距离交往变得随时随地、简单容易，从而大大提高了社会交往的效率，增加了社会交往的频率，进而为人的乐群性的形成发展创造了有利条件。其次，传统通信交往有利于扩大社会交往的范围。面对面交往固然能拓展交往的深度，但是，过于狭小的交往范围在一定程度上会限制人的眼界、见识和胸怀，进而影响人的乐群性的形成发展。而传统通信交往利用各种方便快捷的通信工具，使交往变得容易而及时，这就有利于扩大社会交往的范围，拓展社会交往的宽度，从而有利于促进人的乐群性的形成发展。因此，教育者还要引导教育对象通过传统通信交往形式培养自身的乐群性。

传统通信交往形式也有弊端。与面对面交流相比，传统通信交往是一种间接性的交往形式，主要以文字、声音和符号为载体，但缺乏通过视觉交流而产生的直观现实的交往情境和交往画面。而直观现实的交往情境和交往画面，恰恰是人们接收和理解交往信息的重要途径。因此，这种缺乏视觉画面的间接交往形式容易降低交往效度，影响交往质量。具体而言，首先，传统通信交往虽然超越了交往的空间，却存在交往时间和交往内容上的限制。一般说来，传统通信交往主要适用于交流简单而明确的事情，对于那些复杂细致的事情，通过书信、电话等则很难说清楚。在这一点上，传统通信交往不如面对面交往有优势。面对面交往具有很大的弹性，交往的时间可长可短，交换的信息可多可少。其次，传统通信交往由于脱离直接现实的交往情境，声音、文字、符号等可能会因为信息传递方的失误或者接受方的误解而造成交往双方产生误会或矛盾冲突，从而影响交往关系。最后，长时间的分离，纵使有书信、电话、手机的频繁联系，也会或多或少冲淡交往双方的情感，弱化交往双方的联系，从而影响交往关系的发展和社会群体的稳定。总之，传统通信交往形式有利于提高社会交往的效率，扩大社会交往的范围，却不利于形成稳定而深入的社会关系。

传统通信交往主要以口信、书信、贺卡、电报、传真、固定电话、传呼机和手机为媒介，不同的时代产生了不同的媒介，而不同的媒介又形成了不同形式的传统通信交往。在古代，通信交往主要以口信、书信、贺卡为媒介。电报、传真、固定电话是近代出现的通信交往媒介，传呼机和手机则是现代社会的发明。这些媒介在过去很长一段历史时期内都发挥着十分重要的社会交往作用，但随着社会的发展和科技的进步，有些交往媒介已经开始逐渐淡出社会交往领域，比如口信、电报、传呼机，书信、贺卡的使用率也在下降，固定电话和手机则依然是社会交往的主流媒介。由此可见，低成本、高速度、安全性强、信息量大、准确度高是交往媒介发展的基本趋势。这一趋势对于人们的物质交往无疑具有巨大的推动作用，但对人们的精神交往尤其是情感交流不见得是一种福音，也可能潜藏着危机。以书信交往为例，书信是距离相隔较远、暂时无法相见的交往主体，通过文字进行思想沟通和情感互动的交往工具。书信可以通过文字传达笔者写信时的心境。"言，心声也；书，心画也。"[1] 因字如其人、文如其人，故有见字如见人、见信如见人之感。当人们见到书信时，看到文字，仿佛就看到了写信人，很有画面感和情景感，并且可以时常翻看、反复回味。书信交往融汇了人们书写的用心、等待的期望、见信的喜悦、回信的投入，是人们进行精神交往的重要方式。因此，书信交往在传统社会是占主导地位的交往形式。然而，随着现代生活节奏的加速和交往媒介的方便快捷，人们早已习惯了实时的联系方式，没有耐心等待"漫长"的书信往来，甚至提笔忘字、落笔无言。人们再难感受收到家书时的温暖感动，收到情书时的温馨浪漫。以至于我国当代文学大师、画家木心先生不禁留恋和向往"从前慢"的时代，"从前的日色变得慢，车，马，邮件都慢，一

---

[1] 《法言·问神篇》。

生只够爱一个人……"① 那个"慢"的交往方式可能承载着更深的意、更浓的情、更满的爱，是"快"的交往方式所不能承载和代替的。总之，每一种具体的传统通信交往形式都有一定的交往作用，甚至时过境迁也依然有存在的意义。因此，教育者在引导教育对象通过传统通信交往培养其乐群性时，首先要使教育对象了解每一种传统通信交往媒介的特点及其对于社会交往的独特作用，并在此基础上选择合适的媒介进行交往，以提高社会交往的质量，促进良好人际关系的形成和乐群性的发展。

三　网络交往

网络交往是人们以互联网为媒介的社会交往形式，是伴随信息技术的发展而出现的新型交往形式。中国互联网络信息中心发布的《第43次中国互联网络发展状况统计报告》显示，截至2018年12月，中国网民规模达8.29亿，互联网普及率为59.6%。② 可见，互联网已经走进了半数以上中国人的生活。互联网不仅深刻变革了人们的生产生活方式，也变革了人们的交往方式，网络交往已成为目前流行的社会交往方式，也是乐群教育的重要途径。乐群不只是"乐"现实生动的群体，同样包括"乐"有利于教育对象健康成长成才的虚拟网络群体。同时，乐现实之群与乐虚拟之群是密切相关的。一方面，人们不仅可以通过网络与来自世界各地的人们基于共同的兴趣爱好、志向诉求而结识为友、组建网络群体，并转化为现实交往，进而丰富现实社会关系，发展现实社会群体；另一方面，现实中建立的社会关系和社会群体也可以通过网上的联络沟通而促进交往双方关系的进一步发展。可见，现实交往与网络交往是交叉渗透、相互转化的。因此，引导教育对象开展积极健康的网络交往和网络结群，是乐群教育的必然要求，也是适应信息技术高度发达的现代社会的必然要求。

网络交往之所以成为重要的社会交往形式和乐群教育的重要途径，是因为较之以往的交往形式，网络交往具有以下突出优势。

一是超越了社会交往的时空限制。面对面交往虽有其不可替代的优

---

① 木心：《云雀叫了一整天》，广西师范大学出版社，2009，第74页。
② 《第43次中国互联网络发展状况统计报告》，中国互联网络信息中心，http：//www.cac.gov.cn/2019-02/28/c_1124175677.htm，最后访问日期：2019年2月28日。

势，但交往活动却受到时空的巨大限制。以书信、电报、电话、手机为媒介的传统通信交往形式，虽然在一定程度上突破了社会交往的时空阻隔，但这种突破仍是有限的。以互联网为媒介的网络交往则在更大程度上超越了社会交往的时空限制，打造了一个更加自由畅通的交往空间，让交往变得更加方便快捷、随时随地。只要连接网络，任何地方的人都可以进行交往，不论国内还是国外；任何时候都可以进行交往，不论白昼还是黑夜。总之，网络交往极大地扩展了社会交往的范围，提高了社会交往的效率，实现了自古以来人们对社会交往中"天涯若比邻""天涯共此时"之感的渴盼，继而使人们联系得更为紧密，为乐群性的养成奠定了良好的基础。

二是搭建了平等交互的交往平台。在现实的社会交往中，人们的交往活动不仅受制于时空的阻隔，也受制于交往主体的性别、年龄、相貌、身份和社会地位等条件的差距，而这些差距往往会造成一定的社会交往障碍。网络交往的匿名性则打破了交往主体身份特征的限制，人们可以通过虚构身份与他人交往，而不用顾忌双方相貌是否匹配、贫富是否悬殊、地位是否相宜，抛开一切外在条件的制约和牵绊，尽情畅享精神交流互动的自由自在。这就使交往变得去权威化、去中心化，构建起一个平等开放、自由交互的交往平台。在这个平台上，每个网民都可以按照自己的心愿自主选择交往的对象，既可以是一对一的交往，也可以是一对多的交往，还可以是多对多的交往，并且能够自由建立或者结束某种交往关系。网络交往的匿名性及其产生的平等交互性，使人们挣脱了现实交往中的各种束缚和牵绊，驱散了心中的顾虑和压抑情绪，从而更加积极主动地上网寻求交往，甚至可以对一个陌生人袒露真实的自我，敞开心扉，吐露心声，谈及十分私密和深入的话题，而不用感到尴尬窘迫、难以启齿，也不必担心会被泄密，从而容易迅速拉近彼此的距离，建立亲密的交往关系，促进其乐群性的形成。尤其是那些在现实生活中过于腼腆内向的人，在网络交往中可能变得自信开朗、滔滔不绝、谈笑风生，从而在一定程度上改善其孤僻内向的个性，愿意与人交往。

三是运用了多样化的交往工具和载体。与面对面交往和传统通信交往相比，网络交往的工具和载体更加丰富。例如，电子邮件、QQ、贴吧、论坛、网游、微博、微信等都是常用的网络交往工具，其使网络交往更加灵活方便，形式更加丰富多彩。同时，网络交往以图、文、声、像为载体，使其所承载和传达的思想、情感和信息变得更生动形象、完整饱满，从而有利于促进交往双方更好地相互理解和接受。

总之，互联网是对传统通信工具的超越，以互联网为媒介的网络交往具有以往交往形式所不可比拟的优势，为培养人的乐群性创造了有利条件。但是，网络交往也和其他交往形式一样，具有一定局限性，运用不好反而会影响人的乐群性的形成发展。

一是网络虚拟交往藏匿着风险和危机。网络世界具有虚拟色彩，网络交往中有很大一部分是虚拟交往，交往双方素不相识，无法知晓对方的真实情况，人们又常常隐匿自己的真实身份，老妪可能伪装成少女，丑女可能伪装成美人，穷小子可能伪装成富二代，品行低劣的男人可能伪装成谦谦君子……网络交往的虚拟性在使交往双方变得平等自由的同时，也给交往带来了一系列风险。在虚拟交往中，维系现实交往秩序的伦理道德和法律法规的约束力弱化，致使一些人在网络交往中肆意妄为，做出一些不道德、不负责甚至是违法犯罪的行为，如编造谎言伪装自己、言行举止粗俗不堪、捏造并散布谣言、侵害交往对象的人身和财产安全等，致使人们对虚拟交往的信任度和好感度降低，造成网络人际信任危机、网络人际吸引危机，出现"不愿和陌生人聊天""不愿和陌生人见面"的现象，从而阻碍了网络交往的健康发展。

二是网络交往关系脆弱不堪。首先，网络交往关系的脆弱性是由其虚拟性造成的。由于虚拟交往的双方无法真切感知彼此，甚至无从知晓彼此的真面目，就难以建立起相互信任、真心以待的亲密关系。即使在长期而深入的交流中建立起亲密的关系，也可能出于误会、矛盾、新奇感褪去、网下见面等原因而使关系逐渐淡漠或匆匆结束。其次，网络交往范围过大也会导致网络交往关系弱化。网络是一个无限的空间，世界各地的人都可以通过网络进行交往，并在网络交往中形成各种各样的网络群体，如 QQ 群、微信群、游戏群、虚拟社区等。现代人往往一人身处众网群，但人的精力是有限的，不可能与所有人都进行频繁而深入的交往，也就是说，网络交往的广度有余，而深度、持久度和稳定度不足，所以大多数人变成了"在线的隐身人""观望的潜水者"，直至成为"在群的离群人"。总之，网络交往关系建立容易，结束也容易，经不起时间的洗礼和风浪的考验。

三是过度依赖网络交往会影响现实交往。网络交往的突出优势已使其成为目前流行的交往形式，并在人们的社会交往领域中占据越来越重要的地位，但这一趋势使很多人出现了过度依赖网络交往的倾向。然而，人毕竟是生活在现实中的人，网络不能代替现实，网络交往不能代替现实交往，网络关系不能代替现实关系，网络群体不能代替现实群体。过度依赖网络交往，容易使人颠倒虚实，影响现实的社会交往，甚至脱离现实的社会生活。具体而言，一方面，过度依赖网络交往会大大挤压现实交往的时间，比如说，明明方便见面谈的事情，人们却选择上网聊，或者沉迷于上网聊天。如此一来，现实交往变得越来越少，就容易使现实人际关系变得疏离淡漠，很多人甚至变得沉默寡言，孤僻内向，深陷孤独的深渊。另一方面，过度依赖网络交往会削弱现实交往的能力。网络交往没有面对面交往可能造成的紧张情绪，使人有充分的时间组织语言，又有表情符号、图片、音频、视频等载体助力表达，虽然可以让交流变得饱满顺畅，却使人的实际交往能力发生退化，尤其是文字书写能力、语言表达能力和随机应变能力的削弱，使一些人在面对面交往时变得无所适从，从而逃离现实交往，更沉迷于网络交往。

可见，网络交往也存在固有的局限。教育者在鼓励和引导教育对象通过网络交往培养其乐群性时，前提是要让教育对象全面了解网络交往的优势和不足，并把握网络交往的原则和尺度，遵循网络交往中的基本规范，促进积极健康的网络交往关系的建立和网络群体的形成。

网络交往主要有网上的熟人联络、交友聊天、活动组织、咨询答疑、经验交流等具体形式，教育者要引导教育对象根据自己的实际需要选择具体的网络交往形式，发挥不同网络交往形式的乐群教育作用。

综上所述，社会交往主要有面对面交往、传统通信交往和网络交往三种形式，三种交往形式各有优势和不足。但从根本上来说，面对面交往是社会交往的核心，其他交往形式是面对面交往的重要补充和拓展。因此，教育者在运用社会交往途径进行乐群教育时，要使教育对象正确认识不同交往形式的利弊，在此基础上将三种交往形式有机结合起来，实现不同交往形式的优势互补，并坚持以面对面交往为基础，以其他交往方式为拓展。同时，在实际的社会交往过程中，要根据具体的交往需要恰当地选择交往形式，有所侧重，扬长避短，以更好地促进教育对象社会关系的发展和乐群性的形成。

第四节　心理教育

心理教育是乐群教育的特殊路径，也是十分重要的路径。心理教育就是教育者根据教育对象的身心发展特点和规律，运用心理学的手段和方法对受教育者的心理施加影响，以培养教育对象良好的心理素质，维护教育对象的心理健康，从而促进教育对象乐群性形成发展的路径。心理教育之所以能够成为乐群教育的重要路径，原因在于，良好的心理素质、健康的心理状态，是乐群性形成发展的重要基础。一个人只有具备良好的心理素质，和谐健康的心理状态，才能拥有蓬勃的生命活力、积极的内心体验和良好的社会适应性[①]，而这些因素都是乐群性形成发展的重要条件。相反，心理失衡、心理障碍、心理疾病等则会对人的乐群性的形成发展产生消极影响，甚至成为巨大阻碍，例如反社会型人格、抑郁症、社交恐惧症等都会严重阻碍乐群性的形成发展。同时，由于现代人学习、工作、生活等方面压力的不断增加，心理问题、心理疾患也随之多发，为人们乐群性的形成发展带来了更多挑战，也进一步凸显了心理教育作为乐群教育路径的现实意义。因此，开展乐群教育，要充分重视培养教育对象良好的心理素质，维护教育对象的心理健康。从心理教育的性质看，心理教育主要有以下两种具体方式。

一　发展性心理教育

发展性心理教育是一种积极的心理教育方式，主要是通过心理教育，传授心理健康知识，培养和发展教育对象的优秀心理品质，提高教育对象心理健康的自我维护能力，从而预防教育对象心理问题的发生，促进教育对象乐群性的形成发展。无论是身病还是心病，都重在预防。《黄帝内经》早就强调："圣人不治已病治未病，不治已乱治未乱，此之谓也。夫病已成而后药之，乱已成而后治之，譬犹渴而穿井，斗而铸锥，不亦晚乎！"人的心理问题、心理疾病并非在朝夕之间形成，而是往往有一个从无到

[①]　余双好：《心理咨询与心理健康教育》，中国人民大学出版社，2007，第381页。

有、从轻到重逐渐发展的过程，心理教育、心理治疗的难易程度则与心理问题、心理疾病的发展程度呈正相关。毫无疑问，最有效的心理教育方法就是未病先防。而未病先防的主要方法就是面向所有教育对象进行心理教育，普及心理健康知识，传授心理保健方法，以培养教育对象良好的心理品质，增强教育对象心理健康的自我维护能力，从而预防心理问题、心理疾病的产生，提高心理教育的先导性、主动性和有效性。积重难返，心疾难愈。若是等到心理问题发生、心理疾病形成，再行应对和治疗，则要付出更高的代价。因此，发展性心理教育是心理教育最基本的方式，也是最重要的方式，是心理教育之本。

作为乐群教育的路径，发展性心理教育不同于一般意义上的心理健康教育方法，而是旨在通过心理教育活动，重点培养和发展教育对象有利于乐群性养成的心理素质，具体包括明识自我、悦纳他人、情绪良好、适应环境。这些心理素质不仅是个体心理健康的重要表现，也是个体乐群性养成的重要条件，共同构成了发展性心理教育的中心任务。

首先，明识自我是人的乐群性形成发展的基础。明识自我就是通过心理教育，使教育对象具有自知之明，能正确认识自我。具体表现为，使教育对象全面、客观、公正地进行自我认识和自我评价，正确看待自己的优点和长处，正视和接受自己的缺点和不足，既不自视甚高，也不妄自菲薄，正视自我、悦纳自我。明识自我是心理健康的基本标志，是发展性心理教育的基本内容，也是教育对象乐群性养成的基础。一方面，只有明识自我的优点和长处，教育对象才能产生自我肯定、自尊自信、积极乐观的心态，进而更容易表现出开朗外向、乐于交往、热情主动、不卑不亢、接纳他人、信任他人的行为倾向，从而有利于自身乐群性的形成发展。同时，还要注意引导教育对象正确看待自己的优点和长处，不能过分夸大、自以为是、自我炫耀，从自信走向自负，在与他人的交往中就容易表现出不可一世、目中无人、轻视对方的倾向，从而影响与他人的良性互动。另一方面，只有明识自我的缺点和不足，明白个人的局限和力量的渺小，教育对象才会主动寻求他人、群体和社会的支持与帮助，并在与人交往中保持平和低调、谦逊恭谨的态度，从而有利于与他人建立和谐的人际关系，促进其乐群性的形成发展。同样，明识自我的缺点和不足也要有度，不能过分否定自我，否则就容易出现自卑、自怨、自责的倾向，在与他人的交往中就会表现出内向、压抑、畏缩、敏感、多疑、脆弱，不利于良好人际关系的形成。总之，明识自我要求教育对象正确认识自己，自信而不自负、自谦而不自卑，如此才能为其乐群性的养成奠定良好的基础。

其次，悦纳他人是人的乐群性形成发展的关键。悦纳他人就是通过心理教育，使教育对象学会正确认识和对待他人，欣赏他人的优点与长处，包容他人的缺点与不足，承认他人的成绩与功劳，宽恕他人的过失与错误，与人友好融洽地相处。悦纳他人是心理健康的重要表现，是发展性心理教育的重要内容，也是教育对象乐群性养成的关键。其一，悦纳他人是教育对象主动交往、乐于交往的基础。悦纳他人蕴含着对他人的认同、接受、赞赏和向往，是一种人际吸引，更有利于教育对象积极主动地亲近他人，乐于与人交往结群。相反，教育对象若是对他人常常抱有轻蔑、苛求、失望、反感、厌恶、仇视的态度，则容易产生不喜交际、独来独往、厌群离群的倾向。其二，只有悦纳他人，才能被他人所悦纳。一方面，教育对象只有真诚热情地赞美和欣赏他人的优点与长处，客观而公正地认可和肯定他人的成绩与功劳，并乐于向他人虚心求教、学习他人之长，而不是轻视他人的优点，嫉妒他人的才华，怀疑他人的好心，才能得到对方的友善、信任和帮助。另一方面，教育对象只有接受和包容他人的缺点和不足，原谅和宽恕他人的过失与错误，给人以改过迁善的机会，与人以热诚耐心的帮助，严于律己，宽以待人，而不是讥讽他人的短处、批评他人的过失、指责他人的错误、损害他人的尊严，才能得到他人的尊重、感恩和关爱。总之，教育对象只有先悦纳他人，学会尊重、理解、信任、宽容、帮助他人，才能得到对方同样的回馈，得到对方的悦纳。只有在相互悦纳中，才能建立起健康和谐的人际关系，也更容易被群体所认可和接纳，进而有助于其乐群性的形成发展。

再次，情绪良好是人的乐群性形成发展的条件。情绪是人们对客观事物的态度体验和相应的行为反应，如喜、怒、哀、乐、忧、恐、爱、憎等，都是情绪的基本表现。情绪良好就是通过心理教育，使教育对象学会正确调节和维持自己的情绪，做到情绪积极向上、稳定适度，心境乐观豁达、平和从容。情绪良好是心理健康的重要标志，是发展性心理教育的主要内容，也是教育对象乐群性养成的重要条件。情绪是人们在交往中承载和传递信息、沟通和交流思想的桥梁与中介，良好的情绪不仅使自己身心愉悦，也会感染和带动身边人的情绪，从而形成良好的人际互动关系和群体关系。良好的情绪主要表现为情绪积极、适度、稳定，每种具体形式都有利于人的乐群性的形成发展。

积极的情绪是情绪良好的首要表现，有利于人的乐群性的形成发展。人的情绪有积极和消极的性质之分，积极情绪多表现为乐观、愉悦、欢乐、满意、喜爱等，消极情绪则表现为悲观、忧愁、哀伤、恐惧、愤怒、憎恶等。健康的心理总是以积极情绪为主，纵使偶尔产生消极情绪，也能及时疏散，维持不久。积极情绪能调动人的潜能、激发人的活力，使人们对生活充满希望，行动积极进取，勇于面对挫折。而这种积极的情绪状态同样会被用于对待他人、对待群体方面，在与人交往中多表现出积极主动、自尊自信、开朗外向、热情大方、乐于助人、宽容大度等倾向，也就更有利于人际关系的和谐和乐群性的形成发展。相反，消极情绪会抑制人的活力和潜能，使人变得悲观、低落、焦躁、愁苦、颓丧，在与人交往和群体生活中容易表现出消极被动、自卑自哀、孤僻内向、麻木冷漠、敏感脆弱等倾向，不利于人际关系的和谐和乐群性的形成发展。

适度的情绪是情绪良好的基本表现，有利于人的乐群性的形成发展。人的情绪有强弱的程度之分，同一类情绪会表现出不同的强弱程度，例如，喜可分为满意→愉快→欢乐→大喜→狂喜的不同强弱层次，怒可分为微愠→愤怒→大怒→暴怒→狂怒的不同强弱层次。① 心理健康则表现为具有适度的情绪，既不太强，也不太弱；既不过分发泄情绪，也不过分压抑情绪，而是适度流露和表达情绪，当喜则喜，当忧则忧，喜忧有度，适可而止。这种适度的情绪能使人表现得言行得体、温文尔雅、风度翩翩，也就容易增加个人魅力和人际吸引，有利于与人建立良好的人际关系和乐群性的养成。相反，情绪过度不仅有碍身心健康，也会一定程度上影响人的正常交往和群体生活。情绪过激会使人表现出言行异常状态，甚至言行失控，作出一些违背伦理道德和法律法规的举动，例如，勃然大怒的人常有言辞激烈、恶语相向、打砸物品、拳脚相加等表现，而这种过激的情绪反应很容易破坏人际关系，会令人反感厌恶，直至避而远之，不被他人和群体所认可和接纳，从而影响其乐群性的形成发展。

---

① 彭聃龄：《普通心理学》，北京师范大学出版社，1988，第436页。

稳定的情绪是情绪良好的重要表现，有利于人的乐群性的形成发展。情绪还有稳定和不稳的状态之分，稳定的情绪就是情绪持续时间长，情绪波动幅度小，能较为长久地保持一种积极而适度的情绪状态。相反，情绪不稳则是情绪持续时间短，情绪波动幅度大，时常表现出消极而过激的情绪状态，例如，阴晴不定、时好时坏、喜怒无常、大喜大悲等都属于情绪不稳之列。显然，稳定的情绪不仅有利于心理健康，也有利于乐群性的养成，因为情绪稳定的人在交往中能给对方带来舒适感、信任感和安全感。相反，情绪不稳的人在交往中容易给对方带来一种忽冷忽热、捉摸不透、不知所措的感觉，有碍人际关系的和谐和乐群性的形成。

由此可见，情绪对于乐群性的形成发展具有重要意义。因此，教育者必须高度重视培养教育对象情绪的自我调控能力，使教育对象学会有效控制和疏解不良情绪，维持积极、适度、稳定的情绪，创造良好的心境，使其无论身处顺境逆境，都能做到从容不迫、泰然自若、应对自如。

最后，适应环境是人的乐群性形成发展的保证。适应环境就是通过心理教育，使教育对象学会正确认识和对待周围的现实环境，能动地适应和改造所处的环境，实现人与环境的和谐，从而促进教育对象健康心理和乐群性的形成。适应环境是维护心理健康的重要条件，很多心理问题、心理障碍和心理疾病的发生都是由人们无法适应环境而引发的。因此，适应环境是发展性心理教育的重要内容。同时，适应环境也是教育对象乐群性养成的重要保证。原因在于以下几点。

其一，适应环境能使教育对象产生良好的情绪，从而有利于其良好的人际关系和乐群性的形成。现实的人总是处在特定的环境之中，而环境总是变动不居的。尤其在当今这样一个社会飞速发展和深刻变革的时代，人们生活的环境更是瞬息万变。对于个体而言，不同的人生发展阶段也会面对不同的现实环境，从家庭、社区、学校，到工作单位以及其他社会群体。总之，变动不居的大环境和小环境常常让人措手不及，无所适从，这就更加需要人们提高环境适应能力，既能适应和融入一定的现实环境，又能在一定程度和一定范围内能动地调整和改造现实环境的不合理之处，使环境更有利于自身的生存发展。而伴随人的环境适应性产生的必定是良好的情绪，是在正视、接受和变革环境中形成的乐观、坚强、进取、从容的情绪体验，这种良好的情绪更有利于人际关系的和谐和乐群性的形成。相反，人们若不能直面不断变化的环境，并及时调整心态以作应对，就会产生不良情绪。例如，面对陌生环境时的胆怯、恐惧、畏缩和逃避，面对挫折时的满腹牢骚、怨天尤人、悲观绝望等，都是不适应环境并随之产生的不良情绪的表现。而这些不良情绪的产生，有碍于正常的人际交往和乐群性的形成。

其二，人们常常为了适应环境而交往结群。人们对环境的不断适应不仅要靠自身的主观能动性，往往还需要他人和群体的支持。当人们遇到困难和挫折而无法独自面对和解决时，就会向他人和群体寻求物质帮助与精神抚慰，并在此过程中与他人建立群体关系，为乐群性的形成奠定基础。例如，很多大学新生由于刚刚远离家乡来到陌生的环境，一开始会有孤独无助、不知所措的情绪，为了寻求归属感和安全感，他们更倾向于积极与宿舍室友和同班同学建立密切的交往关系，并乐于参加班级活动和社团活动，以此希冀能更好地适应和融入大学生活。在此过程中，大学生的乐群性也逐渐养成。

其三，对人际环境的适应有助于教育对象乐群性的形成发展。人们生活于其中的现实环境是一个大系统，涵盖丰富的内容，而人际环境就是其中的重要组成部分。因此，适应环境本身就包括对人际环境的适应，而对人际环境的适应实际上就是人们主动进行人际交往、积极融入群体的过程，从而有助于人们乐群性的形成发展。

由此可见，适应环境是人的乐群性形成发展的重要保证，教育者必须重视提高教育对象的环境适应能力。

上述四个方面是乐群教育者对教育对象进行发展性心理教育时的核心任务，而这些有利于乐群性养成的心理素质的培养，还需要现实的途径，也就是发展性心理教育的具体方式方法。一般说来，发展性心理教育主要有心理健康知识普及和相关群体实践活动锻炼两种方法。心理健康知识普及主要是通过课堂教学、讲座报告和心理知识宣传等渠道，使教育对象了解和掌握心理健康知识，并自觉运用心理健康知识进行自我心理调适和保健的方法。例如，高校大多会开设传授系统的心理健康知识的"普通心理学"课程，还有针对不同类型、不同层次、不同特点的教育对象开设的"人格心理学""社会心理学""学习心理学""爱情心理学""人际交往心理学""性心理学"等课程和主题报告，对发展教育对象的心理素质，预防心理问题、心理疾病的产生，维护心理健康，起到了重要作用。群体实践活动锻炼则是通过有目的、有计划地组织和开展群体实践活动，培养教育对象心理健康素质的方法。丰富多彩、生动现实的群体实践活动更能锻炼人的心理素质，例如，文体活动、社团活动、班级活动、团体竞赛、军训、夏令营、三下乡、支教等，都是磨炼意志、锻炼心性的重要途径。

二　补救性心理教育

补救性心理教育是针对出现不同程度心理问题的教育对象，通过心理辅导、心理咨询和心理治疗对教育对象进行心理疏导、矫正和治疗，从而解决教育对象的心理问题，恢复其健康心理，促进其乐群性的形成发展。健康心理的维护是一项长期、复杂而艰巨的任务，任何主客观因素都可能影响、干扰和破坏人的心理健康。因此，发展性心理教育并不是万能的，防病并非万无一失。由于每个人所面临的客观境遇以及自身所具有的主观能动性不同，心理历程和心理状态也不同，发展性心理教育所起到的作用自然就会因人而异，难免会有教育对象产生心理问题。而很多心理问题如社交恐惧症、孤独症等，都会直接影响人们的正常交往和乐群性的形成。这就需要进行补救性心理教育，要求教育者必须注意观察和了解教育对象的思想动向和行为倾向，以及时发现问题并采取补救性措施，对产生心理问题的教育对象进行疏导、矫正和治疗，帮助教育对象摆脱心理困扰、心理障碍和心理疾病，恢复和提高教育对象的心理健康水平，进而促进其乐群性的形成发展。因此，补救性心理教育是心理教育的重要方式。

补救性心理教育针对的是出现不同程度心理问题的教育对象，重点矫治教育对象所产生的阻碍其乐群性形成发展的心理问题，主要包括人格问题、情绪问题和交往问题，每种心理问题又可分为一般性、严重性和神经症性三种不同程度，每个心理问题都会在不同方面、不同程度上影响人的乐群性，是补救性心理教育的核心内容。

一是人格问题。人格是与人的乐群性高度相关的心理因素，健全的人格是心理健康的基本标志，也是人的乐群性形成发展的基础，而人格问题则会影响乐群性。人格是相对稳定和具有独特倾向的心理特征的总和，反映一个人的整体心理面貌，影响人的思想、情感和行为。健全的人格表现为能够正确积极地认识和对待自己、他人和世界，过去、现在和未来，顺境、逆境和常境，情绪稳定，心境良好①，是人的乐群性形成发展的重要基础。相反，若不能积极正确地认识和对待自己、他人和世界，过去、现在和未来，顺境、逆境和常境，则容易出现人格问题，包括人格缺陷和人格障碍，不利于人的乐群性的形成发展。

人格缺陷是一种不良人格状态，介于健全人格和人格障碍之间，多表现为自卑、抑郁、怯懦、孤僻、冷漠、悲观、依赖、敏感、多疑、焦虑或对人敌视、暴躁冲动、破坏等倾向②，有碍正常的人际交往和乐群性养成。人格缺陷只是轻度的人格问题，但不及时进行矫治，可能发展为严重的人格障碍。因此，对于具有人格缺陷的教育对象，教育者必须注意及时发现并有效矫治，帮助教育对象克服不良人格、塑造健全人格，避免其人格缺陷发展成人格障碍。

人格障碍是重度人格问题，表现为人格特征出现异常，人格结构严重失衡，具有明显偏离特定文化背景的特殊而稳固的认知方式、情绪反应和行为模式。人格障碍通常始于童年期或青少年期，可持续发展至成年或终身，严重影响个体正常的社会交往和生产生活③，对个体乐群性的形成发展无疑也是巨大的阻碍。《疾病和有关健康问题的国际统计分类》（ICD - 10）将人格障碍分为偏执型、类分裂样、反社会型、冲动型、戏剧型、强迫型、焦虑回避型和依赖型8种类型，每种人格障碍都会在不同程度上影响人的社会交往和乐群性的养成。例如，偏执型人格障碍常表现为多疑、好争斗、病态性的嫉妒、自视过高、不依不饶等特点，反社会型人格障碍常表现为冷酷无情、缺乏责任心、难以维持长久的人际关系等特点，冲动型人格障碍常表现为性情多变、难以自制、易暴易怒、易与人争吵打架等特点。④ 这些异常行为都容易破坏人际和谐，更干扰乐群性的形成发展。因此，进行补救性心理教育，首要的是针对人格问题的矫正和治疗。

二是情绪问题。情绪也是与人的乐群性密切相关的心理因素，良好的情绪状态是心理健康的基本表现，也是人的乐群性形成发展的重要条件，

---

① 黄希庭：《时间与人格心理学探索》，北京师范大学出版社，2006，第321页。
② 张小乔：《心理咨询治疗与测验》，中国人民大学出版社，1993，第51页。
③ 张伯源：《变态心理学》，北京大学出版社，2005，第85页。
④ 张伯源：《变态心理学》，北京大学出版社，2005，第91页。

而情绪问题则会影响乐群性。情绪问题根据不同程度，可分为不良情绪和情绪障碍。这里所说的不良情绪主要是伴随个体所面临的现实困扰而出现的短暂不良情绪，并随问题的解决、情境的变化而消失，属于一般性心理问题，如因考试出现的紧张、不安、焦虑情绪，因失恋造成的沮丧、忧伤情绪等。这种不良情绪较为常见，不仅使个体自身产生心理痛苦的感受，还容易制造交往障碍，如不愿交往、人际矛盾、人际冲突等。并且，短暂的不良情绪若一直郁结在心中，得不到及时宣泄和化解，就可能发展为严重的情绪障碍，对人的乐群性造成更大影响。

情绪低落、情绪淡漠、易激惹是有碍乐群性的主要情绪障碍。情绪低落者表现为时常忧心忡忡、愁容满面、长吁短叹，喜欢安静独处，不愿过多交往。如果同时出现思维迟缓、情绪低落、动作减少的症状，则构成抑郁状态，多见于心境障碍抑郁发作，重者甚至出现自杀倾向。情绪淡漠者表现为内心体验缺乏，麻木冷淡，对周围的人和事漠不关心，兴趣无多，甚至对直接关乎自身利益、能引起正常人情绪波动的事也缺乏相应的情绪反应。易激惹者表现为易因小事而引发强烈的情绪反应，如生气、激动、愤怒，甚至大发雷霆。[①]

总之，无论是短暂的不良情绪还是严重的情绪障碍，都容易使人产生不愿交往、不喜群、不合群的倾向，影响个体乐群性的形成发展。因此，对不良情绪和情绪障碍的疏导和矫正也是补救性心理教育的重要内容。

三是交往问题。社会交往与人的乐群性直接相关，和谐的社会交往及在此过程中形成的良好的人际关系有利于乐群性的形成，不仅如此，乐于交往、善于交往本身就是乐群内蕴之意。相反，交往匮乏、交往不畅、交往不当等交往问题则会对人的乐群性构成挑战。一般性交往问题如孤僻心理、自大心理、自卑心理、害羞心理、偏见心理、成见心理、多疑心理、自私心理、嫉妒心理、报复心理等，都会造成社会交往障碍，影响良好人际关系的建立和乐群性的形成。严重的交往问题如孤独症、社交恐惧症和网瘾症等，则会给正常的社会交往和乐群性的养成带来巨大障碍。

孤独症的典型特征是社会交往和语言交流有质的缺损，重复刻板的、

---

① 中国就业培训技术指导中心、中国心理卫生协会：《心理咨询师（基础知识）》，民族出版社，2012，第306、309页。

有限的行为、兴趣和活动，一般发生于婴儿期或儿童期。具体来说，孤独症主要有以下表现。其一，社交孤立。孤独症儿童逃避与人的接触和互动，在幼儿期就显现出对人的冷漠与疏远。其二，交流有碍。约有一半孤独症儿童缺乏言语发展能力，对言语的综合理解能力差。其三，行为刻板。孤独症儿童常表现出仪式化行为或刻板行为，还会做出一些怪异举动。[①] 此外，大多数孤独症儿童成年后仍会存在社交障碍。显然，孤独症是一种严重影响正常社会交往和乐群性形成的心理疾病。同时，孤独症的发病率逐年走高，已经成为全球性的公共健康问题。2014 年，美国疾病控制与预防中心发布的数据显示，每 68 个美国儿童中就有 1 个孤独症患者。2015 年，由复旦大学附属儿科医院牵头的全国 11 家单位对北京、上海、广州、重庆、成都、哈尔滨、温州、长沙 8 个城市的 12 万多名普通学校小学生的筛查显示，每千人中有 4.1 人患孤独症。[②] 孤独症的深远影响及其发病率的不断增加，要求教育者必须高度重视针对孤独症患者的矫治，以维护其健康心理的发展，促进其乐群性的形成。

社交恐惧症也是一种严重的交往障碍，表现为个体对一种或多种社交场合存在强烈而持久的恐惧，在这样的情境中，个体会感到尴尬和难为情，害怕受到不熟悉的人的仔细观察和消极评价，并因恐惧而回避这些情境或忍受巨大的痛苦。[③] 社交恐惧症容易使人逃离群体，拒绝交往，从而使自己变得孤独自闭，严重影响交往活动，限制交往范围，更不利于乐群性的形成。

网瘾症是一种新型心理疾病，是网络时代的产物，于 20 世纪末提出，是对已经出现的网络成瘾现象的敏锐洞察和深刻思考。进入 21 世纪，网络成瘾现象更加普遍，成为全球性的公共健康问题。香港大学的最新研究结果表明，全世界约有 6% 的人口患有不同程度的网瘾。[④] 其中，青少年是网瘾症的主要发病群体。世界卫生组织将网瘾症（IAD）定义为"过度地使用网络而导致的一种慢性或周期性的着迷状态，并产生难以抗拒的再度使

---

① 钱铭怡：《变态心理学》，北京大学出版社，2006，第 443～445 页。
② 姜丽钧：《筛查显示：普通学校小学生中，每千人有 4.1 人患孤独症》，澎湃新闻网，https：//www.thepaper.cn/newsDetail_forward_1394265，最后访问日期：2019 年 11 月 8 日。
③ 〔美〕杜兰德：《异常心理学基础》，张宁等译，陕西师范大学出版社，2005，第 151 页。
④ 《香港研究称全世界有 4.2 亿人均患有网瘾》，中国江苏网，http：//news2.jschina.com.cn/system/2014/12/22/023024070.shtml，最后访问日期：2019 年 11 月 27 日。

用的欲望。同时会产生想要增加使用时间、耐受性提高、出现戒断反应等现象，对于上网所带来的快感会一直存在心理与生理上的依赖。"[1] 网瘾症主要表现为以下几点。其一，耐受性。个体上网时间不变，但满足感下降，需要明显增加上网时间才能获得与原先相当程度的满足。其二，戒断反应。停止上网后，个体会出现焦虑、烦躁等情绪，渴望上网。其三，实际上网的次数和时间远远超过预定计划，大量时间用于上网，从而减少甚至放弃了重要的社交、学习、工作和娱乐。其四，尽管认识到上网给自己造成了严重影响，并企图控制上网的时间，但都以失败告终，仍沉迷其中。[2] 网瘾症的危害巨大，不仅影响了患者的身心健康，也影响了患者正常的生活、学习、工作和社会交往。网络成瘾使人远离他人、远离群体，自我孤立、自我封闭，大大减少了现实交往，内心体验逐渐淡漠匮乏，并出现孤独感和抑郁感，严重影响了人际关系的建立和乐群性的形成。

总之，交往中存在的心理问题直接影响着人的乐群性的形成发展，针对交往问题的帮助和矫治是补救性心理教育的重要内容。

对以上三方面心理问题的疏导、矫正和治疗就是补救性心理教育的主要任务。需要强调的是，每种心理问题的严重程度不同，补救性心理教育要始终坚持治病于初起的原则，及时发现、及时诊治，防微杜渐，以防止一般性心理问题发展为严重性心理问题和神经症性心理问题，加重教育对象的病情，增加心理矫治的难度。

补救性心理教育主要有心理辅导、心理咨询和心理治疗等几种方法。心理辅导是教育者根据教育对象的心理特点和规律，应用心理学的理论与方法，设计特定的教育和辅导方案，以解答教育对象的心理困惑，矫正教育对象的心理障碍，发展教育对象的心理素质，提高教育对象心理健康水平的方法。心理辅导既可以面向心理健康的对象，也可以面向出现心理问题的教育对象，也就是说，心理辅导可以是发展性辅导，也可以是补救性辅导。[3] 心理辅导是由教育者发起的心理教育活动，具有一定的积极主动性。实际上，很多人即使出现了心理问题也未必会主动寻求帮助，要么并未察觉或意识到自己的心理出现了问题，要么羞于被人发现自己存在心理

① 陶然、应力：《网络成瘾探析与干预》，上海人民出版社，2007，第8页。
② 陶然、应力：《网络成瘾探析与干预》，上海人民出版社，2007，第130页。
③ 莫雷、任旭明：《中小学心理教育基本原理》，暨南大学出版社，1997，第5页。

问题而放弃寻求帮助。因此，如果被动地等待出现心理问题的教育对象前来咨询，并不能真正达到补救性心理教育的目的，而是要注意观察和了解教育对象的实际情况，以便及时发现存在心理困扰、心理问题、心理疾病的教育对象，并有计划、有针对性地对其加以辅导和帮助，恢复其健康心理。

与心理辅导主动进行心理教育的性质不同，心理咨询是来访性质的，是咨询者运用语言、文字等媒介，对来访者进行启发、教育和帮助，解决其在学习、工作和生活尤其是在社会交往和群体生活中出现的心理困扰、心理问题，以维护其心理健康的方法。① 心理咨询有很多具体形式，如根据咨询的性质，可分为发展心理咨询和健康心理咨询；根据咨询的规模，可分为个体心理咨询和团体心理咨询；根据咨询的方式，可分为门诊心理咨询、电话心理咨询和互联网心理咨询；等等。心理咨询的对象既可能是存在一般性心理困扰的人，也可能是存在严重心理障碍的人，甚至是临床治愈或潜伏期的精神病患者。

与心理咨询不同，心理治疗是针对具有心理障碍、心理疾病的人进行矫正和治疗，以恢复其健康心理的方法，治疗对象存在较为严重的心理问题。

上述三种补救性心理教育方法的具体对象、任务和实施过程不同，要根据现实的教育需要进行选取。

总之，心理教育是一个通过发展教育对象的心理素质来预防其心理问题发生，通过矫正教育对象的不良心理和治疗教育对象的心理疾病来恢复其心理平衡，以维护教育对象心理健康的综合过程。心理教育的原则是坚持防病与治病相结合，重点是防病于未发、治病于初起。通过有效的心理教育，提高教育对象的心理健康水平，促进其乐群性的形成发展。

第五节　自我修养

自我修养是一种个体自我教育的方式。修养，乃"学问上精密之功夫

---

① 张人骏：《咨询心理学》，知识出版社，1987，第 3 页。

也。修以求其粹美，养以期其充足。修犹切磋琢磨，养犹涵育熏陶也。"[1]
"整治之以求尽善曰修"[2]，涵育之以求尽美曰养。也就是说，修养实际上包括两部分，一是通过整治修缮自己的缺点和不足而使自己愈加完善，二是通过充实涵养而使自己愈加完美。因此，简单说，自我修养就是个体不断改造自我、充实自我、完善自我的方法，包括学识、品德、技艺等方面的自我修养。而乐群教育中的自我修养则是乐群性的自我修养，是个体按照乐群教育的目标和要求以及自我发展的现实需要，通过对自己的心理、思想和行为进行有目的、有计划的自觉涵养、锻炼、改造和优化，不断塑造和完善自身乐群性的方法。自我修养是人的主观能动性的彰显，是人的主体力量的发挥。正因如此，自我修养才成为乐群教育的一个重要路径。人的乐群性是在主客观、内外部因素的交互作用下形成发展的。其中，教育者的教育活动是人的乐群性形成发展的外因，自我修养则是人的乐群性形成发展的内因。内因是根据，外因是条件，外因通过内因起作用。因此，乐群教育不仅要重视教育者的教育和引导，更要重视教育对象主观能动性的发挥，充分调动教育对象进行自我修养的积极性、主动性和创造性，从根本上牢固确立起人的乐群性。自我修养主要有以下几种方式。

一 自我认识

自我认识是个体按照乐群教育的目标和要求，在全面分析自己的心理、思想和行为的基础上，定期对自己的乐群性进行了解、把握和评价的方法。自我认识必然涉及一定的标准和参照系，这个标准和参照系就是乐群教育的目标和要求。个体正是通过将自己与乐群有关的心理特征、思想观点和行为表现等与乐群教育的目标和要求进行分析比对，才能判定自我是否乐群、乐群的程度如何，并找出阻碍乐群性提升的原因，继而为乐群性的自我修养确定努力方向。"知人者智，自知者明。"[3] 通过正确的自我认识，个体既能看到影响自身乐群性形成发展的优点和长处，又能发现影响自身乐群性形成发展的缺点和不足。这就有利于个体在乐群性的自我修

---

① 《辞源》（初版），商务印书馆，1915，第206页。
② 《辞源》（初版），商务印书馆，1915，第206页。
③ 《道德经》。

养过程中扬长避短、弥补不足，以塑造更加完善的乐群性。因此，自我认识是自我修养的第一步，只有正确认识自己、客观评价自己，才能有针对性地、有效地进行自我修养，才能更好地驾驭自己、改造自己、发展自己、提升自己、完善自己。自我认识有以下四个主要途径。

第一，反观自我。认识自我首要的途径是人们对自己的观察、审视和剖析。具体而言，主要是观察、审视和剖析自己与乐群有关的心理、思想和行为。在心理方面，比如说，通过透视自己的性格来判断这种性格是否有利于乐群性的形成发展。一般说来，人们的性格往往不是单一纯粹的，而是多重交错的。有些人有时可能热情开朗，有时又冰冷沉默；有时温文尔雅，有时又暴躁易怒。这就需要个体准确把握和定位自己的性格特点，确认自己性格中占主导性的方面是什么，这种占主导性的性格方面直接影响人的乐群性。同时，还要观察自己性格的其他次要方面，并分析这些方面对于乐群性的影响。在思想方面，个体可以反思自己对于乐群的认知，包括何谓乐群、为何乐群以及如何乐群。在行为方面，个体可以通过观察和回想自己在群体中的行为表现来判定哪些行为是乐群的，哪些行为是非乐群的，例如与人交往的言行、礼仪和技能，对于群体工作的态度和执行情况等。同时，还要分析自己的哪些行为是有意的，哪些行为是惯性的；哪些行为是主动的，哪些行为是被动的；哪些行为是常态的，哪些行为是偶然的；等等，都是对自己的深入认识。

第二，以人观我。反观自我既能看到他人所看不到自己的方面，同时又难以看到他人所看到自己的方面。正所谓"不识庐山真面目，只缘身在此山中。"人们对自我的认识也是如此，总是有被遗忘或忽略的地方，认识自己往往比认识别人更困难。有人问古希腊哲学家泰勒斯，人活一世，什么是最困难之事？答曰："认识你自己。"又问，什么是最容易之事？答曰："给别人提建议。"① 这段对话说的正是此理。因此，认识自己不仅要反观自我，还要通过其他途径来寻求对自我的认识，尤其是透过他人的眼睛来观察自己，以获得更多有关自我的信息。以人观我，一是通过他人的描述和评价来发现更真实、更全面的自己，包括直接主动向他人了解自己，或者通过间接听闻获知他人对自己的评价。二是通过他人对自己的实

① 周国平：《内在的从容》，湖南人民出版社，2010，第247页。

际态度和言行表现来了解他人对自己的真实看法。例如，自己的举动获得了他人的赞赏、接纳和喜爱，意味着这样的行为有利于自己乐群性的生长。总之，个体要正确认识自己，就必须虚心听取他人对自己的评价，了解他人眼中的自己，而不能孤芳自赏、固执己见。

另外，个体对于他人的评价还要注意客观冷静地分析。他人眼中的我与自己眼中的我是有差别的，他人的评价既可能是对的，也可能是错的，需要个体谨慎对待。别人对自己的了解可能并不深入，就会形成表面或错误的评价；或者别人对自己有偏见、成见，也会产生对自己错误的评价。例如，有的人初到群体，表现得积极热情、工作主动，但在有些群体成员眼里，可能对他产生工于心计、急功近利的偏见。不仅如此，很多人有这样的习惯和倾向，即对于自己，往往只看到或者放大自己的优点，而忽略或者掩饰自己的缺点；对于他人，则往往是只关注或放大他人的缺点，而忽略或缩小他人的优点。因此，对于他人的评价，个体既要虚心听取，又要客观分析，择善而从。

第三，以人为镜。反观自我与他人评价都是对自己直观而主观的反映，认识自我还可以通过观察和倾听他人来反观自我，也可以说是通过他人与自我的对比来认识自己。人与人之间总有很多相同点，也有很多相异处。每个人都如同一面镜子，透过一面面镜子，通过观察和倾听他人，并与自己进行对比，就能在认识他人的同时也更清楚地认识自己。因此，以人为镜是自我认识的重要途径。以人为镜、与人对比，首先涉及比较的标准，谁美谁丑、谁对谁错、谁好谁坏、谁乐群谁不乐群，都要以这个标准来衡量。自我与他人比较的标准自然是乐群教育的具体要求，如何是乐群、如何是不乐群，都有标准可依。同时，比较还涉及比较的对象，以人为镜主要是同周围与自己相互联系的人比较，尤其是跟同一群体的其他群体成员相比较。当看到他人身上所表现出来的乐群性时，如乐于交往、团结成员、为群奉献等，个体就要反观自己是否也具备这样的特质；当看到他人身上所表现出来的非乐群性时，如孤僻冷漠、不合群、自私自利等，个体就要反思自己是否同样存在这些缺点。通过观察和倾听他人，了解和认识他人，以及通过对比他人与自己的异同点，个体会获得更多对自我乐群性的认识。

第四，展露自我。自我的有些方面是内在的、潜藏的，既不易被自己发现，也不易被他人发现。而要揭示和认识这个深藏的自我，需要个体积极地、主动地展露自我，也就是在交往实践、在群体活动中向他人展现真实的自己，包括向他人诉说和表达自己的想法和情绪，表现自己的行为。在展露自己的过程中，一方面，个体通过自己在交往实践和群体活动过程中的表现以及结果，会发现更丰富的自己、不曾见过的自己。个体的所思所想、所好所恶、所作所为，都在暴露内在的自我。甚至于那些个体在与人交往中所刻意躲避、曲解、忘却和忽略的方面，那些个体不想知道或不愿面对的事①，都是另一种自我的隐蔽展露。而且那个最怕面对一些事物时的自我，恰恰就是那个内在的、深藏的自我。例如，当个体因失误给群体带来损失时，个体所表现出来的说谎、找借口、为自己开脱等行为，实际上都暴露了个体没有担当的一面。总之，当个体向他人表达自己、分享自己时，就是在展露自己，而在展露的过程中就揭示了自己、发现了自己、正视了自己。② 另一方面，个体在交往实践和群体活动中的表现，也会通过他人对自己的态度和反应中获得更多有关自我的信息。可见，展露自我是自我认识的重要途径。将自己积极地呈现出来、展示出来，有利于个体更好地认识自我。

上述四种自我认识的途径各有特点，在自我认识的过程中应当结合起来运用，才能更清楚、更全面、更深刻地认识自我。个体不仅要善于通过各种途径来认识自我，还要不断提高自我认识的能力。同时，科学的自我认识还要坚持以下原则。

一是自我认识的长期性、反复性和及时性。自我认识的长期性、反复性和及时性是由自我的内在性、丰富性、变动性和局限性决定的。自我的内在性和丰富性意味着自我的很多方面是潜藏的、不容易被人发现的，这个内在的自我、丰富的自我的展现需要一个长期的过程，对自我的认识自然也随之成为一个长期的过程。自我本身又是一个不断变化发展的实体，这就需要个体及时地、定期地、反复地认识自己，以掌握一个真实的、准确的自我。那些经历过巨大生活变故或者通过自觉改造而发生重大变化的主体，更要重新审视自己，并且将过去和现在的自己进行细致的对比分

---

① 〔美〕史蒂文·密勒：《认识你自己》，丁亚平、龚隽译，江西人民出版社，2001，第5页。
② 〔美〕史蒂文·密勒：《认识你自己》，丁亚平、龚隽译，江西人民出版社，2001，第5~6页。

析，找到自己新的变化，认识新的自己。同时，人的精神总是有局限的，无论是自己的反观还是他人的评价，对于自己的认识都有一定局限性，这就意味着自我认识是一个不断完善的过程。概而言之，自我本身的特点以及自己与他人对自我的认识的局限性，决定了自我认识不可能是一劳永逸的，而是有一个从不正确到正确、从不全面到全面、从不深刻到深刻的过程。这就要求个体必须坚持长期地、反复地、及时地认识自己，并形成文字予以记录，以随时检视自己、提醒自己，发现自己的变化并加以应对。

二是自我认识的全面性、深刻性和客观性。要达到自我认识的目的，还必须坚持自我认识的全面性、深刻性和客观性。自我认识的全面性，是指个体要从自我与乐群有关的各个角度、各个方面进行审视，包括自己的心理、思想和行为的方方面面。自我认识的深刻性，是指个体对自我的认识要透过有关自我的各种表象，包括真相和假象，从而挖掘隐藏的自我，找到真实的自我，揭示本质的自我。自我认识的客观性，是指个体对于自我的认识要坚持严格要求、实事求是、客观公正的原则，既不夸大优点，也不掩饰缺点。只有客观的认识，才能反映真实的自我，才能达到自我认识的目的，为自我修养奠定基础。只有客观认识自己的优点和长处，才能激发自我修养的积极性；只有客观认识自己的缺点和不足，才能找到自我修养的方向。人无完人，每个人都有缺点和不足。客观认识自我，就要正视自己的缺点和不足，勇于自我批评、接受批评，敢于暴露自己、承认自己、接纳自己，不逃避、不遮丑。"我们坚持探索一些并不令人快意的自身领域，这样才能更清楚地意识到我们的缺撼和不足。……我们只有了解了这些缺憾才算真正认识了自身。只有认识到人并不是完美的时候，我们才可能更丰富深刻地洞悉我们自身的一切。一旦我们成为所谓完美的自身和完美的人，我们实际上反而离理想的完美走得更远。"① 因此，个体必须敢于暴露自我，才能真正认识自我、发展自我，最深刻的暴露蕴藏着最深刻的自我认识和最大限度的自我发展。

三是自我认识的总结性、评价性和计划性。科学的自我认识还要求个

---

① 〔美〕史蒂文·密勒：《认识你自己》，丁亚平、龚隽译，江西人民出版社，2001，第5页。

体善于将获得的自我认识的零散信息进行系统梳理和全面总结，并对自我的乐群性进行综合评价和判定，自己哪些方面乐群或有利于乐群，哪些方面不乐群或不利于乐群，自己的综合素质与乐群的标准还有哪些差距等，同时，还要进一步分析自己不乐群或者乐群性不高的具体原因。在此基础上，根据乐群教育的目标和要求以及自己的实际情况和发展需要，科学制订自我修养的方案，有准备、有计划、有针对性地开展自我修养活动，这也是自我认识的直接目的和落脚点。

二 自我充实

自我认识是自我修养的基础，个体通过自我认识能够发现自己的缺点和不足，这就为自我修养指明了方向，克服缺点、弥补不足是自我修养的两大核心任务。前一任务主要靠自我改造的方式来完成，后一任务则主要靠自我充实的方式来完成。因此，自我改造和自我充实是自我修养的两大核心方法。自我充实是个体在自我认识的基础上，按照乐群教育的目标和要求，主动提高自己的综合素质，不断发展自身乐群性的方法。自我充实针对的主要是个体所欠缺和不足的方面，包括乐群认知、乐群精神、乐群情感、乐群行为中的某一方面或者多个方面。通过自我充实，个体不断弥补自身所欠缺和不足的方面，以此发展和提升自身的乐群性。自我充实主要包括三个具体方法。

一是自学理论。自学理论就是个体按照乐群教育的目标和要求，自觉学习乐群理论及其相关知识，不断提高乐群理论素养和乐群觉悟的方法。自我修养之所以要注重乐群理论的学习，原因有三。一因知之不易。科学的乐群理论并不是不学而知、不教而会的，而是需要系统地学习和钻研，否则只能形成零星的乐群认知和乐群感悟。二因知而乐行。人的行为往往是由动机驱动的，动机越强烈，动力越大，越能推动行为的发展。同理，推动个体乐群的强大动力源于对乐群价值的深刻了然，而要深刻了然乐群价值，也需要掌握科学的乐群理论。三因知而善行。乐群性的形成发展不仅需要主体有强大的乐群意愿，知而乐行，还要有乐群的正确方向和方法，知而善行。这就更加需要科学的乐群理论的指导，只有清楚何谓乐群、为何乐群、如何乐群，才能正确地开展乐群实践活动，培养自身的乐群性。当然，在某种程度上可以说，一些人也可以"不知而行"，也就是说，虽不知乐群为何物，却行着乐群之事，并且这类"行之而不著焉，习矣而不察焉，终身由之而不知其道者，众也。"① 但这种在"不知而行"的情况下所形成的乐群性，具有自发性、盲目性和局限性。要形成完善的、高度的乐群性，就必须系统学习科学的乐群理论并自觉地以其指导自己的行为。同时，个体无论是在与乐群有关的哪方面的匮乏和不足，从一定程度上说，都源自对乐群认知的匮乏和不足，要么不知，要么知之不深。例如，个体的群体责任感薄弱，有其不明或不深明何谓群体责任感、具备群体责任感的意义以及如何履行群体责任等认知上的原因。因此，自我充实首先是乐群理论和知识的自学与充实。

自学理论的核心内容是乐群的基本理论，包括乐群的内涵和本质、乐群的依据、乐群的过程、乐群的内容和方法等。人类创造的知识具有相通性，是一个纵横交织、多维立体的知识系统，每一种知识都与其他许多知识相互关联、相互渗透。因此，对于每一种知识的学习，都应当进入人类知识系统，从中吸取围绕这一知识的相关智慧，才能获得关于这一知识的更多思考。同样，自学理论不能单一地、孤立地学习乐群理论，一方面要注重以马克思主义的基本观点和方法作为指导，尤其是马克思主义关于人的本质、人的全面发展、社会化大生产等理论的学习和指导；另一方面还要注意学习和吸收与乐群相关的知识和理论，包括哲学、人类学、教育学、德育学、心理学、社会学、人际关系学等相关领域的知识。例如，人际关系学中的交往技能对于提高人的交往能力进而提高人的乐群性具有重要作用，因此，必然成为自学理论的重要内容之一。总之，自学理论应在博学与专攻中丰富和深化对乐群的认知。

自学理论要讲究方式方法。首先，自学理论要与理论教育结合起来，通过教育者的理论传授、与其他教育对象的理论交流以及理论的自我学习和研究，达到理论的融会贯通、相互补充、巩固强化的效果，逐渐提高个体的乐群理论水平。其次，要注意自学理论的系统性。自学理论要讲求科学地规划和系统地钻研，要将繁杂的乐群知识信息进行梳理、归纳和凝练，并抓住其中的逻辑线索，内在地构建起完整的乐群思想体系。若非如

---

① 《孟子·尽心上》。

此，就学不到什么正经的东西，自学也会沦为一句空话。再次，坚持学思结合。子曰："学而不思则罔，思而不学则殆。"① 学思结合才能提高理论学习的效度，达到自学理论的目的。高质量的理论自学，并不是对乐群知识信息的简单复制和直接吸纳，而是要经过对乐群知识信息的接收整理、比较鉴别、改造转化、吸收融合、创新发展等一系列思维加工过程，在实现个体新旧视界融合和思想图式重构，进而充盈发展个体乐群思想的同时，进一步推动乐群理论的创新发展。最后，充分利用现代化的学习工具。科技的进步为自学理论提供了越来越先进的工具和越来越便捷的手段，为提高理论自学的效率和质量创造了必要的物质条件。因此，个体在利用阅读书报等传统方式进行理论自学的同时，也要充分利用互联网等现代手段获取乐群知识信息，不断提高理论自学的实际效果。

二是实践锻炼。实践锻炼是个体自觉运用所学的乐群理论指导乐群实践，并在乐群实践中检验乐群理论、总结乐群经验、体验乐群价值、丰富乐群认知，进而不断提高乐群性的方法。实践锻炼是自我充实、自我修养的根本方法，只有在实践中，个体的乐群性才能现实地形成和发展起来。原因在于，首先，实践是深化乐群认知的根本途径。自学理论虽是获得乐群认知的基本途径，但"纸上得来终觉浅，绝知此事要躬行。"只有在亲身实践中，个体才能获得对乐群的深刻感知与体悟。也只有在实践中，个体才能真正体验到所学理论的深刻内蕴和实际意义，并在实践中检验、修正、丰富、创新和发展乐群理论，从而进一步提高自身的乐群认知水平。其次，实践是培养乐群精神、乐群情感和乐群行为的现实途径。理论学习的主要功能是提高人的乐群认知，而乐群精神、乐群情感和乐群行为则只有在现实的群体交往实践中才能形成。最后，实践是认识自我的重要途径。在实践中，个体才能展示出自己更多的侧面，也会暴露出自己更多的缺点和不足，为自我充实、自我提升指明了方向、提供了动力。因此，个体的自我充实、自我修养必须注重在实践中增长见识、提高能力、提升自我。

个体的实践锻炼主要是在群体交往实践中进行学习和锻炼，包括各种群体活动、与群体成员的交往等。在群体交往实践过程中，个体首先要自

---

① 《论语·为政》。

觉运用在接受教育或者自学时所内化的乐群理论作为指导，将乐群理论转化为乐群实践，促进自身乐群性的形成发展，这也是理论学习的根本目的。其次，个体要在实践中不断丰富和发展乐群理论。理论与实践总是存在一定差距，在直接现实的实践过程中，理论的缺陷和不足就会清楚地显现出来。这就需要个体根据实践中获得的新鲜经验和对失败教训的总结，对原有的乐群理论反复加以修正、充实、创新和发展。正如毛泽东同志所说："人类认识的历史告诉我们，许多理论的真理性是不完全的，经过实践的检验而纠正了它们的不完全性。许多理论是错误的，经过实践的检验而纠正其错误。"① 乐群理论也要自觉接受实践的检验，并在实践中不断完善和发展，从而不断增强乐群理论的生命力，提升个体内在的乐群素养。最后，以新的乐群理论指导新的乐群实践。乐群理论的丰富发展最终还是以服务乐群实践为目的，因此，经过实践检验和完善的乐群理论还要反过来进一步指导新的乐群实践。经过"实践、认识、再实践、再认识"② 这一无限循环往复的过程，不仅乐群实践与乐群理论都会进入更高一级的阶段，个体的乐群性也会随之进到更高一级的境界。

三是见贤思齐。见贤思齐是个体通过学习他人的优点和长处而提高乐群性的方法。人各有长短，每个人都有值得学习和借鉴之处。因此，个体的自我充实、自我提升必须注重以人为师、见贤思齐。同时，相对于自学理论和实践锻炼的自我修养方法，他人身上所呈现出来的乐群性更具有生动直观、形象具体的特点，极具感染力和影响力，进而更容易为个体所理解、学习和吸收。因此，见贤思齐是自我充实、自我修养的重要途径。

运用见贤思齐方法进行自我充实、自我修养，首先涉及以谁人为贤、以何人为师的问题。见贤思齐首先需要确定什么样的人可以称之为"贤"，也就是要有一个衡量"贤"的标准。作为乐群性自我修养的方法，这里见贤思齐之"贤"自然不是一般意义上的有才德之人，而是专指那些具有高度乐群性的人，或者在某一方面、某些方面具有突出的乐群性的人，如具有强烈群体荣誉感的人、富于群体奉献精神的人等，都可以称之为"贤"，都是值得学习的榜样。在这些乐群榜样中，既有历史伟人、民族英雄、时

---

① 《毛泽东选集》第 1 卷，人民出版社，1991，第 293 页。
② 《毛泽东选集》第 1 卷，人民出版社，1991，第 296 页。

代精英，也有个体在生活中所接触到的平凡楷模。个体在自我充实的过程中，不仅要以历史伟人、民族英雄、时代精英为师，更要注重以平凡楷模为师，随时随地向身边每一个具有乐群性的人学习。这就要求个体善于发现贤人，也就是要细心观察周围的人，善于发现他人在乐群性方面所表现出来的优点和长处。同时，见贤思齐还涉及如何思齐的问题，也就是如何向他人学习的问题。看到他人的优点和长处，既可以虚心求教，也可以暗自效仿。但无论是哪种学习方法，都要注意结合自身的实际情况，将他人的乐群品质吸收和转化成自己内在的乐群素养，并外化为稳定的乐群行为，提高自己的乐群性。

三　自我改造

自我改造是个体在自我认识的基础上，按照乐群教育的目标和要求，自觉克服缺点、纠正错误，从而完善自我，提高自身乐群性的方法。与自我充实针对个体所欠缺和不足的方面不同，自我改造针对的主要是个体的缺点和错误，如性格缺陷、错误思想和不良行为等。通过自我改造，个体不断克服缺点、矫正错误，实现自我转变和自我完善，以此提升自身的乐群性。自我改造主要包括三个方面。

一是性格改造。人的性格对于乐群性的形成发展具有十分重要的意义。一个人的性格直接关系到其对待他人、对待群体的态度和方式，关系到人际关系的状况，进而影响其乐群性的形成发展。例如，一个性格热情大方、善解人意的人，更容易受到他人的欢迎和喜爱，与人建立友好融洽的人际关系，融入群体之中，也就更有利于乐群性的养成。相反，一个性格孤僻冷漠、我行我素的人，多数不合群，也不利于乐群性的养成。因此，修养自身的乐群性首先需要改造不良性格，塑造良好性格。

这里所指的良好性格，主要是有利于人的乐群性形成发展的性格，例如开朗外向、古道热肠、体贴周到、自尊自信、豁达宽容等。相反，不利于人的乐群性形成发展的性格就是需要改造的不良性格，如古怪孤僻、自私自利、争强好胜、固执偏激、敏感多疑、报复心强等。每个人的性格都是独特的，并且都会有一定的局限性，都可以不同程度地改造和完善。在实际生活中，人的性格通常具有多面性和多变性，而且并不是性格的每一方面、每一时刻都有利于乐群。性格刚正不阿的人可能又有得理不饶人的一面，性格温和的人可能也有暴跳如雷的时候。性格的自我改造并不是要使个体成为一个绝对完美的人，更不是要改造成同一性格的人，而是对自身性格中占据主导地位的消极方面进行集中改造，对性格的其他消极方面的普遍调整，以塑造个体更加丰富而完善的性格。

人的性格是在主客观因素的综合作用下形成的，既有个体客观的生理基础以及外在教育和环境的影响，也有个体的自觉塑造和调整。同理，只要改变主客观因素，就有可能改变人的性格。因此，毫无疑问，性格是可塑的、可改造的。而改造性格的途径正是要到性格形成的途径中去寻找。首先，性格改造基于特定需要的满足。马斯洛认为，性格的形成与人的需要之间有千丝万缕的联系，某种性格的形成可能正是因为某种需要获得满足或者未能满足。例如，"担心、恐惧、害怕、焦虑、紧张、不安和极度不安，都是安全需要受到挫折的后果。同类的临床观察清楚地显示了安全需要满足的相应效果，如焦虑以及紧张的消失，具有安宁感，对未来有信心，有把握，感到安全，等等。无论使用什么词语，感觉安全的人与惶惶不可终日者之间有着性格上的区别。其他基本的情感需要，如归属、爱、尊重和自尊的需要，也有这种情况。这些需要的满足引发了诸如深情、自尊、自信、可靠等特性。"[①]　总之，一般说来，人的需要若能得到基本满足，就更容易形成积极的性格特点，反之，则容易形成消极的性格倾向。因此，个体对自身不良性格的改造，要先从探寻这种不良性格的产生与自身何种需要的不满相关联，进而有意识地促进相应需要的满足，以期逐渐改变自己的性格。

性格改造需优化外部环境。性格的形成与个体生活的外部环境也有十分紧密的关系，此间既有环境的自发影响，也有教育的自觉塑造。其中，与个体有密切交往关系的人，对个体性格的影响尤为直接和深远。例如，我们细心观察周围的生活就会发现，在一个家庭中，母亲的性格及其教育方式对孩子的性格有很大影响。一个被霸道强势、颐指气使、刻薄严厉的母亲带大的孩子，容易形成压抑沉默、自卑软弱、依赖性强的性格；一个被温柔贤惠、通情达理、豁达大度的母亲带大的孩子，则容易形成活泼开

---

① 〔美〕马斯洛：《人性能达到的境界》，方士华编译，北京燕山出版社，2013，第 41 页。

朗、自尊自信、乖巧懂事的性格。再如，身边的朋友对个体性格的影响也很大。一个内向羞涩的人在热情活泼的朋友的带动下，往往也会变得开朗些。因此，个体对性格的自我改造，要注意对外部生活环境的优化，尤其要慎重选择交往对象，对于不具有可选择性的交往对象，如亲人，则要通过改变交往方式来优化成长环境。

性格改造还要发挥个体的主观能动性。在很多情况下，性格的形成和发展都是在主体无意识的情况下进行的，且性格一旦形成就有很大的稳定性，难以在短时间内轻易发生实质性的改变。但是，个体若在意识到自身性格缺陷的情况下，能够有意识、有计划、有毅力地加以调整和优化，就会产生很大改变。总之，个体要积极改变主客观条件，自觉改造不良性格。

二是思想改造。个体的思想对于乐群性的形成发展具有决定性意义。乐群首先表现为思想上的乐群，也就是个体对乐群的内在认知，包括对乐群的内涵、意义、要求和方法等方面的体会和掌握。另外，个体的乐群思想状况直接影响个体的乐群精神、乐群情感和乐群行为。个体的乐群思想越是全面、深刻、科学，越是有利于其乐群性的养成。反之，片面、浅陋、错误的乐群思想则不利于个体乐群性的养成。因此，自我改造的核心是克服不良思想，塑造完善的乐群思想。

思想改造主要有两方面内容。一是错误思维方式的改造。思维方式是个体进行思想的方法，包括对外界信息的获取、加工和输出的方式，决定一个人如何思考问题、如何建构自己的思想，对于一个人的思想面貌具有重要影响。思维方式也有正误之分，正确的思维方式一定是科学地反映客观规律的方式，反之，背离客观规律的就是错误的思维方式。形而上学的思维方式与辩证思维方式是两种具有根本意义的、不同性质的、相互对立的思维方式，前者表现为孤立地、静止地、片面地思考问题，后者则是联系地、发展地、全面地思考问题。显然，辩证思维方式是科学的思维方式，正确反映了自然、社会、思维的客观规律，同时也有利于乐群性的形成和发展。例如，与形而上学的思维方式相比，拥有辩证思维方式的个体能更好地认识到个人与他人、群体、社会的依存关系，思考问题能从个人与他人、群体、社会的相互关系出发，从而更容易正确认识和处理好个人与他人、个人与群体、个人与社会的关系，也就更有利于其乐群性的形成。相反，形而上学的思维方式则容易孤立地看待自己的生存和发展，割裂个人与他人、群体、社会的关系，从而有碍其乐群性的形成。因此，形而上学的思维方式是应当改造的思维方式，也是思维方式改造的重点。二是错误思想观念的改造。如果说思维方式是思想的形式，思想观念则是思想的内容，都是思想改造的核心。这里所说的错误思想观念，不仅包括错误的乐群思想本身，如对乐群的内涵、意义、要求和方法的错误理解，还包括与乐群相关的错误思想，如个人主义价值观、利己主义价值观、享乐主义人生观、拜金主义人生观等，都会阻碍个体乐群性的形成，都是思想改造的对象。

思想改造有三个主要途径。一是学习先进思想。思想的领地，正确的思想不去占领，错误的思想就会去占领；先进的思想不去占领，落后的思想就会去占领。因此，改造错误的、落后的思想首先要学习正确的、先进的思想，通过两种不同性质的思想的较量和斗争，逐渐用正确的、先进的思想克服并取代错误的、落后的思想，从而确立完善的乐群思想。二是在实践中改造。思想是主体在实践基础上对客观世界的能动反映，因此，思想改造不能单纯从思想内部着眼，更要注重在实践中进行思想改造，将改造主观世界与改造客观世界联系起来。具体来说，就是要求个体主动与人交往，积极参与群体实践活动，在交往中学习交往，在群体中学习乐群，在交往实践中培养自己的乐群性。三是勇于自我批评。自我批评是自我思想改造的重要途径，就是要时刻反思自己，并正确认识和看待自己思想的错误与不足之处，勇于进行自我揭露、自我批判、自我斗争，并在此基础上进行自我转变。

三是行为改造。个体的行为对于乐群性的形成发展具有根本意义。首先，乐群的根本标志是稳定的乐群行为习惯的形成。学习先进的乐群思想，最终是要将其转化为个体稳定的乐群行为习惯，实现思想的现实化。没有稳定的乐群行为习惯，或者只是偶有乐群行为，都不可称之为具有乐群性。其次，个体的行为影响自身的乐群思想。人的行为虽受一定思想支配，但是，反过来，行为也会在一定程度上影响人的思想。正确而稳定的乐群行为能够强化个体对乐群的认知，错误的行为则会弱化甚至摧毁个体的乐群认知。因此，自我改造的根本在于矫正不良行为，培养稳定的乐群行为习惯。

行为改造主要是个体对自己在生产、生活和交往中的不良行为的改造。这里所说的不良行为特指不利于人的乐群性养成的行为，例如，在生产过程中不愿意也不善于同人团结协作的行为，勾心斗角、恶性竞争的行为，自由散漫、无组织无纪律的行为等；在生活中自私自利、冷漠麻木，不会关心人、不愿帮助人、不喜与人分享的行为等；在交往中孤僻自闭、消极被动，粗鲁无礼、言行无当、不知分寸，不顾及他人感受的行为等，都是不利于乐群性形成甚至是离群、厌群的行为，也是行为改造的主要内容。同时还要注意分析，在上述不良行为中，哪些行为是有意识的，哪些行为是无意识的、惯性的；哪些行为是常态的，哪些行为是偶然的。心理学研究表明，人的很多习惯性行为往往是无意识的，例如，有的人在与他人交谈时眼睛不与谈话对象对视，而是不自觉地向下看或是向四周看，目光游移不定。这种行为容易让谈话对象产生不被尊重、无法交流的不适感，从而影响交往关系的发展。而这些无意识行为却是行为主体所不自知的，不易被自己所察觉，在行为的自我改造中也就容易被忽略。因此，个体必须有意识地观察和注意自己无意识的不良行为，并自觉加以改造。另外，个体的不良行为中有的可能是占主导性的，其他不良行为可能是偶尔为之。行为的自我改造重点是对占主导地位的、常态化的不良行为的改造，当然，对偶然的不良行为也要注意避免和改造。

个体进行不良行为的自我矫正和改造，首先应从揭示、终止和改变不良行为的动机入手，从根源上改造。人的行为背后总是有一定动机在驱使，因此，改变行为的前提就是揭示、终止和改变支配行为的动机。以恶性竞争行为为例，个体先要分析自己之所以产生这一行为的原因和动机，认识到恶性竞争实质上源于自身通过损人以达到利己进而赢得竞争的动机。而要改造这一不良行为，就要终止并改变这一错误的动机，并确立通过强大自己来赢得竞争的正确动机，通过改造动机来改造行为。其次，通过避免和改变不良行为发生的条件进行改造。有动机并不一定就能直接变成行为，从动机到行为、从思想到现实需要一定的条件。其中，一定的价值观念和舆论环境是个体行为发生的重要条件。例如，在一个高扬集体主义、倡导团结合作的群体中，个体即使有损人利己的动机，也会因为顾忌舆论压力而在一定程度上抑制其不良行为的发生，反而可能因这种乐群氛围的熏陶而表现出一定的积极行为。相反，在一个奉行利己主义、充斥尔虞我诈的群体中，个体的不良动机不仅容易顺利转变为不良行为，甚至还会激发个体更多、更大的不良动机。因此，个体不良行为的自我改造要注意选择和优化自身的生存环境，避免不良行为发生的土壤和条件。最后，要增强不良行为自我改造的意志。改造不良行为，尤其是改造已经成为习惯的不良行为，是一个十分艰难的过程，需要个体有自我改造的决心和毅力，反复克服不良行为，并不断实施和强化新的有利于乐群性形成发展的行为，用新的积极行为习惯克服和代替旧的不良行为习惯。

自我改造是个终身事业。无论是性格改造、思想改造还是行为改造，都是一个复杂、长期、反复的过程，不能简单粗暴，急于求成。这就要求个体必须时常检视自己，不断进行自我改造、完善和提升，以促进自身乐群性的形成发展。

总之，自我改造是自我修养的核心路径。虽说自我充实是弥补不足，自我改造是克服缺点，但实际上，缺点与不足相互联系、相互渗透，自我充实有利于个体缺点的克服，而自我改造有利于个体不足的弥补。所以，自我充实与自我改造也是相互关联的。不仅如此，自我充实和自我改造只是修养的角度不同、路径不同，最终殊途同归，都致力于个体乐群性的提升。因此，在自我修养的过程中，要将自我充实与自我改造紧密结合起来，提高自我修养的效度。

参考文献

一 著作类

《马克思恩格斯选集》第 1~4 卷，人民出版社，2012。

《列宁选集》第 1~4 卷，人民出版社，1995。

《斯大林选集》上、下卷，人民出版社，1979。

《毛泽东选集》第 1~4 卷，人民出版社，1991。

《邓小平文选》第 1~3 卷，人民出版社，1993、1994。

《江泽民文选》第 1~3 卷，人民出版社，2006。

胡锦涛：《论构建社会主义和谐社会》，中央文献出版社，2013。

《习近平谈治国理政》，外文出版社，2014。

杨伯峻：《论语译注》，中华书局，2012。

（魏）何晏集解、（宋）邢昺疏：《论语注疏》，山东画报出版社，2004。

（宋）朱熹：《论语集注》，齐鲁书社，1992。

杨伯峻：《孟子译注》，中华书局，2008。

张觉：《荀子译注》，上海古籍出版社，2012。

王利器：《吕氏春秋注疏》第 4 册，巴蜀书社，2002。

杨天宇：《礼记译注》，上海古籍出版社，2004。

（汉）郑玄注，（唐）孔颖达正义：《礼记正义》中册，上海古籍出版社，2008。

（宋）朱熹：《仪礼经传通解正续编 影印宋刊元明选修本》第 1 册，北京大学出版社，2012。

（汉）许慎撰，（清）段玉裁注：《说文解字注》，中州古籍出版社，2006。

（宋）黎靖德：《朱子语类》第 3 卷，岳麓书社，1997。

韩钟文：《朱熹教育思想研究》，江西教育出版社，1989。

冯友兰：《中国哲学简史》，北京大学出版社，2013。

中华职业教育社：《黄炎培教育文选》，上海教育出版社，1985。

陈思危：《黄炎培职业教育思想文萃》，红旗出版社，2006。

中华职业教育社：《黄炎培与中国职业教育：黄炎培职业教育思想研究成果集萃》，高等教育出版社，2009。

孙中山：《建国方略》，中华书局，2011。

《蔡元培文集》，线装书局，2009。

《蔡元培美学文选》，北京大学出版社，1983。

梁启超：《梁启超全集》，北京出版社，1999。

王文俊、杨珣：《张伯苓教育言论选集》，南开大学出版社，1984。

佘国纲：《罗辀重文集》，湖南教育出版社，1999。

孟宪承：《孟宪承教育论著选》，人民教育出版社，1997。

周恩来：《周恩来早期文集 1912.10—1924.6 上》，中央文献出版社、南开大学出版社，1996。

中国第二历史档案馆：《中华民国史档案资料汇编 第 5 辑 第 2 编 教育 1》，江苏古籍出版社，1997。

刘泱泱：《樊锥集 毕永年集 秦力山集》，湖南人民出版社，2011。

俞田柳：《松窗随笔》，中国社会科学出版社，2003。

吴骁、程斯辉：《武汉大学校长王星拱》，山东教育出版社，2012。

张传燧：《解读中国近现代教育思想》，广东教育出版社，2009。

柏杨：《丑陋的中国人》，人民文学出版社，2008。

林语堂：《吾国与吾民》，湖南文艺出版社，2012。

梁漱溟：《东西文化及其哲学》，商务印书馆，1999。

梁漱溟：《中国文化的命运》，中信出版社，2010。

周立升、颜炳罡：《儒家文化与当代社会》，山东大学出版社，2002。

郝跃南：《儒学人文小品》，巴蜀书社，2008。

中国孔子基金会学术委员会：《海峡两岸学者首次儒学对话》，齐鲁书社，1993。

韩钟文：《美善境界的寻求：儒家教育哲学思想研究》，齐鲁书社，2002。

冯克诚：《中华道德五千年》第 20 卷，中国文史出版社，1998。

王丹彦、夏伟东：《传统与选择：中国传统道德大家谈》，中国人民大学出版社，1996。

俞水生：《汉字中的人文之美》，文汇出版社，2013。

祁志祥：《中国人学史》，上海大学出版社，2002。

李秀林：《辩证唯物主义和历史唯物主义原理》，中国人民大学出版社，2004。

高清海：《马克思主义哲学基础》下册，北京师范大学出版社，2012。

《夏甄陶文集》第5卷，中国人民大学出版社，2011。

夏甄陶：《人：关系 活动 发展》，河南人民出版社，2011。

袁贵仁：《马克思主义人学理论研究》，北京师范大学出版社，2012。

袁贵仁、韩庆祥：《论人的全面发展》，广西人民出版社，2003。

韩庆祥、亢安毅：《马克思开辟的道路——人的全面发展研究》，人民出版社，2005。

陈桂生：《人的全面发展理论与现时代》，上海教育出版社，1988。

刘明合：《交往与人的发展：基于马克思主义的视角》，中央编译出版社，2008。

姜爱华：《马克思交往理论研究》，知识产权出版社，2009。

王盛辉：《"自由个性"及其历史生成研究——基于马克思恩格斯文本整体解读的新视角》，人民出版社，2011。

周惠：《论构建社会主义和谐社会》，社会科学文献出版社，2007。

罗国杰：《中国伦理学百科全书 伦理学原理卷》，吉林人民出版社，1993。

朱立言：《哲学与当代文化》，中国人民大学出版社，1998。

俞步松：《核心价值观与精神家园 当代中国马克思主义的中华文化寻根》，浙江大学出版社，2013。

张蔚萍、张俊南：《思想政治工作概论》，陕西人民出版社，1983。

陆庆壬：《思想政治教育学原理》，复旦大学出版社，1986。

邱伟光、张耀灿：《思想政治教育学原理》，高等教育出版社，1999。

陈万柏、张耀灿：《思想政治教育学原理》，高等教育出版社，2007。

张耀灿、郑永廷：《现代思想政治教育学》，人民出版社，2006。

罗洪铁：《思想政治教育学原理》，西南师范大学出版社，2009。

骆郁廷：《思想政治教育原理与方法》，高等教育出版社，2010。

郑永廷：《思想政治教育方法论》（修订版），高等教育出版社，2010。

孙国瑞：《德育科学方法论》，光明日报出版社，1994。

祖嘉合：《思想政治教育方法教程》，北京大学出版社，2004。

陈华洲：《思想政治教育方法论》，华中师范大学出版社，2010。

王起田、杨爱华：《思想政治工作方法研究》，北京航空航天大学出版社，1993。

靳乃铮：《启发式教学》，陕西人民出版社，1984。

骆郁廷：《精神动力论》，武汉大学出版社，2003。

陈玲丽：《个体主义——集体主义的结构及跨文化研究》，中国社会科学出版社，2013。

教育大辞典编纂委员会：《教育大辞典 第1卷 教育学、课程和各科教学、中小学校》，上海教育出版社，1990。

顾明远：《教育大辞典 9 中国古代教育史 下》，上海教育出版社，1992。

中华人民共和国教育部：《开创中等职业学校德育工作新局面——全国中等职业学校德育工作会议文件汇编》，高等教育出版社，2009。

单中惠：《西方教育思想史》，教育科学出版社，2007。

向春：《群性群育论》，中国社会科学出版社，2008。

崔相录：《今日素质教育》，国际文化出版公司，2002。

罗洪铁：《人才学原理》，四川人民出版社，2006。

蔡颖：《在和谐与平凡中超越：北京市朝阳区和平学区干部、教师优秀论文汇编》，中国戏剧出版社，2009。

黄正平：《班集体问题诊断与建设方略》，教育科学出版社，2007。

郑维铭：《从教为师之道：师德读本》，广东高等教育出版社，1997。

孙宏艳：《中学生良好习惯培养策略》，科学出版社，2008。

储沉：《怎样读书与自修》，纵横社，1947。

余新华：《乐群·为公·爱国》，中国青年出版社，1996。

俞可平：《社群主义》，东方出版社，2015。

胡守钧：《走向共生》，上海文化出版社，2002。

胡守钧：《社会共生论》，复旦大学出版社，2012。

许锋华：《共生道德教育论》，华中师范大学出版社，2012。

刘豪兴、朱少华：《人的社会化》，上海人民出版社，1993。

卢勤：《个人成长与社会化》，四川大学出版社，2010。

郑杭生：《社会学概论新修精编本》，中国人民大学出版社，2015。

周运清：《社会学》，武汉大学出版社，1988。

邓伟志：《社会学辞典》，上海辞书出版社，2009。

杨宜音、王俊秀：《当代中国社会心态研究》，社会科学文献出版社，2013。

黄希庭：《普通心理学》，甘肃人民出版社，1982。

沙莲香：《社会心理学》，中国人民大学出版社，2011。

费穗宇、张潘仕：《社会心理学辞典》，河北人民出版社，1988。

朱智贤：《儿童心理学》上册，人民教育出版社，1979。

雷雳：《毕生发展心理学》，中国人民大学出版社，2013。

雷雳：《发展心理学》，中国人民大学出版社，2013。

杨丽珠、刘文：《毕生发展心理学》，高等教育出版社，2006。

崔丽娟、丁沁南：《老年心理学》，开明出版社，2012。

郭永玉：《人格心理学：人性及其差异的研究》，中国社会科学出版社，2005。

郭永玉：《人格心理学导论》，武汉大学出版社，2007。

中国青少年心理健康调查课题组：《中国青少年心理健康报告》，中国科学技术出版社，2013。

彭贤、李海青：《人际关系心理学》，清华大学出版社、北京交通大学出版社，2013。

永新：《解读60类人》，西苑出版社，1999。

杨峻岭：《道德耻感论》，中央编译出版社，2013。

朱珊：《中华传统美德丛书 荣辱卷》，南京大学出版社，2008。

陈根法：《心灵的秩序——道德哲学理论与实践》，复旦大学出版社，1998。

郑永廷：《人际关系学》，中国青年出版社，1988。

周向军、高奇：《人际关系学》，山东大学出版社，2010。

中国社会科学院哲学所历史唯物主义研究室、中国历史唯物主义研究会:《马克思 恩格斯 列宁 斯大林论人性、异化、人道主义》，清华大学出版社，1983。

刘京:《现代社会与异化》，新华出版社，2006。

杨力行、刘郦、于文辉:《科技社会化与社会科技化》，崇文书局，2006。

陆士桢:《社会变动中的中国少年——独生子女社会适应性研究》，中国少年儿童出版社，1996。

李海、郭必恒、李博:《中国企业文化建设:传承与创新》，企业管理出版社，2005。

郝凤茹:《职业精神》，北京大学出版社，2005。

梁枫:《职业素养修炼》，同济大学出版社，2012。

邵祥能、左理:《商品经济新论》第2卷，中国财政经济出版社，2010。

刘佑成:《社会分工论》，浙江人民出版社，1985。

胡仙芝:《社会组织化发展与公共管理改革》，群言出版社，2010。

阎云翔:《中国社会的个体化》，陆洋等译，上海译文出版社，2012。

张一:《社会主义优越性问题分析》，天津人民出版社，1982。

罗新伟、罗光进:《社会主义优越性面面观》，北京师范大学出版社，1991。

辛向阳:《实现中国梦的政治保障 中国特色社会主义政治建设》，红旗出版社，2014。

孙来斌:《民族精神 时代精神 共同理想 中国特色社会主义共同理想》，武汉大学出版社，2014。

工人日报编辑部:《发扬工人阶级主人翁精神讲话》，工人出版社，1982。

吴灿华:《道德新篇》，华中师范大学出版社，1986。

林少波:《担当》，中国纺织出版社，2011。

劳动部教材办公室:《交际礼仪》，中国劳动出版社，1995。

金正昆:《社交礼仪教程》，中国人民大学出版社，2009。

陈劲:《协同创新》，浙江大学出版社，2012。

孙琦厚:《科学研究的原理和方法》，辽宁人民出版社，1986。

周新年：《科学研究方法与学术论文写作》，科学出版社，2012。

徐家良：《社会团体导论》，中国社会出版社，2011。

伍德勤：《大学生社团活动的理论与实践》，合肥工业大学出版社，2011。

庄严：《大学生实践教育指南》，黑龙江大学出版社，2010。

沙风：《中国大学生人文教育与社会化》，新华出版社，2008。

常晋芳：《网络哲学引论：网络时代人类存在方式的变革》，广东人民出版社，2005。

王磊：《信息时代社会发展研究：互联网视角下的考察》，人民出版社，2014。

项家祥、王正平：《信息网络与文化教育》，上海三联书店，2006。

孙伟平：《信息时代的社会历史观》，江苏人民出版社，2010。

银星严、黄约：《现代人际关系》，西南交通大学出版社，2006。

黄希庭：《大学生心理健康教育》，华东师范大学出版社，2004。

黄希庭：《时间与人格心理学探索》，北京师范大学出版社，2006。

彭聃龄：《普通心理学》，北京师范大学出版社，1988。

佘双好：《心理咨询与心理健康教育》，中国人民大学出版社，2007。

中国就业培训技术指导中心、中国心理卫生协会：《心理咨询师（基础知识）》，民族出版社，2012。

张伯源：《变态心理学》，北京大学出版社，2005。

钱铭怡：《变态心理学》，北京大学出版社，2006。

陶然、应力：《网络成瘾探析与干预》，上海人民出版社，2007。

〔德〕路德维希·费尔巴哈：《费尔巴哈哲学著作选集》上卷，荣震华、李金山等译，商务印书馆，1984。

〔苏〕安·谢·马卡连柯：《马卡连柯全集》第4卷，耿济安、高天浪等译，人民教育出版社，1957。

〔苏〕安·谢·马卡连柯：《马卡连柯全集》第7卷，陈世杰、邓步银等译，人民教育出版社，1959。

〔苏〕安·谢·马卡连柯：《论共产主义教育》，刘长松、杨慕之译，人民教育出版社，1981。

〔苏〕安·谢·马卡连柯：《儿童教育讲座》，诸惠芳译，河北人民出版社，1997。

〔苏〕瓦·阿·苏霍姆林斯基：《学生集体主义情操的培养》，杨楠译，湖南教育出版社，1984。

〔苏〕瓦·阿·苏霍姆林斯基：《关于全面发展教育的问题》，王家驹、张渭城等译，湖南教育出版社，1984。

〔苏〕瓦·阿·苏霍姆林斯基：《家长教育学》，杜志英、吴福生等译，中国妇女出版社，1982。

〔苏〕瓦·阿·苏霍姆林斯基：《给教师的建议》（修订本），杜殿坤编译，教育科学出版社，1984。

〔苏〕斯瓦德科夫斯基：《儿童的劳动教育》，朱纯谟译，上海教育出版社，1958。

联合国教科文组织：《教育——财富蕴藏其中》，联合国教科文组织总部中文科译，教育科学出版社，1996。

〔英〕夏洛特·梅森：《家庭教育法全书》，李忠明译，陕西师范大学出版社，2010。

〔英〕赫胥黎：《天演论》，严复译，北京时代华文书局，2014。

〔俄〕克鲁泡特金：《互助论》，李平沤译，商务印书馆，2011。

〔法〕托克维尔：《论美国的民主》下册，董果良译，商务印书馆，1988。

〔英〕齐格蒙特·鲍曼：《个体化社会》，范祥涛译，上海三联书店，2002。

〔美〕伊恩·罗伯逊：《社会学》上册，黄育馥译，商务印书馆，1990。

〔美〕戴维·波普诺：《社会学》，刘云德、王戈译，辽宁人民出版社，1987。

〔英〕安东尼·吉登斯：《社会学》，赵旭东、齐心等译，北京大学出版社，2003。

〔美〕威廉·麦独孤：《社会心理学导论》，俞国良、雷雳等译，北京大学出版社，2010。

〔英〕理查德·克里斯普、里安农·特纳：《社会心理学精要》，赵德雷、高明华译，北京大学出版社，2008。

〔美〕J. L. 弗里德曼、D. O. 西尔斯：《社会心理学》，高地、高佳等译，黑龙江人民出版社，1997。

〔英〕威廉姆·布鲁姆：《淡定的力量 2——安全感》，王瑨译，同心出版社，2013。

〔美〕理查德·格里格、菲利普·津巴多：《心理学与生活》，王垒、王甦等译，人民邮电出版社，2003。

〔美〕罗伯特·费尔德曼：《发展心理学》，苏彦捷等译，世界图书出版公司，2007。

〔美〕西格曼、瑞德尔：《生命全程发展心理学》，陈英和译，北京师范大学出版社，2009。

〔美〕查尔斯·S. 卡弗、迈克尔·F. 沙伊尔：《人格心理学》（第 5版），梁宁建等译，上海人民出版社，2011。

〔美〕伯格：《人格心理学》，陈会昌等译，中国轻工业出版社，2004。

〔美〕马斯洛： 《自我实现的人》，许金声、刘锋等译，三联书店，1987。

〔美〕马斯洛：《动机与人格》，许金声等译，中国人民大学出版社，2012。

〔美〕查尔斯·霍顿·库利：《人类本性与社会秩序》，包凡一、王源译，华夏出版社，1999。

〔美〕阿瑟·史密斯、辜鸿铭、〔日〕桑原骘藏：《中国人的性格密码》，李蒙洲编译，新世界出版社，2012。

〔美〕李·雷尼、巴里·威尔曼：《超越孤独》，杨伯溆、高崇等译，中国传媒大学出版社，2015。

〔美〕雪莉·特克尔：《群体性孤独》，周逵、刘菁荆译，浙江人民出版社，2014。

〔美〕乔治·埃尔顿·梅奥：《工业文明的社会问题》，张爱民、唐晓华译，北京理工大学出版社，2013。

〔美〕约翰·奈斯比特：《高科技·高思维 科技与人性意义的追寻》，尹萍译，新华出版社，2000。

〔美〕约翰·奈斯比特：《大趋势——改变我们生活的十个方向》，姚琮编译，科学普及出版社，1985。

〔德〕乌尔里希·贝克：《风险社会》，何博闻译，译林出版社，2004。

〔美〕彼德斯：《交流的无奈》，何道宽译，华夏出版社，2003。

〔美〕托马斯·库恩：《团队教练》，无言译，中国水利水电出版社，2004。

〔美〕约翰·奈斯比特：《世界大趋势——正确观察世界的 11 个思维模式》，魏平译，中信出版社，2010。

〔德〕乌尔里希·贝克、〔德〕伊丽莎白·贝克 - 格恩斯海姆：《个体化》，李荣山、范譞等译，北京大学出版社，2011。

〔美〕史蒂文·密勒：《认识你自己》，丁亚平、龚隽译，江西人民出版社，2001。

Charles Horton Cooley, *Social Organization*, Beijing: Communication University of China Press, 2013.

Stephen P. , Robbins, Mary Coulter, *Management*, 9th edition, Beijing: Tsinghua University Press, 2009.

Raymond B. , Cattell, *The Scientific Analysis of Personality*, NJ: Aldine Transaction, 2007.

二 论文类

郑永廷：《思想政治教育的根源探究》，《中国高校社会科学》2014 年第 3 期。

骆郁廷：《人的本质的塑造》，《武汉大学学报》1997 年第 5 期。

骆郁廷：《论社会主义的核心价值》，《马克思主义研究》2014 年第 8 期。

骆郁廷：《思想政治教育本质的方法论探索》，《武汉大学学报》2015 年第 6 期。

骆郁廷：《自发与自觉：思想政治教育的重要范畴》，《思想教育研究》2007 年第 5 期。

胡大雷：《"敬业乐群"与校园文化》，《广西师范大学学报》2009 年第 6 期。

钱钰：《上海最老学校校训：敬业乐群》，《文汇报》2014 年 8 月 24 日。

王枬：《广西师范大学：尊师重道 敬业乐群》，《中国教育报》2007 年

12 月 13 日。

朱世达：《美国的文化模式：对中国文化的启示》，《美国研究》1994
年第 3 期。

洪黎民：《共生概念发展的历史、现状及展望》，《中国微生态学杂志》
1996 年第 4 期。

张奎良：《马克思人的本质思想的全景展示》，《天津社会科学》2014
年第 1 期。

余永跃、陈曙光：《马克思"人的本质"思想解读》，《光明日报》
2006 年 6 月 26 日。

王锐生：《社会化大生产需要市场经济》，《人民论坛》1995 年第
11 期。

蒋建华：《社会化大生产、市场经济、计划》，《科学社会主义》1993
年第 3 期。

单波：《超越跨文化传播的现实鸿沟——访美国跨文化传播学者温
迪·利兹－赫尔维茨教授》，《中国社会科学报》2012 年 5 月 23 日。

沙蕙：《友善：和以处众 宽以接下 恕以待人》，《人民日报》（海外
版）2014 年 9 月 26 日。

董鸿扬：《论当代青年的进取精神》，《青年研究》1985 年第 4 期。

张杰：《经营自己 战胜孤独》，《生命时报》2014 年 7 月 4 日。

任仲平：《论奉献》，《人民日报》2003 年 4 月 15 日。

《弘扬奉献精神大家谈》，《人民日报》2003 年 8 月 11 日。

方爱东：《奉献精神刍议》，《高校理论战线》2002 年第 4 期。

徐文秀：《建构起当代共产党人的归属感》，《江西社会科学》1995 年
第 1 期。

后 记

本书是在我的博士学位论文基础上修改而成的，也融入了我对思想政治教育领域中一些问题的最新思考。

乐群教育是个新话语、新课题，也是个重大的理论问题和实践问题。在几乎没有直接相关资料的情况下，通过导师的指导和启发，自己对现实的观察和思考，以及对乐群教育相关理论的梳理和学习，我提出了乐群教育的研究构想，并历经数十次修改完善，才最终确定乐群教育研究的基本框架。我虽愚钝，却对自己严苛。对于一个问题的思考，若非自感通透，思路畅明，便只字不写；对于一个知识点的了解，若非寻到我目所能及的所有资料，做到心中有数，便不愿落笔；对于一段引文的查找，若非找到原始出处，保证校对无误，便不愿罢休。拙作搁笔之际，深感为学之艰。但艰辛过后，沉淀下来的却是更多收获，又深感为学之乐。

遇良师乃求学人之大幸，我正是这大幸之人。我的导师骆郁廷教授教会我很多为学之道和人生智慧。我的博士学位论文从选题到提纲的确定，再到后来的写作和修改，都倾注了骆老师的无限智慧和辛勤汗水。师训铭心，师恩难忘。

同时，还要感谢沈壮海教授、佘双好教授、倪素香教授、熊建生教授、李斌雄教授和项久雨教授，诸位老师对我的专业学习给予了直接指导，并对我的博士学位论文的撰写和修改提出了宝贵建议。对于各位老师的教诲，深表谢意！

我的家人、同学和朋友也给予了我无限关怀和支持。社会科学文献出版社政法传媒分社总编辑曹义恒同志一直关心和支持本书的出版，责任编辑岳梦夏同志为本书的出版付出了辛勤劳动。在此一并表示衷心感谢。

　　本书还得到了 2019 年度教育部高校示范马克思主义学院和优秀教学科研团队建设项目（优秀中青年思想政治理论课教师择优资助计划，项目批准号：19JDSZK156）经费以及电子科技大学马克思主义理论学科建设经费的支持。

　　由于自己学识有限，书中难免存在疏漏，恳请专家、同行和读者批评指正。

王　瑞

2019 年 11 月

图书在版编目(CIP)数据

乐群教育论 / 王瑞著. -- 北京:社会科学文献出
版社,2020.3

ISBN 978 - 7 - 5201 - 6151 - 0

Ⅰ.①乐…　Ⅱ.①王…　Ⅲ.①思想政治教育 - 研究 -
中国　Ⅳ.①D64

中国版本图书馆 CIP 数据核字(2020)第 026410 号

乐群教育论

著　　者 / 王　瑞

出 版 人 / 谢寿光
组稿编辑 / 曹义恒　岳梦夏
责任编辑 / 岳梦夏

出　　版 / 社会科学文献出版社 · 政法传媒分社 (010) 59367156
　　　　　　地址:北京市北三环中路甲 29 号院华龙大厦　邮编:100029
　　　　　　网址:www. ssap. com. cn
发　　行 / 市场营销中心 (010) 59367081　59367083
印　　装 / 三河市尚艺印装有限公司

规　　格 / 开　本:787mm × 1092mm　1/16
　　　　　　印　张:19.5　字　数:308 千字
版　　次 / 2020 年 3 月第 1 版　2020 年 3 月第 1 次印刷
书　　号 / ISBN 978 - 7 - 5201 - 6151 - 0
定　　价 / 128.00 元